Esoterik

Herausgegeben von Gerhard Riemann

Michael Roscher ist Psychologe und beschäftigt sich seit mehr als 16 Jahren mit Astrologie. Nach Studienaufenthalten in Indien und Nepal gründete er 1986 die »Schule für Transpersonale Astrologie«.

Von Michael Roscher ist außerdem erschienen:

»Das Buch der Horoskope« (Band 4234)

Vollständige Taschenbuchausgabe Oktober 1991

Druck und Bindung Ebner Ulm
Printed in Germany 5 4 3 2 1
ISBN 3-426-04282-7

Michael Roscher:
Venus und Mars

Partnerschaft und Sexualität im Horoskop

Knaur

Inhaltsverzeichnis

Vorwort zur Taschenbuchausgabe

In den vier Jahren, die seit dem ersten Erscheinen von »Venus und Mars« vergangen sind, gab es zahlreiche Möglichkeiten, sich mit seinen Wirkungen auf den Leser auseinanderzusetzen. Hierbei zeigte sich häufig ein unerwünschter Effekt: Viele Leser haben mit der problemorientierten Darstellung der einzelnen Planetenverbindungen Schwierigkeiten. Dies liegt sicher manchmal auch daran, daß die wichtigen erläuternden Verständnishinweise im Grundlagenteil überschlagen werden.

Dies ist ein Buch speziell zur Diagnose menschlicher Schwächen und Probleme, die in Beziehung zur persönlichen Partnerschaftsfähigkeit stehen!

So wie Sie in einem medizinischen Lehrbuch zur Krankheitsdiagnostik kaum gesunde Körper und Organe dargestellt sehen, werden Sie in diesem Lehrbuch zur Partnerschaftsastrologie nur wenig positive Charakterentsprechungen finden. Anders gesagt: Ich habe mich darum bemüht, so vollständig wie möglich, sämtliche *Schwierigkeiten* zu beschreiben, die eine Konstellation in sich tragen kann. Greifen wir das Beispiel der Krankheitsdiagnostik wieder auf: Ein Lehrbuch, das alle denkbaren Erkrankungen z. B. der Niere beschreibt, behauptet weder, das es keine gesunden Nieren gibt, noch, daß der Leser eine der beschriebenen Krankheiten haben muß. Auf die Astrologie übertragen heißt dies:

Die Beschreibungen zu Mars/Saturn beispielsweise geben an, welche Partnerschaftsprobleme ein Mensch mit dieser Konstellation haben *kann*. Jede Konstellation stellt als Verwirklichungsmöglichkeiten Ereignisse und Charakterzüge zur Verfügung, ohne daß diese sich verwirklichen *müssen*.

Ein weiterer wichtiger Gesichtspunkt hierbei ist das persönliche Entwicklungsniveau: Ihr Grundhoroskop ändert sich Ihr gesamtes Leben lang nicht, die Art und Weise aber, wie Sie mit bestimmten Lebensthemen umgehen, kann sich sehr wohl

ändern. So ist es denn auch durchaus möglich und wünschenswert, daß manche der beschriebenen Entsprechungen zu einem vergangenen Zeitpunkt auf Sie zutrafen, jetzt aber nicht mehr.
Mancher hat bedauert, daß sich die Beschreibungen auf die Darstellungen persönlicher Problematik beschränken und nur wenige Hinweise gegeben werden, wie diese überwunden werden kann. Hierzu ist folgendes zu sagen:

1. Bevor eine sinnvolle Therapie einsetzen kann, muß zuerst die Krankheit genau erkannt sein. Ohne vernünftige Diagnose ist jede Heilung fraglich.
2. Das Erkennen eines Problems und seine Überwindung sind zwei verschiedene Dinge. So ist es für den Fan leicht möglich, den Aufschlagfehler eines Tennisstars zu erkennen, ohne daß er unbedingt in der Lage wäre, diesen besser zu machen. D. h., der Autor hält sich zwar zugute über diagnostische Fähigkeiten zu verfügen, maßt sich aber nicht an, für jedes Problem eine Lösung zu wissen.
3. Der Versuch pauschale Lösungswege aufzuzeigen ist oft wenig sinnvoll: Es ist eine Sache, ein Problemfeld typologisch verallgemeinernd zu beschreiben, eine andere jedoch, verallgemeinernde Ratschläge zu geben. Jede Lebensthematik unterscheidet sich, und der Zugang zu persönlichen Schwierigkeiten kann oft nur mit Hilfe des beratenden Astrologen bzw. des Therapeuten erlangt werden.

Abschließend bleibt mir nur der Hinweis, daß der – oft schmerzliche – Blick auf individuelle Schwächen und Schwierigkeiten nicht einer negativen Weltsicht dienen soll. Vielmehr kann er der erste Schritt zur Überwindung von Leiden und Einschränkung, der Beginn eines freieren und glücklicheren Lebens sein.
Das Buch hat seinen Zweck erfüllt, wenn es einige Leser gibt, die es in diesem Sinne zu nutzen verstehen.

Nürnberg, im September 1991 Michael Roscher

Teil I
Grundlagen

Was Sie wissen sollten, bevor Sie weiterlesen

Erfahrungsgemäß neigen nur sehr wenig Astrologieinteressierte dazu, ein Lehrbuch konsequent vom Anfang bis zum Ende durchzuarbeiten. Wesentlich häufiger liest man zuerst einmal die Beschreibungen der Konstellationen, welche sich im eigenen Horoskop finden.
Gegen diese Vorgehensweise ist natürlich grundsätzlich nichts einzuwenden, zumal sie eine legitime (wenn auch wenig brauchbare) Möglichkeit darstellt, die Qualität (d. h. hier: die Treffsicherheit) eines Textes herauszufinden.
Bei dieser Arbeit verhält es sich jedoch anders: Es wird dringend davon abgeraten, die Beschreibungen von Konstellationen zu lesen, ohne die einführenden Kapitel durchgearbeitet zu haben; die Lektüre würde vermutlich eher schaden als nützen. Zumindest sollten Sie die folgenden Hinweise sorgfältig lesen, bevor Sie sich auf den Hauptteil »stürzen«.
Die Darstellung der einzelnen Konstellationen ist problembetont, Sie werden sehr viel Kritisches und wenig Schmeichelhaftes finden. So kann schnell der Eindruck entstehen, als wären Sie, zumindest nach Ansicht des Autors, ein »hoffnungsloser Fall«, der sowieso nicht mehr zu retten ist.
Nichts wäre falscher: Die Transpersonale Astrologie, in der vom Autor vertretenen Form, ist primär entwicklungsorientiert; d. h., sie sucht Möglichkeiten aufzuzeigen, Schwierigkeiten und Probleme auf eine dem Horoskopeigner angemessene Weise zu bewältigen. Konflikte können jedoch nur dann überwunden werden, wenn sie als solche erkannt werden. Dies ist der Grund für die teilweise destruktiv und überspitzt anmutenden Beschreibungen.
Da es strenggenommen weder »gute« noch »schlechte« Aspekte gibt, ist es auch dem Astrologen nicht möglich, zwin-

gend festzustellen, in welchem Umfang ein ihm Unbekannter die problematischen Anteile einer Konstellation auslebt. Nur diese Anteile stellen jedoch Hindernisse in der psychischen Entwicklung dar. Dies ist der Grund, warum weitestgehend auf die Darstellung positiver Entsprechungen verzichtet wurde: Nicht, daß sie nicht vorhanden wären, sie sind lediglich für eine entwicklungsorientierte Horoskopanalyse relativ bedeutungslos.

Die meisten Problemstrukturen äußern sich im Alltag in mehr oder weniger »harmlosen« Entsprechungen, die ursprünglichen Zusammenhänge sind verwischt und kaum noch nachvollziehbar. Ein Verständnis astrologisch-psychologischer Inhalte und ihrer Wechselwirkungen kann deshalb nur durch eine drastische und gelegentlich auch überzogene Darstellungsweise erreicht werden.

Da bei jeder Konstellation Aspekte, Halbsummen, kritische Grade und Häuserstellungen zusammengefaßt sind, werden für sie eine Vielzahl (teilweise auch widersprüchlicher) Konstellationen Gültigkeit haben. Ihre Gewichtung ist deshalb von entscheidender Bedeutung. Die hierzu notwendigen Voraussetzungen werden in dem Kapitel »Raum- und Zeitspezifität« beschrieben.

Wenn Sie sich in einer psychischen Krise befinden oder sich als besonders labil erleben, sollten Sie dieses Buch (vorerst) nicht lesen.

Es wendet sich allerdings auch nicht an die (leider allzu zahlreichen) Masochisten in der Esoterik-Szene, die nach einer Legitimation für ihr chronisches Selbstmitleid suchen.

Diese Arbeit wurde für jene geschrieben, die sich um die Verwirklichung echter Partnerschafts- und Begegnungsfähigkeit bemühen und bereit sind, auf diesem Weg einen schonungslosen Blick auf sich selbst zu werfen. Es stellt ein Diagnosehilfsmittel für eine astrologisch orientierte Therapie dar. Da – wie die Praxis leider gezeigt hat – die Gefahr des Mißbrauchs durch wohlmeinende oder verantwortungslose Dilettanten sehr groß ist, wurde die ursprüngliche Absicht fallengelassen, konkrete Entwicklungsaufgaben und -möglichkeiten einzelner Konstellationen aufzuzeigen. Sie können vom geübten Praktiker, der die differenzierte Analyse beherrscht, aus den gegebenen Beschreibungen selbständig hergeleitet werden. Ihr angemessener Bezugsrahmen ist zudem die individuelle Beratung und Therapie.

Einleitung

Es gibt eine Vielzahl von Techniken, mit denen in der Astrologie versucht wird, Aussagen über zwischenmenschliche Beziehungen zu machen (Composit, Combin, »Schnittpunktvergleichshoroskop«, Sonnengleichungen, Begegnungshoroskope, Synastrie etc.), von diesen soll hier nur am Rande die Rede sein. Der Schwerpunkt liegt vielmehr auf einer astrologisch-psychologisch orientierten Darstellung der *individuellen* Partnerschaftsentwicklung, wobei besonderes Gewicht auf beeinflussende Faktoren gelegt wurde.

So werden z. B. Kindheit und Elternbezug, deren Bedeutung für die spätere Persönlichkeitsentfaltung allgemein bekannt und anerkannt ist, ausführlich analysiert und beschrieben. D. h., es wird untersucht, welche Beziehungsformen für einen Horoskopeigner möglich sind, welche Ursachen sie haben und welche Konfliktpotentiale sie beinhalten.

In keinem Lebensbereich treten Entwicklungsaufgaben deutlicher zutage als in der Partnerschaft: Der andere ist ein Spiegel unserer inneren Wirklichkeit. In unserem Verhältnis zu ihm werden unbewußte Konflikte, Unbewältigtes und Widersprüchliches sichtbar. Durch bewußte Auseinandersetzung kann die Persönlichkeitsentwicklung mehr sinnvolle Wachstumsmöglichkeiten erhalten als irgendwo sonst. Dieser Aspekt wurde in den klassischen spirituellen Systemen (Yoga, Zen, westliche Mystik etc.) völlig vernachlässigt*, als erstrebenswertes Ideal galt (und gilt) das Mönchstum.

Auch die New-Age-Welle, die ein erneut massiv expandierendes Interesse an allem Esoterischen entfachte, hat hier, trotz einer Vielzahl »neuer« und kreativer Ansätze, noch nicht die Veränderungen gebracht, die wünschenswert wären.

* Eine Ausnahmestellung nimmt hier das Tantra-Yoga, ein allerdings für die meisten Europäer kaum praktikabler Weg, ein.

Partnerschaft gezielt und systematisch unter dem Gesichtspunkt spiritueller Entwicklung zu betrachten, ist – so merkwürdig sich dies anhören mag – noch weitgehend Neuland, der diesbezügliche Erkenntnisstand ist dementsprechend gering. Zwar ist eine zunehmende Tendenz zu verzeichnen, Einsichten der orthodoxen Psychologie und Psychotherapie, die sich mit der Partnerschaftsproblematik etwas intensiver auseinandersetzt, mit spirituellen Konzepten zu verquicken. Augenfälligster »Trendsetter« war hier wohl die Rajneesh-Bewegung, die es verstand, eine Vielzahl von Therapieformen für die eigenen Konzepte nutzbar zu machen. Da jedoch die »wissenschaftliche« Psychologie selbst noch in den Kinderschuhen steckt, müssen auch alle Syntheseversuche von Esoterik und (Partnerschafts-)Psychotherapie als Experimente betrachtet werden, deren Wert sich erst noch erweisen muß.

Auf der anderen Seite befinden wir uns in einer Zeit des allgemeinen und grundsätzlichen Umbruchs: Werte, die über 2000 Jahre Gültigkeit hatten, sind ins Wanken geraten oder bereits gestürzt.

Ich bin davon überzeugt, daß zwischenmenschliche Beziehungen schon in den nächsten Jahren und Jahrzehnten beginnen werden, einen wesentlich größeren (und inhaltlich anderen) Stellenwert einzunehmen, als dies in der Vergangenheit der Fall war. So glaube ich, daß die Zeit reif für eine neue, tiefgründigere und differenziertere Form der Partnerschaftsastrologie ist; dieses Buch soll ein Schritt in diese Richtung sein.

Die Erfahrung hat gezeigt, daß stark problembetonte und »negative« Persönlichkeitsbeschreibungen gerade für Menschen, die sich selbst in einer Krise befinden und deshalb nach Orientierung und emotionalem Halt suchen, nicht ungefährlich sind. Dies gilt insbesondere dann, wenn die entsprechenden Inhalte von unzureichend ausgebildeten und/oder wenig verantwortungsvollen Astrologen vermittelt werden. Leider besteht genug Anlaß, an dieser Stelle ausdrücklich zu einem differenzierten Umgang mit den in dieser Arbeit beschriebe-

nen Inhalten aufzufordern. Der Anfänger sollte sie als eine allgemeine, *typologische, keinesfalls jedoch als eine individuelle Beschreibung* der dunklen Seiten von Partnerschaftskonstellationen betrachten. Erst der weiter Fortgeschrittene wird sich nach sorgfältiger Durcharbeitung der entsprechenden Kapitel an eine individuelle Analyse heranwagen können.
Im folgenden soll der Inhalt des Buches, sowie der Aufbau der einzelnen Kapitel, etwas eingehender beschrieben werden:
Der Partnerschaftsbereich wird in der klassischen Astrologie hauptsächlich über den direkten Horoskopvergleich, die sog. Synastrie, behandelt. Bei dieser Vorgehensweise versucht man, durch die Auswertung wechselseitiger Aspekte (z. B.: die Sonne des einen im Quadrat zum Mars des anderen) zu Aussagen über die Bedeutung einer Partnerschaft zu gelangen. Hierbei bleibt das individuelle Begegnungspotential des einzelnen unberücksichtigt. Diese Vorgehensweise ist ungefähr genauso sinnvoll, als wenn man den Inhalt eines Telefongesprächs aus der Qualität der Leitung erschließen wollte*. Noch einfacher ausgedrückt: Wenn ich (aufgrund meines Radix) »beziehungsunfähig« bin, so nützen mir auch die besten Vergleichsaspekte nichts. So offensichtlich diese Tatsache ist, so wenig wurde sie bisher in der astrologischen Praxis berücksichtigt.
Mit diesem Buch liegt nun zum ersten Mal eine Arbeit vor, welche die Beziehungsfähigkeit des einzelnen systematisch untersucht und beschreibt. Ausgegangen wird hierbei von den maßgeblichen Venus- und Marskonstellationen, die im Rahmen unseres Begegnungspotentials Antagonisten darstellen: Das Marsprinzip entspricht der Fähigkeit, unsere Interessen (im Sinne der Triebsphäre) durchzusetzen, ist somit prinzipiell rücksichtslos, fordernd, aktiv, aggressiv. Das Venusprinzip repräsentiert unser Hingabepotential, das Streben nach Sicherheit in der Gemeinschaft, die Bereitschaft und Fähigkeit, sich auf den anderen einzulassen.

* Sinngemäß das gleiche gilt für den unreflektierten Gebrauch von Composits, Combins u. a. Hilfshoroskopen.

Beide Prinzipien bedingen und regulieren einander: Ohne die marsbetonte Triebsphäre (d. h. dem Verlangen nach Sexualität, körperlicher Nähe etc.) gäbe es kein Partnerschaftsbedürfnis; erst die Begegnungsbereitschaft (Venus) kann instinktive Interessen (Mars) adäquat aktivieren und befriedigen. Eine Überbetonung von Marsentsprechungen, ohne ausgleichende Venuskonstellationen, entspräche rücksichtsloser Selbstdurchsetzung, bei gleichzeitiger Begegnungs- und Bindungsunfähigkeit; eine Überbetonung der Venusanalogien, ohne ausgleichende Marskonstellationen, würde auf eine profillose, unterwürfige Hingabefähigkeit verweisen. Dementsprechend ist der Hauptteil des Buches, die Beschreibung der Partnerschaftskonstellationen, zweigeteilt: Zum einen die Marskonstellationen, welche das aktive Begegnungspotential untersuchen, zum anderen die Venuskonstellationen, die sich mit der Hingabe- und Bindungsfähigkeit auseinandersetzen. Hierbei wurde eine übergeordnete Darstellungsweise gewählt, die sämtliche Verbindungsformen zweier Prinzipien berücksichtigt und zusammenfaßt. Für das *grundsätzliche* Verständnis einer Konstellation ist es unerheblich, ob diese als Aspekt, Halbsumme, Hausstellung, kritischer Grad oder Spiegelpunkt vorliegt. In die *differenzierte* Horoskopinterpretation muß diese Unterscheidung selbstverständlich wieder mit einfließen, die hierfür maßgeblichen Kriterien werden in den Kapiteln »Raum- und Zeitspezifität«, »Praktische Horoskopinterpretation« und »Horoskopvergleich – die aktuelle Partnerschaftsproblematik« vermittelt.

In »Das Wassermannzeitalter« werden einige allgemeine Überlegungen über die Einflüsse des vielzitierten »New Age« auf den Partnerschaftsbereich beschrieben.

»Astrologisch-psychologische Therapie« skizziert die theoretischen und praktischen Möglichkeiten einer astrologisch orientierten Therapie.

»Raum- und Zeitspezifität« beschreibt detailliert, wie der Stellenwert einer Konstellation beurteilt werden kann, wel-

che Kriterien in der individuellen Horoskopinterpretation unbedingt beachtet werden müssen.
»Venus und Mars im kybernetischen Modell« deutet den übergeordneten Bezugsrahmen an, in den die hier dargestellten Hypothesen eingebettet sind. Sie bieten insbesondere dem Fortgeschrittenen Richtlinien und Impulse für eigene, weiterführende Überlegungen.
In »praktische Horoskopinterpretation« wird beschrieben, wie die einzelnen Konstellationen festgestellt, gewichtet und beurteilt werden, um eine sinnvolle, individuelle Interpretation zu ermöglichen. Diese wird an einem praktischen Beispiel ausführlich demonstriert.
Um das eigene Horoskop (oder das von Bekannten und Klienten) zu begreifen, genügt es keinesfalls, die entsprechenden Kapitel herauszusuchen und nachzulesen; wer über ein rein typologisches Verständnis hinausgehen will, kommt nicht umhin, die in Teil I beschriebenen Grundlagen durchzuarbeiten. Diese sind Bestandteil des vom Autor seit 1981 entwickelten Systems »Transpersonale Astrologie«, welches wiederum auf empirischen Untersuchungen beruht*.
Die Kapitel des Hauptteils sind folgendermaßen gegliedert:

1. Bekannte Persönlichkeiten; wichtige Ereignisse
2. Kindheit und Elternbezug
3. Allgemeine Charakterstruktur
4. Partnerschaft
5. Sexualität
6. Beispielhoroskop

Der erste Abschnitt enthält eine Liste bekannter Persönlichkeiten und herausragender Ereignisse, die der entsprechenden Konstellation zugeordnet sind. Aus technischen Gründen

* Nach Erscheinen von »Der Mond; astrologisch-psychologische Entwicklungszyklen« (Hugendubel 1986), erhielt ich eine Vielzahl von Anfragen nach weiterführender Literatur. Da die »Transpersonale Astrologie« einen völlig eigenständigen, relativ jungen Ansatz darstellt, gibt es diese zur Zeit nicht.

konnten hier nur die analogen Hauspositionen (also keine Aspekte, Halbsummen etc.) berücksichtigt werden. Auf die Auswahl der Daten wurde sehr viel Sorgfalt verwandt, dennoch können vereinzelte Fehler, die z. B. auf falsche Geburtszeitangaben zurückzuführen sind, nicht ausgeschlossen werden. Die Zuverlässigkeit der Zuordnungen liegt jedoch sehr hoch, da eindeutig zweifelhafte Horoskope nicht berücksichtigt wurden.

Im zweiten Abschnitt (»Kindheit und Elternbezug«) werden die Partnerschaftsfähigkeit prägende Ereignisse beschrieben. Nach einer kurzen formalen (d. h. an übergeordneten Planetenprinzipien orientierten) Konstellationsbeschreibung folgt eine Aufzählung von Symbolketten in Form von konkreten Entsprechungen. Diese erheben keineswegs den Anspruch auf Vollständigkeit, sie sollen vielmehr die praktische Arbeit, also die Umsetzung von abstrakten Prinzipien in konkrete Analogien, erleichtern und zu eigenen Ableitungen anregen. Es ist selbstverständlich, daß jede konkrete Entsprechung verschiedenen Konstellationen zuordbar ist, je nachdem, welche Ordnungskriterien man anwendet. So läßt sich z. B. der Adler Mars (Raubtier), Uranus (Vogel) und Sonne/Jupiter (»König der Lüfte«; »Symbol der Macht«) zuweisen.

Die Unterteilung: materielle Ebene, vitale Ebene, mentale Ebene und transpersonale Ebene, entspricht den vier Häuserquadranten*:

Materielle Ebene	=	erster Quadrant
Vitale Ebene	=	zweiter Quadrant
Mentale Ebene	=	dritter Quadrant
Transpersonale Ebene	=	vierter Quadrant

* Die meisten in dieser Arbeit angerissenen Hypothesen, die sich auf die Transpersonale Astrologie beziehen, ohne näher erklärt zu werden, sind im o. g. Buch ausführlich beschrieben. Dies bezieht sich insbesondere auf: kritische Grade, das kybernetische Modell und die Quadrantenlehre.

Häufig sind jedoch mehrere Zuordnungen möglich oder sie ergeben sich erst aus dem spezifischen Zusammenhang. Die gewählte Einteilung soll deshalb lediglich eine grobe Orientierung bieten, der geübte Praktiker wird in der konkreten Anwendung unschwer differenzieren können.
Der insbesondere bei den Marsanalogien immer wieder vorkommende Terminus »Instinktivität« meint angeborene, körperbezogene Reaktions- und Empfindungsmuster, die sich einer bewußten Kontrolle weitgehend entziehen. Hierzu gehören die sinnliche Unterscheidung von angenehm und unangenehm (z. B.: Nahrungsmittel, Klima, Räumlichkeiten), das sog. Temperament und natürlich die Sexualität.
Während Sonne und Mond die Eltern als übergeordnete, »abstrakte« Persönlichkeitsbilder symbolisieren, repräsentieren Venus und Mars ihr konkretes und polares Verhältnis zum Nativen. D. h. die Marskonstellationen zeigen, welche Formen von Durchsetzungsfähigkeit und »Stärke« man am Vater erlebt hat und auf welche Weise sie das eigene Handlungspotential prägten. Venuskonstellationen hingegen zeigen auf, wie sehr sich die Mutter als Frau akzeptieren konnte und auf welche Weise sie Vertrauensfähigkeit, Geborgenheit, Diplomatie etc. beeinflußte*. So läßt sich aus der Kindheitssituation, der Beziehung zu den Eltern, das eigene Begegnungsverhalten herleiten und verstehen.
Im Abschnitt »Allgemeine Charakterstruktur« werden diejenigen Persönlichkeitszüge dargestellt, die einen eher mittelbaren Bezug zur Begegnungsfähigkeit haben (z. B. besondere Begabungen etc.).

* Hier handelt es sich natürlich um eine Vereinfachung: Nicht immer werden die Venusanteile einer Konstellation von der Mutter vermittelt, gelegentlich geschieht dies auch durch den Vater. Sinngemäß das gleiche gilt für die Marskonstellationen. Mit diesen Aussagen soll keinesfalls eine sexistische Geschlechtsrollentheorie gestützt werden, vielmehr geht es hier um die übergeordneten Inhalte »weiblicher« und »männlicher« Sexualität, die in der Mehrzahl der Fälle auch verstärkt mit dem entsprechenden Geschlecht korrelieren. Auch innerhalb der Theorie ist es zudem offensichtlich, daß jeder Mensch grundsätzlich beide Anteile in sich trägt: Jeder hat Venus- und Marskonstellationen.

In »Partnerschaft« werden die konkreten Beziehungsanalogien beschrieben, wobei Wert darauf gelegt wurde, eine möglichst breite Palette von Verwirklichungsformen zu berücksichtigen. Hierbei mußten gelegentliche kleinere Erschwernisse bezüglich der Übersichtlichkeit der Beschreibung in Kauf genommen werden. Es erscheint jedoch eher im Interesse des Lesers, sämtliche maßgeblichen Inhalte mitzuteilen, als einer gewissen Glätte und Eingängigkeit zuliebe unbegründete und entstellende Abstriche zu machen.

Es sei bereits an dieser Stelle betont, daß Verwirklichungsform und -ebene aus einer Planetenanalogie allein keineswegs herzuleiten sind. Es ist also auch nicht so, daß ein Horoskopeigner *sämtliche* Entsprechungen einer Konstellation ausleben bzw. erleiden muß. Vielmehr reicht in aller Regel *eine* konkrete Entsprechung aus, um das Potential eines Aspektes »abzudecken«.

Zum Abschnitt »Sexualität« sind einige grundsätzliche Hinweise notwendig. Zum einen sind hier naturgemäß die Möglichkeiten konkreter Überprüfungen besonders ungünstig, man ist nahezu ausschließlich auf die (in aller Regel unüberprüfbaren) Mitteilungen von Klienten angewiesen. Außerdem wurden häufig besonders drastische Entsprechungen (Impotenz, Frigidität, Nötigung etc.) gewählt. Glücklicherweise sind die meisten Menschen nicht frigide, impotent oder Opfer sexueller Nötigung. Derartige Analogien stellen die extremen Verwirklichungsformen *einer Vielzahl* auf die Sexualität bezogener Aspekte dar, sie sind nur selten für eine besondere Konstellation typisch. Bedeutsamer und für die individuelle Interpretation wesentlicher als eine solch dramatische »letzte Konsequenz« ist deshalb die psychologische Ursache, der Entwicklungsprozeß, der ihr vorausgeht.

Im letzten Abschnitt des Hauptteils schließlich wird zu der jeweiligen Konstellation ein »typisches« Horoskop analysiert, so daß der Leser die Möglichkeit hat, die theoretisch behandelten Inhalte an einem praktischen Beispiel nachzuvollziehen.

In »Über ›klassische‹ Synastrie, Composites, Combines und andere Hilfshoroskope« werden die gängigen Partnerschaftsvergleichstechniken kritisch beschrieben, während im letzten Kapitel »Horoskopvergleich – die aktuelle Partnerschaftsproblematik« alternative Techniken beschrieben werden, um die Qualität einer Partnerschaft, die in ihr liegenden Herausforderungen und Entwicklungsaufgaben zu bestimmen.
Grundsätzlich gilt es zu berücksichtigen, daß sich die Transpersonale Astrologie weit weniger mit konkreten Ereignissen (auch wenn diese teilweise detailliert beschrieben werden) als mit deren unbewußten Motiven auseinandersetzt. Es gibt im Partnerschaftsbereich nur relativ wenige konkrete problematische Entsprechungen, die jedoch eine Vielzahl sehr unterschiedlicher psychologischer Ursachen haben können. So sind z. B. häufig wechselnde sexuelle Kontakte zum einen auf Bindungsangst, übersteigertes sexuelles Interesse oder das Bedürfnis nach permanenter Selbstbestätigung zurückzuführen.
Unter astrologisch-psychologischen Gesichtspunkten steht niemals das konkrete Verhalten und die damit verbundene Problematik im Vordergrund, sondern die (möglicherweise) unangemessenen Beweggründe, die hierzu führen. Diese sollen in den einzelnen Beschreibungen deutlich werden, während die konkreten Entsprechungen letztlich nur Beispielcharakter haben können.
Sie werden deshalb in den einzelnen Unterabschnitten des Hauptteils häufig vordergründig recht ähnliche Partnerschaftskonstellationen finden, die teilweise sogar identisch betitelt sind (Beispiel: »Das Helfersyndrom«). Unterschiedlich sind jedoch die *Motive,* die zu den dargestellten Verhaltensweisen und Situationen führen, diese sind das eigentliche Thema dieser Arbeit. Es geht weniger darum festzustellen, *was* sich im Begegnungsverhalten ereignet, als herauszufinden, *warum* es sich ereignet.
Nur so können m. E. die Möglichkeiten der Astrologie für eine problemüberwindende Persönlichkeitsentwicklung nutzbar gemacht werden.

Das beginnende Wassermannzeitalter

Gemäß der Theorie der Transpersonalen Astrologie läßt sich der Schnittpunkt von Fische- und Wassermannzeitalter auf den August 1945 festlegen. Sämtliche Umbrüche auf der Bewußtseinsebene haben ihre Entsprechungen in konkreten Ereignissen, sind somit zeitlich fixierbar. Trotzdem haben diese genau definierten Festlegungen eher symbolischen Wert.

Obwohl die Lehre von den Weltzeitaltern recht populär ist und die Übergangsphase, in der wir uns befinden, die grenzwissenschaftlich interessierten Gemüter erregt, sind die Kenntnisse über die konkreten Konsequenzen, die dies für unser praktisches Leben hat, doch denkbar gering.

Im allgemeinen existieren auch unter Esoterikern nur sehr verschwommene Vorstellungen, welchen Einfluß die Zeitenwende auf uns und unser Partnerschaftsverhalten haben könnte. Es erscheint deshalb sinnvoll, einige grundsätzliche Zusammenhänge über die Theorie des großen Jahres im allgemeinen sowie seine Auswirkungen auf die Gegenwart im besonderen darzustellen*:

Wie inzwischen allgemein bekannt, sind die Sternbilder der Ekliptik und die Tierkreiszeichen nicht (mehr) identisch. Durch die Gravitationskräfte von Sonne und Mond verschiebt sich allmählich die Erdachse, was wiederum die Rückwärtswanderung des Frühlingspunktes** zur Folge hat. Diese beträgt ca. 50″ pro Jahr, ist also äußerst langsam. Für einen Durchlauf um die gesamte Ekliptik benötigt der Frühlingspunkt ca. 25 800 Jahre. Dieser Zeitraum wird auch das Große

* Umfangreiche Überlegungen zum Wassermannzeitalter enthält das Buch »Durchbruch zur Zukunft«, Alfons Rosenberg, Turm Verlag, Bietigheim.

** Der Frühlingspunkt (auch Widderpunkt) ist der Schnittpunkt zwischen Himmelsäquator und Ekliptik, an dem sich die Sonne um den 21. März (Frühlingsanfang) befindet.

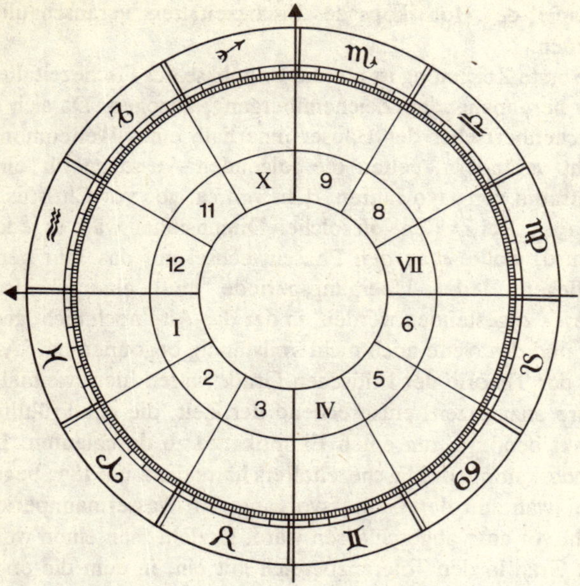

oder das platonische Jahr genannt. Ein Tierkreiszeichen würde der Frühlingspunkt dann in etwa 2150 Jahren durchqueren. Eine solche Phase nennt man Weltenmonat oder (astrologisches) Zeitalter. Für die Weltenmonate (wie z. B. das Wassermannzeitalter) lassen sich nun Horoskope konstruieren, die Aufschluß darüber geben, welche Aspekte der Wirklichkeit in dieser Zeitphase bedeutsam werden.

Bei derartigen Horoskopen kann es also nicht darum gehen, Aufschluß über Ereignisse von kurz- bis mittelfristiger oder gar individueller Tragweite zu geben; vielmehr ermöglichen sie eine Gesamtschau über das Selbstbildnis des Menschen, wie es, ungeachtet seiner zahlreichen Schattierungen und Variationen, in einem Zeitalter gültig war bzw. ist*. Dies soll am

* Es gibt Indizien aus der »Astro-Logik«, die darauf hindeuten, daß die hier beschriebene Form der Weltzeitalter-Theorie nur in nördlichen Breiten Gültigkeit hat.

Beispiel des Horoskops des Fischezeitalters veranschaulicht werden.
Die erste Zeichnung ist auf die Endphase des Fischezeitalters, den herannahenden Zeichenübergang, bezogen. Da sich die Zeichenherrscher der Häuser innerhalb eines Weltenmonats nicht verändern, gelten die folgenden Aussagen für einen Zeitraum von 2150 Jahren, d. h. von ca. 200 vor Christus bis ca. 1945. Bei Zyklen von solchen Dimensionen wäre es jedoch absurd, wollte man den Phasenwechsel auf das Jahr genau festlegen. Jeder Übergangsperiode muß eine »kritische Phase« zugestanden werden, in der das Alte noch nicht geendet und das Neue noch nicht vollständig begonnen hat. Analog der Theorie der kritischen Grade wären hier zweimal 72 Jahre anzusetzen, entsprechend der Zeit, die der Frühlingspunkt benötigt, um einen Ekliptikgrad zu durchlaufen. Der »Todeskampf« des Fischezeitalters hätte dann um 1873 begonnen, während der Geburtsvorgang der Wassermannperiode nicht vor 2017 abgeschlossen wäre. Bezieht man einen weiteren Grad in den Toleranzbereich mit ein, in dem die ersten Vorahnungen des New Age bereits spürbar oder auf der anderen Seite die Nachwehen der Fischezeit noch nicht überwunden sind, so haben wir bereits die Jahre 1801–2089 zu berücksichtigen – immerhin einen Zeitraum von 288 Jahren. Wobei noch zu bemerken wäre, daß der hier zugrunde gelegte Orbis (Wirkungskreis) eher zu eng als zu weit bemessen ist.
Zweifellos befinden wir uns jedoch in der schwierigen Phase des Übergangs: Wertvorstellungen und Wirklichkeitsbilder, die ihre Daseinsberechtigung verloren haben, bäumen sich ein letztes Mal auf, um eine nicht zu haltende Umwälzung zu verhindern. Ein Vergleich zwischen beiden Weltzeitalter-Horoskopen soll verdeutlichen, welche Aspekte der Wirklichkeit hier aufeinanderprallen. Beispielhaft für andere Konstellationen soll hier das Selbst- und das Partnerschaftsbildnis des Menschen beschrieben werden:
Das Selbstbildnis wäre dem ersten Haus zuzuordnen. Fische am Aszendenten symbolisieren hier eine stark religiös und

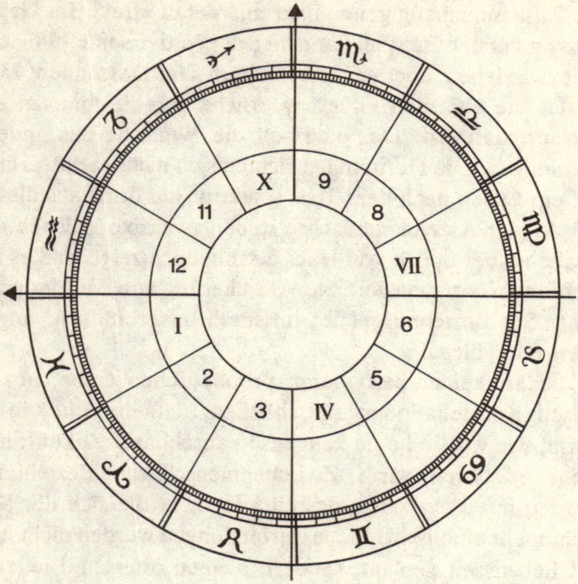

jenseitig ausgerichtete Haltung, die dem einzelnen in der konkreten Welt keine besondere Bedeutung zumißt. Mars/Neptun ist hier die Opferung des Individuellen für etwas Übergeordnetes. Jungfrau am Deszendenten zeigt entsprechend die dienende Funktion, welche die Partnerschaft hier innehat: Es geht weniger um Liebe und Genuß als um eine pragmatische, funktionelle, hierarchisch orientierte Anpassung an Umweltbedingungen; die Ehe war/ist weitgehend eine Zweckgemeinschaft, die sich den Luxus persönlicher Motive nur sehr begrenzt leisten kann.

Widder an der Spitze von Haus 2 deutet die immense Bedeutung, die der Legalität von Beziehungen beigemessen wurde, an. Der eine Partner war Besitz des anderen, welcher bei Bedrohung auch gewaltsam verteidigt wurde.

In der zweiten Abbildung sehen wir Wassermann am As (Mars/Uranus): Der einzelne steht für sich, aus dem konkre-

ten Zusammenhang genommen und damit »frei«. Im Gegensatz zum ersten Beispiel kann hier der Native seine Individualität zwar leben, aber er bleibt isoliert. Der Deszendent Löwe deutet die enormen Glücksansprüche an, die man an eine Partnerschaft hat: Der eine soll die Wünsche des anderen befriedigen. Die Hoffnungen richten sich nicht mehr (primär) auf ein Leben nach dem Tod, sondern sind durchaus diesseitig: An der Aszendentenachse stehen zwei fixe Zeichen.
Fische an der Spitze von Haus 2 schließlich zeigt, daß es hier nicht mehr um eine formale Absicherung von Verbindungen geht: Die Beziehung bleibt juristisch unverbindlich, ungesichert und »illegal«.
Es bedarf keiner besonderen prophetischen Gabe, um aus diesen Konstellationen zu schließen, daß die Ehe, in der Form, wie wir sie heute kennen, in absehbarer Zukunft nicht mehr existieren wird. Zwischenmenschliche Beziehungen werden nur Privatsache des einzelnen, in die sich der Staat nicht mehr einmischt. Liebesverbindungen werden nicht mehr auf Lebenszeit geplant, sondern bleiben offen und jederzeit auflösbar. Diese Entwicklung ist bereits jetzt absehbar: Immer mehr Paare leben unverheiratet zusammen (und trennen sich wieder), immer mehr Menschen leben freiwillig oder unfreiwillig allein.
Selbst in körperlicher Hinsicht haben sich die Menschen in den letzten Jahrzehnten verändert: Die durchschnittliche Körpergröße ist stark angestiegen, die sekundären Geschlechtsunterschiede werden geringer (Minderung der Polarität).

Theorie und Praxis astrologisch-psychologischer Therapie

In den letzten Jahren wird zunehmend der Versuch unternommen, astrologische mit psychologischen Konzepten zu verknüpfen. Meist wird hierbei das Horoskop als Diagnoseinstrument verwandt, um leichter die Ursachen von Schwierigkeiten und Konflikten herauszufinden. Die so gewonnenen Erkenntnisse werden dann als Grundlage einer »klassischen« Therapieform (Transaktions- und Psychoanalyse, Themenzentrierte Interaktion, Gestalt- und Gesprächstherapie etc.) verwandt. Gegen eine derartige Vorgehensweise ist natürlich prinzipiell nichts einzuwenden; alles, was dem Klienten in der Bewältigung seiner persönlichen Problematik hilft, ist nützlich und begrüßenswert. Andererseits bleiben die wesentlichen Möglichkeiten der Astrologie ungenutzt. Denn das Horoskop zeigt nicht nur präzise die Inhalte und Ursachen psychischer Konflikte, es gibt auch Hinweise auf den Weg zu ihrer Überwindung. Jede Konstellation weist neben eventuell problematischen Aspekten auch »höhere« Verwirklichungsformen auf. In diesem Sinne stellen individuelle Schwierigkeiten eine Herausforderung, einen unbewußten Verwirklichungsversuch von Möglichkeiten dar, die lediglich durch einen Mangel an bewußtem Verstehen unvollständig und dadurch schmerzhaft sind.
Niemand erhält eine Lebensaufgabe, die er nicht bewältigen kann. Das Karma ist nicht unfair, indem es einen vor unlösbare Schwierigkeiten stellt. Dies bedeutet auch, daß es für den Menschen keine echte (d. h. nicht neurotisch verfälschte) Sehnsucht gibt, die nicht gestillt werden könnte. Sehnsucht und das ihr inhärente Leiden, der Wunsch nach einer Veränderung der momentanen Lebenssituation, sind der Motor, der den Menschen zu einer Persönlichkeitsentwicklung motivieren kann.
Das physikalische Trägheitsgesetz gilt auch für die Psyche: Nie-

mand ist bereit, sich ohne Druck und Zwang zu verändern. So ist die menschliche Existenz im allgemeinen und die Entwicklung des Bewußtseins im besonderen vom Leiden bestimmt. Der Lehrmeister in der materiellen Welt sind körperliche und seelische Schmerzen; die Unerträglichkeit oder zumindest die Unbequemlichkeit eines Zustandes schafft die Energie und die Motivation zu seiner Veränderung. Unter diesem Gesichtspunkt betrachtet, sind Menschen mit besonders problematischen Horoskopen und dementsprechenden Lebenssituationen »privilegiert«: Sie haben in dieser Inkarnation mehr Entwicklungsmöglichkeiten, mehr Chancen zur Bewußtwerdung, als andere.

Allerdings soll hier eine wesentliche Gefahr nicht verschwiegen werden. Viele Astrologieinteressierte neigen dazu, das Horoskop zur Rechtfertigung ihrer persönlichen Schwierigkeiten zu mißbrauchen. So wie in der Psychoszene die Tendenz besteht, jedes Problem auf die Eltern zu schieben und sich damit scheinbar der Eigenverantwortlichkeit zu entledigen, so neigen manche »Esoteriker« dazu, die Schuld für alle persönlichen Schwierigkeiten im Horoskop zu suchen. Viele Klienten sind regelrecht erleichtert, wenn individuelle Konflikte im Radix nachgewiesen werden können. Sie glauben damit entschuldigt zu sein, »es steht ja schon im Horoskop ...«.

Noch gravierender und bedenklicher ist die Tendenz zum »esoterischen Masochismus«, d. h. der Ehrgeiz, ein ganz besonders schwieriger Fall zu sein, mit schier unglaublichen karmischen Belastungen.

Statt Leiden als ein notwendiges Übel mit der Aufforderung zu bewußter Entwicklung zu erkennen, entsteht hier eine fatale Lust am Leiden, im Sinne eines untauglichen Versuchs, Selbstwertgefühl und Individualität (»ich bin etwas Besonderes«) zu gewinnen*.

* So kommt es z. B. häufig zwischen Menschen in psychoanalytischer Behandlung zum Streit, wer von ihnen denn der Neurotischere sei. Offensichtlich besteht hier die Disposition, ganz besonders ausgeprägte psychische Krankheit als eine Art Auszeichnung oder Privileg zu betrachten.

Diese Neigung wird schnell zur spirituellen Sackgasse: Das ursprüngliche Ziel einer bewußten Entwicklung muß trotz gegenteiliger Beteuerungen aufgegeben werden, da sonst die Gefahr bestünde, die Quelle des eigenen Selbstwertgefühls zu zerstören. Der Sinn einer Auseinandersetzung mit psychischen Konflikten wird in sein Gegenteil verkehrt.
Bedauerlicherweise gibt es genügend Astrologen, die derartige Verhaltensweisen bei ihren Klienten noch fördern, um sich so eine sichere und beständige Einnahmequelle zu schaffen.
Der Sinn von Schmerz und Leid liegt jedoch in ihrer Überwindung; ein Kleinkind, das sich die Finger an einer heißen Herdplatte verbrannt hat, wird diesen Fehler voraussichtlich nicht wieder tun*.
So enthält auch der psychische Schmerz meist die Information, einen Fehler begangen zu haben, den man im eigenen Interesse zukünftig vermeiden sollte. Das Ziel bewußter Entwicklung ist dementsprechend die Freiheit (d. h. die Überwindung) von (psychischem bzw. »karmischem«) Leiden**.
Die Gefahr, in der Analyse von Problemfeldern steckenzubleiben und so das Gegenteil des ursprünglichen Behandlungszieles zu erreichen, ist offensichtlich. Sie darf in keiner Therapie übersehen werden.
Inzwischen mehren sich die Versuche, Analogieprinzipien di-

* Menschen, die mit einer angeborenen Schmerzunfähigkeit leben müssen, sind auf die besondere Aufmerksamkeit ihrer Umgebung angewiesen. Häufig fügen sie sich bereits in der frühen Kindheit dramatische Verletzungen zu, da es kein schützendes Warnsignal gibt, das sie zurückhält.

** Es sei der Vollständigkeit halber darauf hingewiesen, daß es in bestimmten Entwicklungsphasen durchaus sinnvoll sein kann, bewußt Leiden auf sich zu nehmen. Hier handelt es sich jedoch um Ebenen, die den Rahmen einer normalen Therapie bei weitem übersteigen und dementsprechend für die Praxis bedeutungslos sind.
Allerdings gibt es spirituelle Schulen, die eine (vorgeblich befristete) Verschlechterung des psychischen Zustandes des Klienten bewußt anstreben, mit dem Ziel, Karma zu »verbrennen«, im Sinne einer Katharsis. Nach Ansicht des Autors sind derartige Vorgehensweisen äußerst gefährlich; die Aussicht, psychische Erkrankungen künstlich zu erzeugen, anstatt sie zu überwinden, ist groß.

rekt in eine Therapie zu integrieren. Dies wäre grundsätzlich der den Möglichkeiten der Astrologie angemessene Weg. Er stellt jedoch immense Anforderungen an Können und Verantwortungsbewußtsein des Therapeuten; zwei Kriterien, die leider in den wenigsten Fällen erfüllt werden.

Wesentlich häufiger wird fachliche Inkompetenz mit einem esoterischen Therapieanspruch verschleiert: Anstatt Problemstellungen inhaltlich richtig aus dem Horoskop abzuleiten, werden Aussagen des Klienten lediglich mit anderen (psychologisch verbrämten) Worten wiederholt. Die »Therapie« besteht dann aus durchaus fragwürdigen Ratschlägen, wie eine Konstellation adäquater auszuleben sei*. Der Beratene gerät dann häufig in einen Zustand der Selbstzerfleischung, in dem er verzweifelt versucht, die vom Astrologen unterstellten Persönlichkeitsanteile in sich zu entdecken, dem von ihm gezeichneten Bild gerecht zu werden.

Verschlimmert wird die Situation noch durch die häufige Neigung des Therapeuten, die Sitzung durch einige vielsagende, möglichst bedrohlich klingende »Prognosen« abzurunden, die den Klienten zusätzlich in Angst und Schrecken versetzen.

Zum anderen beschränkt sich die »astrotherapeutische« Arbeit meist auf ein bis zwei Sitzungen, mit der unausgesprochenen Unterstellung, damit einen sinnvollen Beitrag zur Selbstverwirklichung des Klienten geleistet zu haben.

Eine derartige Vorgehensweise ist jedoch, selbst bei größtmöglicher Kompetenz des Therapeuten, nur ausnahmsweise möglich! Nämlich dann, wenn es sich um eine genau umrissene, wenig tiefgreifende Fragestellung handelt, deren Bewältigung gleichsam schon in der Antwort enthalten ist.

So hört eine astrologisch orientierte Therapie mit dem Klien-

* So erhielt z. B. eine Klientin von einer an einem renommierten esoterischen Institut beschäftigten Astrologin die Aufforderung, ihre Venus/Uranus-Opposition doch in Form einer Dreiecksbeziehung zu verwirklichen (wozu diese durchaus kein Verlangen verspürte), während ihr gleichzeitig »verdrängte« perverse sexuelle Neigungen (aufgrund einer Sonnenstellung im Skorpion!) unterstellt wurden.

ten in aller Regel da auf, wo sie eigentlich erst richtig beginnen sollte. Die angemessene Vorgehensweise bestünde darin, nach Erarbeitung der maßgeblichen Problemfelder aufgrund einer allgemeinen Horoskopanalyse mit Hilfe der in Radix und aktuellen Auslösungen aufgezeigten Möglichkeiten, gemeinsam Wege und Strategien zu entwickeln, die zu einer Bewältigung der Schwierigkeiten führen können. Hierzu ist jedoch eine längerfristige Zusammenarbeit notwendig, in der der Therapeut »Fehlschläge« auffangen und die »Strategie« gegebenenfalls modifizieren kann.

In den wenigen Fällen, wo eine derartige Vorgehensweise versucht wird, scheitert sie zumeist an der Inkompetenz der Therapeuten.

Da es keinerlei Vorschriften und Überprüfungen für eine astrologische Tätigkeit gibt, sind hier Selbstüberschätzung, Dilettantismus und Betrug Tür und Tor geöffnet. So machen sich nur die wenigsten Astrologen die Mühe, die Geburtszeit ihrer Klienten zu korrigieren. Es stimmt nachdenklich, wenn jemand, der auf der einen Seite die Bedeutung des genauen Geburtsaugenblicks betont, sich andererseits mit standesamtlichen (oder noch fragwürdigeren) Angaben zufriedengibt.

Die Zahl derer, die in der BRD eine brauchbare Geburtszeitrektifikation auch nur annähernd beherrschen (und sich der zeitraubenden Mühe unterziehen, diese auch anzuwenden), ist extrem gering.

Es ist die Aufgabenstellung der Transpersonalen Astrologie, Möglichkeiten bewußter Entwicklung herauszuarbeiten und in der Praxis umzusetzen. Die in diesem Buch gemachten Aussagen stellen somit lediglich die Voraussetzungen eines möglichen Individuationsprozesses dar. Sie sind die Basis einer spirituell orientierten Persönlichkeitsarbeit, kein abschließendes Urteil*.

* Die unverzichtbare Diagnose eines Arztes ist mit der Heilung genausowenig identisch wie die Horoskopanalyse mit der Persönlichkeitsentwicklung.

Raum- und Zeitspezifität

Um festzustellen, in welchem Ausmaß eine Konstellation für die Interpretation zum Tragen kommt, ist es unerläßlich, ihren »Individualitätswert« festzustellen – eine Tatsache, die in der gängigen Horoskoppraxis trotz ihrer Offensichtlichkeit mit stoischer Ignoranz mißachtet wird. Da ohne ihre Berücksichtigung eine sinnvolle Interpretation völlig ausgeschlossen ist, seien hier die bereits an anderer Stelle* dargelegten Gedankengänge wiederholt und ergänzt:

Der »Individualitätswert« setzt sich aus zwei Komponenten zusammen: der Raum- und der Zeitspezifität. Die Raumspezifität definiert sich als die Genauigkeit, mit der eine Konstellation für einen bestimmten Ort zuständig ist, die Zeitspezifität entspricht der Dauer, die eine Konstellation Gültigkeit hat.

Die Ekliptikpositionen der Planeten sind auf der gesamten Erde gleich, hier kommt also nur die Zeitspezifität zum Tragen, die (auf einen Zeichendurchgang bezogen) immerhin zwischen 2,5 Tagen (beim Mond) und mehreren Jahrzehnten (bei Pluto) variieren kann.

Die Raumspezifität hingegen ist vollständig an das Häusersystem gebunden: Das Winkelverhältnis von Ekliptik und Horizont (zu einem gegebenen Zeitpunkt) bestimmt Größe und Lage der Häuser.

Die Horoskopfelder legen somit fest, für welchen Ort bzw. für welches Gebiet eine gegebene Konstellation zuständig ist. Gleichzeitig besitzen sie jedoch durch ihre im Verhältnis zu den Ekliptikbewegungen der Planeten extrem schnelle Veränderlichkeit (ca. alle 4 Minuten Verschiebung der Häuserspitzen um ein Grad) auch ein hohes Maß an Zeitspezifität.

* M. Roscher, Der Mond

In diesem Zusammenhang scheint es sinnvoll, eine anscheinend unausrottbare Irrmeinung richtigzustellen. Freiherr von Klöckler schrieb in »Kursus der Astrologie« Band 3, 5. Auflage 1981, S. 52: »Solar- und Radixaszendent erscheinen uns als bedeutsamste, weil individuellste und variabelste Faktoren für die Solarprognose ... Das Mc, das in allen Breitengraden den gleichen Wert aufweist, hat auch nach unseren Erfahrungen nicht die gleiche Empfindlichkeit und Bedeutsamkeit und rangiert daher an zweiter Stelle.«
Dies ist allgemeine astrologische Lehrmeinung; zudem wird dieses Buch seit über einem halben Jahrhundert aufgelegt (und vom Deutschen Astrologenverband als Standard-Lehrwerk ausdrücklich empfohlen), ohne daß bis jetzt eine Berichtigung erfolgt wäre.
Tatsache ist jedoch, daß Aszendent und Mc (Medium coeli) prinzipiell gleich individuell sind. So wie alle auf demselben Längengrad (zur gleichen Zeit) Geborene das gleiche Mc besitzen, gibt es auch einen senkrecht auf dem Horizont stehenden Groß(»Vertikal«)kreis (im rechten Winkel zum Aszendenten), der in sämtlichen Punkten (d. h. auf ihm gelegenen Orten) den gleichen Aszendenten aufweist*.
Die einzige Differenzierung zwischen der Bedeutsamkeit von As und Mc liegt in ihrer unterschiedlichen Bewegungsgeschwindigkeit: Während die Zeit, die der As braucht, um einen Tierkreisgrad zu durchwandern (Zeitspezifität), zwischen etwa 2,5 und 6 Minuten variiert, benötigt das Mc hierzu (nahezu) konstant ca. 4 Minuten. Der individuellere von beiden Punkten wäre also derjenige, welcher sich schneller bewegt. Dies jedoch ist von Fall zu Fall unter-

* Dieser kompliziert klingende Sachverhalt wird sofort anschaulich, wenn man sich zwei Ringe (von denen der eine den Horizont, der andere die Ekliptik symbolisiert) vorstellt, die an zwei gegenüberliegenden Punkten so miteinander verschraubt sind, daß sich der eine Ring im anderen drehen läßt. Die Verschraubungen entsprächen As und Ds, die unübersehbar demonstrieren, daß es weit mehr als nur einen Horizont (d. h. auch: mehr als einen Ort) gibt, der einem bestimmten As (zu einer bestimmten Zeit) entspricht.

schiedlich. Das Mc ist also keinesfalls weniger individuell als der As, sondern kann ihn sogar an Bedeutsamkeit übertreffen.
Daß sich derartige Fehleinschätzungen so lange unwidersprochen halten können, ist wohl auf einen auch in Fachkreisen vorhandenen Mangel an elementaren astronomischen Grundkenntnissen zurückzuführen.

Die eklatante Überlegenheit der Häuserspitzen an Raum- und Zeitspezifität macht ihre Bevorzugung gegenüber den Tierkreispositionen der Planeten zwingend.
Es läßt sich folgende Hierarchie in der Bewertung des Individualitätswertes von Konstellationen aufstellen:

1. Konjunktionen mit den Hauptachsen (As – Ds, Mc – Ic); As und Mc auf kritischen Graden
2. Konjunktionen mit den Häuserspitzen; Häuserspitzen auf kritischen Graden
3. Aspekte zu den Hauptachsen
4. Aspekte zu den Häuserspitzen
5. Direkte Halbsummen zu den Hauptachsen
6. Indirekte Halbsummen zu den Hauptachsen
7. Direkte Halbsummen zu den Häuserspitzen
8. Indirekte Halbsummen zu den Häuserspitzen
9. Hausstellungen von Planeten
10. Aspekte und Spiegelpunkte

Der Stellenwert der einzelnen Planeten richtet sich wiederum nach ihrer Umlaufgeschwindigkeit. Es ergibt sich folgende Reihenfolge:

1. Mond ☾
2. Merkur ☿
3. Venus ♀
4. Sonne ☉
5. Mars ♂
6. Jupiter ♃
7. Saturn ♄
8. Uranus ⛢
9. Neptun ♆
10. Pluto ♇

Wesentlich jedoch ist der Gesichtspunkt, daß *keine Einzelkonstellation im Horoskop vollständig individuelle Bedeutung hat.* Diese ergibt sich erst, wenn mindestens drei Faktoren miteinander verbunden werden, wobei zwei der Faktoren Häuserspitzen sein müssen. Anders ausgedrückt: Sowohl As als auch Mc gelten für sämtliche Orte auf einem Großkreis, lediglich die Gleichzeitigkeit von einem bestimmten As *und* einem bestimmten Mc gilt nur für einen Ort.

Dies erklärt, warum den Mundanhoroskopen nach Placidus, die in der zeitgenössischen Astrologie nahezu unbekannt sind, eine solch überragende Bedeutung zukommt: Sie berücksichtigen die aktuellen Tagesbögen der Planeten, die für jeden Ort (und jeden Tag) unterschiedlich sind.

So ist es z. B. möglich, daß Saturn und Uranus, deren ekliptikales Winkelverhältnis über Monate hinweg nahezu unverändert bleiben kann, innerhalb eines Tages verschiedene mundane Aspekte zueinander bilden (nämlich Quadrat und Trigon). Diese Aspekte sind nur wenige Minuten exakt, haben also immense individuelle Bedeutung*.

Eine grobe Annäherung erreicht man über die »Häuseraspekte«: Man betrachtet alle Häuser als gleich (nämlich 30 Grad) groß und interpoliert hierzu die relative Planetenposition (Saturn Ende des ersten Drittels des zweiten Hauses befände sich somit auf dem 10. »Häusergrad« des zweiten Hauses). So würden z. B. zwei Planeten, von denen sich der eine Mitte des ersten, der andere Mitte des fünften befände, ein »Häusertrigon« zueinander bilden, unabhängig davon, auf welchen Ekliptikgraden sie sich befinden**.

* Eine ausführliche Behandlung von Mundanhoroskopen und ihrer Berechnung würde leider den Rahmen dieser Arbeit sprengen. Da sie aber für die praktische Anwendung der Transpersonalen Astrologie von überragender Bedeutung sind, ist ein eigenes Lehrbuch zu diesem Thema geplant.

** Zu beachten wäre hier noch, daß sich (wenn man von den wahren Tagesbögen der Planeten und nicht von ihren Ekliptikprojektionen ausgeht) hier die größten Abweichungen bei Mond und Pluto (aufgrund ihrer großen ekliptikalen Breite) ergeben können.

Sämtliche im Hauptteil behandelten Konstellationen gelten auch in besonderem Maße für Mundanaspekte.
Die Hinweise auf die Rangfolge von Konstellationen sind nicht im Sinne schematischer Deutungskriterien aufzufassen: Zum einen sollen sie nur einer allgemeinen und grundsätzlichen Orientierung dienen, da eine Vielzahl hochkomplizierter Wechselwirkungen in diesem Zusammenhang unberücksichtigt bleiben mußten, zum anderen wäre es unmöglich, im Rahmen einer ganzheitlichen Horoskopinterpretation sämtliche notwendigen Gewichtungen zu integrieren, ohne den Überblick zu verlieren.
In der Praxis ist es völlig ausreichend, den Individualitätswert von Konstellationen nach Augenmaß zu beurteilen, die Mehrzahl der Entgleisungen des gesunden Menschenverstandes in der Horoskopinterpretation lassen sich so verhindern*. Zudem werden die (für diese Arbeit) maßgeblichen praktischen Konsequenzen dieser grundsätzlichen Überlegungen in den Folgekapiteln beschrieben.

* Ein Beispiel unter vielen ist die in den letzten Jahren in Mode gekommene Berücksichtigung von Planetenrückläufigkeiten und Mondknotenkonstellationen im Rahmen einer »karmischen« Astrologie. Da die Mondknoten lediglich 4 Bogenminuten pro Tag zurücklegen, befinden sie sich ca. 1,3 Jahre in einem Zeichen (dies ist eine Umlaufgeschwindigkeit, die zwischen der von Jupiter und Saturn liegt: Jupiter benötigt etwa 12 Jahre, Saturn etwa 28 Jahre).
D. h. also, obwohl alle Personen eines Jahrgangs (auf der ganzen Welt) die gleichen Mondknotenkonstellationen besitzen, hält dies manchen Autor nicht davon ab, ihnen eine überragende, individuelle Bedeutung bei der Horoskopuntersuchung zuzusprechen!

Venus und Mars im kybernetischen Modell

Das kybernetische Modell wurde entwickelt, um dem dynamischen Aspekt einer entwicklungsorientierten Astrologie besser gerecht werden zu können. Die Struktur ist einem Flußdiagramm vergleichbar, sie bildet das methodische Grundgerüst der Transpersonalen Astrologie, aus dem sich all ihre Aussagen herleiten lassen.

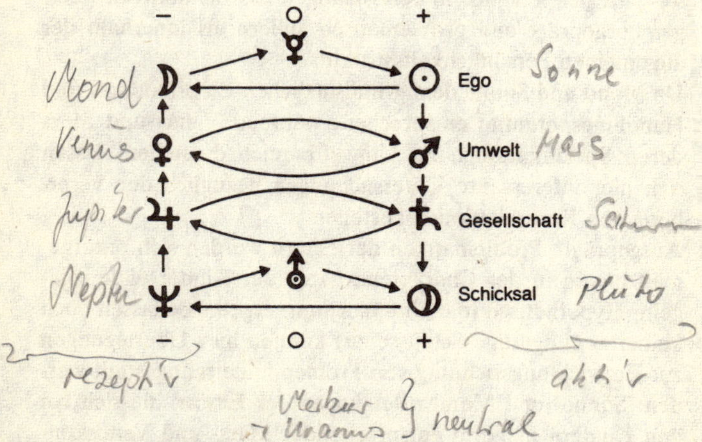

Die Planeten des linken Stranges sind sämtlich rezeptiver, die des rechten aktiver Natur, während Merkur und Uranus eine neutrale, vermittelnde Funktion (etwa im Sinne des Intellekts) einnehmen.

Der für die Umweltbeziehungen im allgemeinen und für Partnerschaft und Sexualität im besonderen verantwortliche Mars/Venus-Regelkreis ist zwischen Ego- und Gesellschaftszyklus eingebettet, die seine Wirkungen dementsprechend modifizie-

ren können. Konkret bedeutet dies, daß (positive) Jupiterkonstellationen einer gesellschaftlichen Förderung und Verstärkung der Anlagen des Begegnungsbereichs entsprechen, während (problematische) Saturnaspekte diesbezüglich Behinderung und Unterdrückung symbolisieren.
Die Anlagen des Egokreises hingegen sind dem Begegnungsbereich übergeordnet, sie legen die Rahmenbedingungen fest, innerhalb derer sich das Partnerschaftspotential verwirklichen kann.
Praktisch ist hier also die Sonne dem Mars und der Mond der Venus vorangestellt. So wird z. B. eine Blockade im Handeln (massive Sonne/Saturn-Verletzung) auch durch dominante Marskonstellationen (z. B. Mars/Jupiter) nicht aufgehoben – sie wird sich lediglich in den Belangen des Instinktiven weniger ausgeprägt und problematisch äußern als innerhalb der allgemeinen Persönlichkeitsstruktur.
Da Mond und Sonne dem grundsätzlichen Empfindungs- und Handlungspotential entsprechen, während Venus und Mars deren Spezifikationen im Umweltbereich darstellen, lassen sich hier interessante Untersuchungen bezüglich der Vererbung von Konstellationen anstellen.
Ausgeprägte Problematiken der Eltern werden sich naturgemäß häufig in der Charakterstruktur der Kinder widerspiegeln. Hypothetisch (die Untersuchungsergebnisse lassen noch keinerlei endgültige Schlüsse zu) können hier Überlegungen zur Entwicklungsrichtung von Problemfeldern angestellt werden: Sonne- und Mondverletzungen der Eltern, die sich bei den Kindern in Form entsprechender Mars- und Venuskonstellationen fortsetzen (Beispiel: Sonne/Neptun wird zu Mars/Neptun, Mond/Uranus zu Venus/Uranus), würden auf eine »Entschärfung« der entsprechenden Problematik hindeuten und umgekehrt.
In der »mildesten« Variante übernehmen Jupiter und Saturn die Funktionen von Venus und Mars oder von Mond und Sonne (Beispiel: Venus/Uranus wird zu Jupiter/Uranus).
Wenn man von der Tragweite der Konstellationen ausgeht

(bei Gleichwertigkeit des jeweiligen Verletzungsgrades), so würde die Gewichtung folgendermaßen aussehen:

1. Konstellationen zwischen Planeten des Ego- und solchen des Schicksalskreises (Beziehungen von ☾, ☿, ☉ zu ♆, ⛢, ♇)

2. Konstellationen zwischen Planeten des Ego- und solchen des Gesellschaftskreises (Beziehungen von ☾, ☿, ☉ zu ♃, ♄) sowie Konstellationen zwischen Planeten des Umwelt- und solchen des Schicksalskreises (Beziehungen von ♂, ♀ zu ♆, ⛢, ♇)

3. An letzter Stelle kämen Konstellationen zwischen dem Ego- und dem Umweltkreis, dem Umwelt- und dem Gesellschaftskreis, dem Gesellschafts- und dem Schicksalskreis. Wobei der zweiten Beziehung (Umwelt- und Gesellschaftskreis) hier noch eine herausgehobene Bedeutung zukommt.

Verkürzt dargestellt bedeutet dies, daß der Schwierigkeitsgrad einer Verbindung um so geringer ist, je enger die Regelkreise der an einer Konstellation beteiligten Planeten beieinander liegen.
Das kybernetische Modell soll vor allem die sich permanent ändernden wechselseitigen Abhängigkeiten der Planetenprinzipien deutlich machen. Da keine Konstellation isoliert für sich steht, ist auch niemals eine einseitige Interpretation möglich. Dies bedeutet auch, daß weder ein bestimmter Aspekt noch das Horoskop als Ganzes jemals vollständig erfaßt werden kann!
Vergleichen läßt sich dieser Umstand mit der nur näherungsweisen Begrenzbarkeit der irrationalen Zahlen (z. B. π), die unendlich viele Stellen hinter dem Komma aufweisen. So wie sich sämtliche Kommastellen irrationaler Zahlen berechnen lassen, ohne daß man jedoch zu einem Ende gelangen würde,

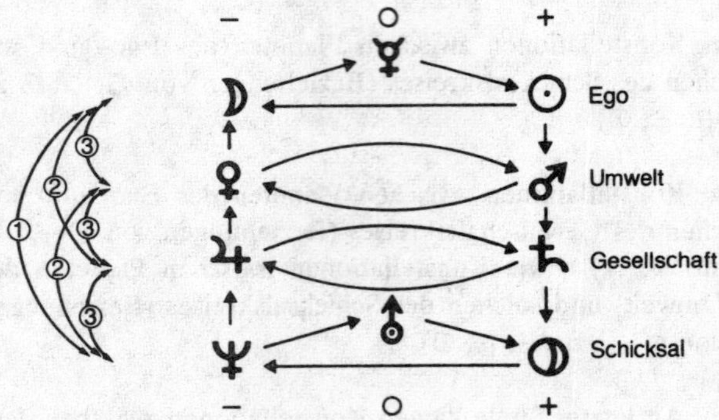

so könnte man in der Transpersonalen Astrologie eine unendliche Anzahl von Wechselwirkungen untersuchen, die für ein bestimmtes Ereignis oder eine bestimmte Person bedeutsam wären.

Damit ist unserer Möglichkeit, zu verstehen und zu begreifen, eine Grenze gesetzt, die mit wachsenden Fähigkeiten zwar immer weiter verschoben, aber niemals überwunden werden kann. Die Astrologie ist ein potentiell vollkommenes Instrument, um den Menschen sinnvoll zu beschreiben und ihn in ein übergeordnetes Ganzes einzufügen – in der Praxis kann dieser (absolut gemeinte) Anspruch jedoch nicht eingelöst werden. Es bleibt ein Rest Unwägbarkeit, der, weil sein jeweiliger Inhalt nicht erfaßbar ist, gelegentlich auch die bestfundierte Aussage (z. B. Prognose) ad absurdum führen kann. Hierin liegt die tiefere Schönheit der Astrologie, daß sie auch den größten Könner letztlich zur Demut zwingt, da eine wie auch immer geartete Vollkommenheit unerreichbar bleibt, die Herausforderung zum Wachstum niemals aufhört.

Praktische Horoskopinterpretation

Berücksichtigt man sämtliche Auslösungsmöglichkeiten (Häuserherrscher, Aspekte, Halbsummen etc.), so lassen sich in nahezu jedem Horoskop mehrere Mars- und Venuskonstellationen nachweisen.

Um zu sinnvollen Aussagen zu gelangen, ist für die Interpretation eine gewichtende, systematische Vorgehensweise notwendig.

Folgende Gesichtspunkte sind hierbei zu beachten:

Zwar sind die Halbsummen zum Aszendenten und Medium coeli sowie die Hauptachsen auf kritischen Graden (primär 0° und 15° eines Zeichens) die relativ zeitspezifischsten und damit individuellsten Auslösungsmöglichkeiten, dafür sind ihre konkreten Inhalte jedoch weit weniger genau umrissen als die anderer Konstellationen. Praktisch bedeutet dies: Die genannten Aspekte sind besonders deutliche Hinweise darauf, daß etwas (im Sinne der entsprechenden Planetenverbindung) »los« ist, worum es sich konkret handelt, wird jedoch nur recht unzureichend erfaßt. Dies liegt daran, daß weder kritische Grade noch Halbsummen etwas über die mögliche Verwirklichungsebene aussagen können.

An zweiter Stelle (im Sinne der Zeitspezifität) folgen die Konstellationen der Herrscher von Haus sieben und eins, die durch ihre direkte Abhängigkeit von der Zeichenstellung der Hauptachsen im Höchstfall wenige Stunden Gültigkeit haben, jedoch inhaltlich weitaus präzisere Aussagen erlauben.

Zu berücksichtigen ist hierbei, daß der Herrscher von eins quasi dem »individuellen Mars«, der Herrscher von sieben der »individuellen Venus« entspricht. Gemäß dieser Theorie hätte Saturn als Herrscher von eins in elf die Bedeutung einer Mars/Uranus-Verbindung: Der Herrscher von eins repräsentiert Mars, das elfte Haus Uranus.

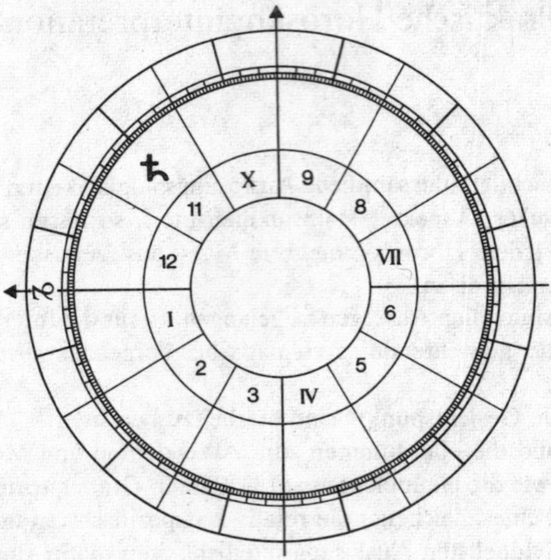

Im gleichen Horoskop würde der Mond als Herrscher von sieben in drei die Qualität von Venus/Merkur aufweisen.
Analog homöopathischen Vorstellungen handelt es sich hier um »Potenzierungen«, da ja als ursprüngliche Konstellationen Saturn/Uranus (Saturn in elf) bzw. Mond/Merkur (Mond in drei) vorliegen. Beide Interpretationsebenen überlagern sich, wobei der eigentliche Aspekt den grundsätzlichen Rahmen vorgibt, während der »potenzierte« Aspekt Auskunft über die spezifische Bedeutung für den Partnerschaftsbereich gibt. Innerhalb einer differenzierten Analyse können so sehr spezifische Wechselwirkungen zwischen der allgemeinen, »offensichtlichen« Radixstruktur und dem Begegnungsbereich herausgearbeitet werden, die über den grundsätzlichen Charakter der beschriebenen Analogieprinzipien weit hinausgehen.
Prinzipiell sind noch weitere Potenzierungen möglich, auf deren praktische Anwendung in einem einführenden Lehrbuch jedoch nicht eingegangen werden kann, sie seien hier lediglich als Anregung zu eigenen Untersuchungen erwähnt:

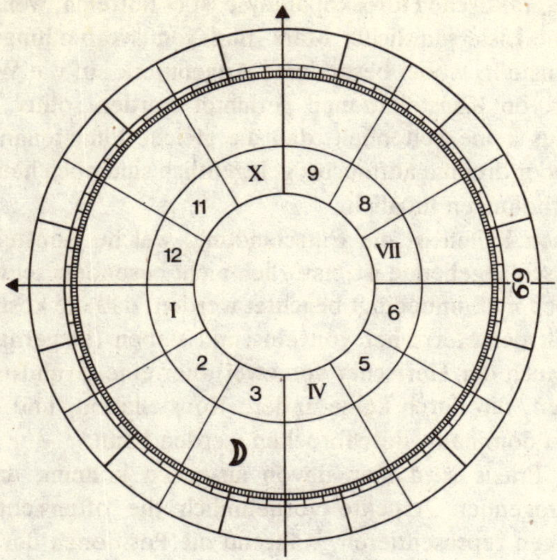

Die Konjunktion zweier Häuserherrscher entspricht der dritten Potenz. Beispiel: Herrscher von eins, Konjunktion Herrscher von 10 ≙ Ma/Sa; Herrscher von sieben, Konjunktion Herrscher von 11 ≙ Ve/Ur.

Die Opposition zweier Häuserherrscher repräsentiert die vierte Potenz, das Quadrat zweier Häuserherrscher die fünfte. Bezieht man die im Kapitel »Raum- und Zeitspezifität« gemachten Aussagen mit ein, so ergibt sich etwa folgende Gewichtung:

1. Konstellationen der Herrscher von 7, 1, 2 (»Potenzierte« Venus- und Marskonstellationen)
2. Konstellationen von Planeten in 7, 1, 2
3. Hausstellungen von Venus und Mars
4. Kritische Grade in Achsenauslösung
5. Halbsummen
6. Aspekte, Spiegelpunkte, kritische Grade in Planetenauslösung

Für die praktische Horoskopanalyse ist es hilfreich, wenn man sich eine Liste sämtlicher Mars- und Venusverbindungen zusammenstellt, wobei besonderes Augenmerk auf die Wiederholung von Konstellationen gerichtet werden sollte: Es ist durchaus keine Seltenheit, daß die gleiche Planetenanalogie zwei- oder dreimal auftaucht; gelegentlich sind noch häufigere Wiederholungen möglich.
In diesen Fällen ist die Entscheidung, welche Konstellation die ausschlaggebende ist, natürlich nicht besonders schwierig. Dennoch muß unbedingt beachtet werden, daß die kosmische Qualität der Herrscher von eins und sieben (in geringerem Maße auch der Herrscher von zwei) hier eine Grundstruktur festlegen, die durch keine andere Konstellation, und sei sie noch so dominant, durchbrochen werden kann.
In der Praxis wird man davon ausgehen können, daß die herausragenden Aspekte vornehmlich die offensichtlichen Realitäten repräsentieren, während die Positionen der Herrscher von eins (zwei) und sieben eher Auskunft über unbewußte Motive geben.
Einen letzten wesentlichen Gesichtspunkt stellt die Gegenüberstellung der Mars- und Venusanalogien dar. Hier sollte berücksichtigt werden, welches Prinzip dominiert, ob die Konstellationen sich gegenseitig bestätigen und bestärken, ob widersprüchliche Tendenzen feststellbar sind etc.
Diese Deutungskriterien sollen nun an einem Beispielhoroskop anschaulich dargestellt werden:
Der Herrscher von sieben, Uranus, steht in acht; dies entspricht einer Venus/Pluto-Verbindung. Merkur als der Herrscher von 2 in 10 (Übergang 11) repräsentiert eine Venus/Saturn- bzw. Ve/Ur, der Mond als Herrscher von 12 in sieben eine Venus/Neptun-Konstellation. Venus selbst weist bis auf ein Sextil zum Jupiter keine genaueren Aspekte auf, es bestehen auch keine problematischen Halbsummen zum Aszendenten und Mc.
Die Sonne als Herrscher von eins in 11 hat Mars/Uranus-Qualität; Neptun in eins entspricht Mars/Neptun, durch seine

MARILYN MONROE

Pacific Standard Time: 9^h30^m Datum: 1. 6. 1926
Los Angeles

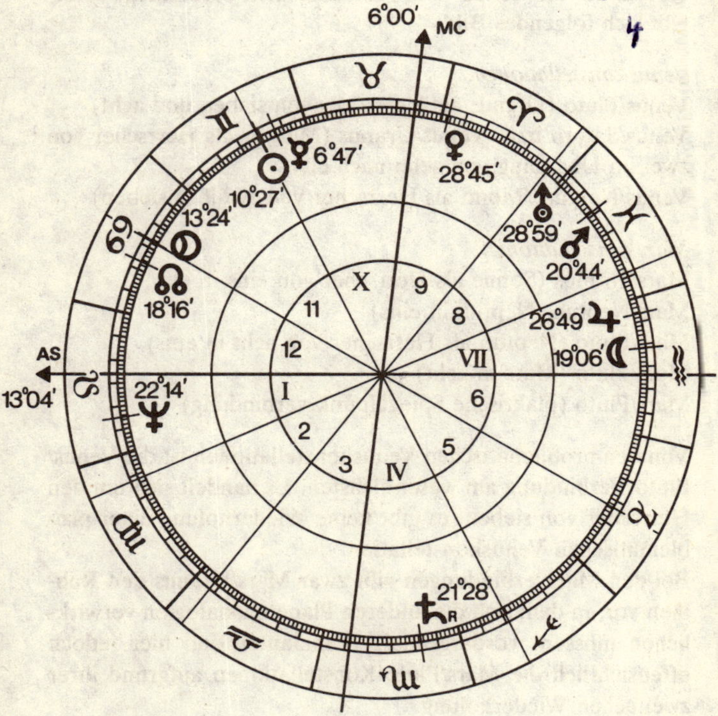

Planeten

☉	10°27′	♊	
☾	19°06′	♒	
☿	06°47′	♊	
♀	28°45′	♈	
♂	20°44′	♓	
♃	26°49′	♒	
♄	21°28′	♏	R
♅	28°59′	♓	
♆	22°14′	♌	
♇	13°24′	♋	

Häuser

AS	=	13°04′	♌
MC	=	06°00′	♊
II	=	06°08′	♍
III	=	03°40′	♎
XI	=	10°35′	♊
XII	=	13°31′	♋

Herkunft aus Haus acht zusätzlich noch Mars/Pluto – eine Planetenverbindung, die sich durch Mars in acht bestätigt und wiederholt.
Fassen wir die Venus- und Marsanalogien zusammen, so ergibt sich folgendes Bild:

Venuskonstellationen
Venus/Pluto (Uranus als Herrscher von sieben und acht)
Venus/Saturn bzw. Venus/Uranus (Merkur als Herrscher von zwei im Übergang von zehn nach elf).
Venus/Neptun (Mond als Herrscher von zwölf in sieben)

Marskonstellationen
Mars/Uranus (Sonne als Herrscher von eins in elf)
Mars/Neptun (Neptun in eins)
Mars/Pluto (Neptun als Herrscher von acht in eins)
Mars/Pluto (Mars in acht)
Mars/Pluto (plaktische Spiegelpunktverbindung)

Von den problematischen Venuskonstellationen ist die Venus/Pluto-Verbindung am wesentlichsten. Es handelt sich um den Herrscher von sieben, es gibt keine Wiederholung einer problematischen Venuskonstellation.
Bei den Marsverbindungen gibt zwar Mars/Uranus den Rahmen vor, in dem sich die anderen Planetenanalogien verwirklichen müssen, vordergründig dominanter sind hier jedoch offensichtlich die Mars/Pluto-Konstellationen aufgrund ihrer zweifachen Wiederholung.
Ergänzend sind folgende Zusatzkonstellationen mit einzubeziehen: Mond/Neptun/Saturn (Mond Opposition Neptun, Quadrat Saturn) As = Venus/Jupiter (Aszendent Anderthalbquadrat Venus/Jupiter).
Es ergibt sich folgende Interpretation: Marilyn Monroe wurde als Norma Jean Mortenson (nach anderen Angaben als Norma Jean Baker) unehelich geboren (Ve/Ne). Ihre Mutter war psychisch krank und wurde, als ihre Tochter fünf Jahre alt war, in eine Nervenklinik eingewiesen (Ve/Pl).

Im Alter von neun Jahren wurde sie von einem Untermieter ihrer Pflegeeltern (nach anderen Angaben von ihrem Pflegevater) vergewaltigt (Ma/Pl, Ma/Ur, Ma/Ne, Ve/Pl)*.
Als eines der ersten Fotomodelle, die sich nackt ablichten ließen (»Pin-up-Girls«), begann sie eine Karriere, die sie schließlich mit Filmen wie »Blondinen bevorzugt« und »Wie angelt man sich einen Millionär« weltberühmt machte. Noch heute ist sie für viele die Verkörperung von Erotik und Sexappeal schlechthin (Ve/Pl).
Bekannt sind Monroes Beziehungen zu den Kennedy-Brüdern (die beide dominante Ve/Pl-Konstellationen aufweisen), wobei bis heute nicht geklärt ist, inwieweit diese eine Rolle bei ihrem Tod Anfang August 1962 spielten.
Marilyn Monroe war, zumindest in ihren letzten Lebensjahren, tablettensüchtig und alkoholabhängig (Ma/Ne).
Der Einfluß ihrer psychisch kranken Mutter, deren Veranlagung sie wohl geerbt hatte, zeigte sich neben der Ve/Pl-Verbindung deutlich an der massiv verletzten Mondstellung: Mond Opposition Neptun, Quadrat Saturn, verschärft durch den Bezug zu Haus 12 (Mond Herrscher von 12) und 6 (Saturn Herrscher von 6).
Der Hinweis auf einen gewaltsamen, selbstverschuldeten Tod ergibt sich durch die Ma/Pl-Betonung, wobei der Herrscher von acht in eins auf das Eigenverschulden, die Neptunstellung in eins auf eine (Schlaftabletten-)Vergiftung hinweist.

* Die Gleichzeitigkeit von Ma/Pl- und Ma/Ur-Verbindungen ist ein Indiz für die Gefahr, Opfer einer Vergewaltigung zu werden.

Teil II
Venus- und Marsanalogien

Die Marskonstellationen

Mars/Venus

Bekannte Persönlichkeiten / wichtige Ereignisse

Mars in 7

Jane Fonda, Schauspielerin; Albert Einstein, Physiker; Benito Mussolini, Faschist; Bertrand Russell, Philosoph; Bette Davis, Schauspielerin; Charles Baudelaire, Dichter; Cheiro, Chirologe; Christian Klar, Terrorist; David Carradine, Schauspieler; Enrico Fermi, Physiker; Evil Knievel, Stuntman; Graham Nash, Musiker; Greta Garbo, Schauspielerin; H. Toulouse-Lautrec, Maler; Hans D. Genscher, Politiker; Henry Miller, Schriftsteller; Herbert v. Karajan, Dirigent; Jacques Chirac, Politiker; Johnny Weissmüller, Schauspieler, Schwimmer; Kronprinz Rudolf; Leo N. Tolstoi, Literat; Papst Johannes XXIII.; Raffael, Maler; Richard Chamberlain, Politiker; Robert Fischer, Schachgroßmeister; Tankerunfall in Herborn (1987); William B. Yeats, Literat; Wolfgang Döbereiner, Astrologe

Mars in 2

A. Rimbaud, Schriftsteller; Albert Schweitzer, Theologe, Philosoph; Bob Dylan, Musiker; Dean Martin, Sänger, Schauspieler; Elisabeth Teissier, Showmasterin; Franz Josef Strauß, Politiker; Herb Alpert, Musiker; Hermann Hesse, Schriftsteller; Johann W. v. Goethe; John Cage, Komponist; Leonardo da Vinci, Universalgenie; Liselotte Pulver, Schauspielerin; Madonna, Sängerin; Marc Jones, Astrologe; Marc Spitz, Schwimmer; Marlon Brando, Schauspieler; Maurice Ravel, Komponist; Otto Hahn, Atomphysiker; Simon Wiesenthal, Nazijäger

Venus in ♊

Albert Camus, Autor; Arnold Schwarzenegger, Bodybuilder; Arthur N. Chamberlain, Politiker; August Strindberg, Bühnenautor; Cheiro, Chirologe; Dietmar Schönherr, Schauspieler, Showmaster; Elisabeth Teissier, Showmasterin; Elvis Presley, Sänger; Emanuell Swedenborg, Medium; Ermordung von S. Beckurts; Gerald Ford, Politiker; Gustaf Gründgens, Schauspieler; Helmut Kohl, Politiker; Hermann Göring, Nationalsozialist; Ingrid Bergman, Schauspielerin; John Cage, Komponist; Paul Newman, Schauspieler; Richard Wagner, Komponist; Thomas A. Edison, Erfinder; USA, Staatshoroskop; Uri Geller, Medium, Entertainer

Mars/Venus

Diese Konstellation gilt für: Venus in 1, Mars in 7 und 2, Venus/Mars-Konjunktion, Venus/Mars-Opposition, Venus/Mars-Quadrat; As = Venus/Mars, Mc = Venus/Mars, As 15° Widder, As 15° Waage, Mc 15° Widder, Mc 15° Waage, As 0° Stier, Mc 0° Stier; Venus/Mars-Spiegelpunkt; Venus auf 19,5° Stier, Venus auf 19,5° Skorpion; Mars auf 16,5° Zwillinge, Mars auf 16,5° Schütze.

Im Sinne des kybernetischen Modells entspricht Ve/Ma einem »kosmischen Kurzschluß«. Die polaren Prinzipien der Umweltorientierung (Selbstdurchsetzung und Hingabe) sind ohne Isolation miteinander verbunden. Als Folge kommt es zu unberechenbaren Energiefreisetzungen und Überreaktionen bis hin zum Zusammenbruch.
Venus/Mars entspricht einer »scharfen Labilität«, Situationsinhalte und Verhaltensweisen können unvermittelt in ihr scheinbares Gegenteil umkippen. Jede der zu beschreibenden Dispositionen trägt gleichzeitig polar widersprüchliche Inhalte in sich, so daß eine eindeutige, klar strukturierte und leicht nachvollziehbare Typologisierung schwierig ist.
Um eine angemessene Bewertung von Venus/Mars-Verbindungen zu ermöglichen, muß deshalb vor allem die chronische oder momentan aktuelle Dominanz eines Planetenprinzips beachtet werden. Völlige Gleichwertigkeit entspräche einer angespannten Bewegungslosigkeit, vergleichbar dem Tauziehen gleich starker Parteien. Sind derartige (recht seltene) Konstellationen im Radix gegeben, so muß besonderes Augenmerk auf die aktuellen Auslösungen (Direktionen und Transite) gelegt werden, die einem der Analogieprinzipien eine temporäre Dominanz verleihen. In der Grundstruktur wird sich allerdings eine nur schwer lebbare Fluktuation widersprüchlicher Verhaltens- und Empfindungsweisen ergeben.
In aller Regel kann jedoch eine eindeutige Dominanz des

Venus- oder Marsprinzips nachgewiesen werden, so daß die betroffenen Analogien sinnvoll zugeordnet werden können.

Von der seltenen Ausnahme eines extremen Übergewichts eines Prinzips abgesehen, zeigt sich hier (wenn auch in verschleierter Form) die Parallelität der Gegensätze: Die stärkere Planetenanalogie bestimmt die vordergründige Realität, die sichtbaren – und damit rational akzeptablen und nachvollziehbaren – Entsprechungen, während die »unterlegenen« Entsprechungen in der Latenz auf ihre Chance warten. So leistet das Unbewußte permanent Schwerstarbeit, um Persönlichkeitsstringenz zu gewährleisten, ein Umkippen zu verhindern. Dies ist mit eine Erklärung für häufige Erschöpfungszustände und nervliche Überreizungen der Nativen.

Analogien der vier Verwirklichungsebenen

Materielle Ebene

Krampfadern, Blinddarmentzündung (zusätzlich: Mars/Neptun), Nierenentzündung (Nephritis), Hautrisse (Ma/Ur), schwaches Bindegewebe (Orangenhaut, Schwangerschaftsstreifen), Mandel- und Stimmbandaffekte, Irritation der Körperabwehr: Schwankung von allgemeiner Abwehrschwäche zu Allergien (Heuschnupfen; zusätzlich Me/Sa: Asthma); zusätzlich So/Ne: pyknische Konstitution (zusätzlich So/Ma und/oder So/Ur: leptosom); schlechtes Zahnmaterial, Eisenmangel, Anämie; bei Frauen: verkürzte, schmerzhafte Periode mit hohem Blutverlust (zusätzlich: Mo/Ma, Ve/Pl); der Sog, der Strudel, der Zusammenstoß, der Aufprall, Streit in der Partnerschaft; das Liebesabenteuer; der erste sexuelle Kontakt, der Beischlaf; Zeugung und Geburt.

Vitale Ebene

Liebe auf den ersten Blick, sexuelle Anziehung, »Strohfeuer«, starke Erregbarkeit, Masochismus; sich in Szene setzen (wollen), Aufmerksamkeit erzwingen, extreme Stimmungs- und Motivationsschwankungen, Angst, verlassen zu werden (bzw. allein zu sein), die Fähigkeit zum »Seelenstriptease« Fremden gegenüber, ohne sich emotional zu identifizieren; Distanzlosigkeit, Fremdheit sich selbst gegenüber; übertriebene Selbstwichtigkeit; das ungestillte Verlangen, Unfähigkeit, den eigenen Empfindungen zu vertrauen; Aggressionen dem Partner gegenüber; spontane Leidenschaft; schmerzhafte Kontakte.

Mentale Ebene

Intensive, kurzlebige Partnerschaften, Bindung aus Egoismus und Berechnung, Manipulation des Partners, Anpassung aus Opportunismus; Sehnsucht nach dem »Animalischen«, Sehnsucht nach Liebe, ohne diese jedoch annehmen zu können; der Wunsch, aufgesogen zu werden; Schwierigkeit, zwischen eigenen Bedürfnissen und denen des Partners zu trennen; Anziehung von Gegensätzlichem.

Transpersonale Ebene

Diplomatie; Kunst; Leidenschaft; Opportunismus; sexuelle Unvereinbarkeit der Eltern; karmische Disposition zu sadomasochistischen Partnerschaften (nicht notwendigerweise im sexuellen Bereich), der Partner soll die eigenen Aggressivitätspotentiale leben; die angstvolle Liebe zum Destruktiven.

Kindheit und Elternbezug

Bestimmend für Venus/Mars-Konstellationen ist die Erfahrung des nicht gehaltenen Versprechens: Das Kind wird in eine Sonderrolle hineingeboren, die ihm zahlreiche »Extras« in Aussicht stellt. Diese werden jedoch nicht, nur teil- oder nur phasenweise gewährt. Durch die Kindheitssituation bzw. das Verhalten der Eltern wird im Nativen ein massives Wunschdenken provoziert, das jedoch weitgehend unbefriedigt bleibt. So werden enttäuschte Erwartungen, Wünsche und Hoffnungen zur bestimmenden Erfahrung der Kindheit. Konkret äußert sich dies in starker emotionaler Zerrissenheit, in der häufig schnelle Begeisterung in Mutlosigkeit umschlägt. Die offensichtlichste Entsprechung wäre hier die Polarisierung der Eltern. Was der eine erlaubt, verbietet der andere. Als archetypisches Bild kann die Sage des Tantalus gelten. Tantalus wurde aufgrund seiner Verbrechen gegen die Götter zu ewigen Qualen im Tartaros verurteilt:
»Im Totenreich steht Tantalus, von grausamem Durst geplagt, in klarem, frischem Wasser. Kaum bückt er sich, um die vertrockneten, aufgesprungenen Lippen zu benetzen, verschwindet das Wasser unter seinen Händen, und er berührt nur trockenen Sand. Über ihm wächst auf den Zweigen das herrlichste Obst, doch Tantalus kann seinen quälenden Hunger nicht stillen. Kaum streckt er die Hand nach einer Birne, Feige oder einem Granatapfel aus, hebt ein Windstoß die Zweige, und das Obst verschwindet in der Höhe.«*

Für die Sonderrolle im Familienverband bieten sich folgende konkrete Entsprechungen an:

* Einzelkind
* Erstgeborenes
* Das einzige Mädchen unter Jungen

* Zitiert aus: Alte griechische Sagen, Eduard Petiska, Prag 1971

* Der einzige Junge unter Mädchen
* Das Nesthäkchen

Jede dieser Analogien verspricht eine besondere Bevorzugung des Nativen. Die Eltern sind jedoch nicht willens oder fähig, dieses »Versprechen« einzulösen. Folgende Ursachen kommen in Frage:

1. Die sexuelle Unvereinbarkeit der Eltern
2. Unbewußte Rachemotive des gegengeschlechtlichen Elternteils

1. Die sexuelle Unvereinbarkeit der Eltern

Dies ist mit Abstand die häufigste Entsprechung, sie wird in aller Regel auch in die übrigen Analogien mit einfließen. Da diese Konstellation eine kaum zu überschätzende Bedeutung für die Ontogenese hat, soll sie in folgenden drei Möglichkeiten dargestellt werden: Prüderie; die »schöngelogene Unvereinbarkeit«; die Onkel-Ehe.

a) Prüderie (zusätzlich Ve/Sa; Ma/Sa)

Die Eltern des Nativen sind verklemmt, sie sind nicht fähig, sich ihre sexuellen Wünsche einzugestehen und auszuleben. Ursächlich ist hier meist die eigene Erziehung, die von religiös verbrämten, körperfeindlichen und moralisierenden Vorstellungen geprägt war. Diese Hürde kann auch in der eigenen Ehe nicht überwunden werden. Die Ehepartner bleiben sich in ihrer Triebsphäre fremd, die peinliche Angst vor der Lust bestimmt den Umgang miteinander.
Bereits die Auseinandersetzung mit dem Säugling stellt eine Herausforderung dar: Das Kleinkind ist durch seine Körperlichkeit, die (vorerst) lediglich zwischen angenehm und unangenehm unterscheiden kann, vollständig lustorientiert, lebt

somit einen Aspekt, der bei den Eltern angstbesetzt bzw. verdrängt ist.
Ein verständnisvoller, zärtlicher Umgang mit dem Kind ist deshalb bestenfalls vordergründig möglich; die Fähigkeit, instinkthafte Reaktionen richtig zu deuten, wird durch die eigenen Verdrängungsmechanismen überlagert.
Das, was an unterschwelligem Begreifen übrigbleibt, muß abgedrängt und durch die keimfreie Vernunft ersetzt werden (Ve/Me bzw. Jungfraubetonung bei den Eltern)*.
So wird dem Nativen bereits mit der Mutter(bzw. der häufigeren Flaschen)milch subtil vermittelt, er sei durch seine Körperlichkeit »verdorben«. Ein Prozeß, der aufgrund seiner Ungeheuerlichkeit weder eingestanden noch wahrgenommen werden kann, da das Kind ja »unschuldig« ist.
Dennoch führt der unbewußte Neid auf die radikale Hemmungslosigkeit zur Dressur. Das Kind soll nicht dürfen, was man sich selbst versagt. Zudem wäre man gezwungen, wollte man das kindliche Verhalten tolerieren, das eigene in Frage zu stellen.

b) Die »schöngelogene Unvereinbarkeit«

Die Eltern sind in ihren sexuellen Bedürfnissen und Anlagen unvereinbar, kaschieren dies jedoch mit zur Schau gestellter Aufgeschlossenheit.
Diese Konstellation ist um ein Vielfaches problematischer als die vorhergehende. Das Körperliche wird (vordergründig) nicht abgelehnt, sondern im Gegenteil in den Himmel gelobt. Die eigene Lustfeindlichkeit wird »schöngelogen«: »Sexualität ist etwas ganz besonders Wertvolles und Kostbares« etc.**.

* So hatte die Mutter eines Klienten, dem Ve/Ma und Ve/Sa entsprach, vorübergehend die Katze eines Bekannten in Pflege genommen. Als diese rollig wurde, ließ die Mutter den Bekannten seinen Urlaub abbrechen und die Katze abholen, da diese ja schwer krank sei und sie nichts von der Pflege verstünde.

** In der Praxis ergibt sich diese Konstellation vor allem in modernen, kirchlich-religiös geprägten Ehen.

Die Ratio hat gelernt, Körperlichkeit zu akzeptieren, die Programme des deformierten Instinktiven bleiben davon jedoch unberührt. Sie verstehen nicht die Sprache des Intellekts. Zur Lüge wird das Verhalten der Eltern durch den Anspruch, locker zu sein; die eigene Verklemmtheit kann nicht zugegeben werden.

Dies wird insbesondere in der pubertären Entwicklung des Nativen problematisch, da die Eltern keine Reibungsfläche, keinen Widerstand bieten, gegen den man anrennen könnte (zus. Ve/Ne).

c) Die »Onkel-Ehe«

Hier handelt es sich um ein stillschweigendes oder explizites Abkommen zwischen den Eltern: Sexualität darf in der Partnerschaft nur eine untergeordnete Rolle spielen, gegenseitige Ansprüche bestehen nicht. Oft hat dies biologische Ursachen. Einer der Partner (in der Regel der Mann) ist sehr viel älter als der andere. Der jüngere wiederum ist froh, einigermaßen unbehelligt zu bleiben (zusätzlich So/Sa-, So/Ur-Verbindungen).

All diesen Entsprechungen ist gemeinsam, daß die erotische Komponente der elterlichen Beziehung unterdrückt und/oder deformiert ist. Dem Nativen fehlt die für die Entwicklung der Bindungs- und Hingabefähigkeit bedeutsame Erfahrung der physischen Anziehung der Eltern.

Dabei ist es unerheblich, ob diese demonstriert wurde oder nicht: Das kindliche Unbewußte ist durch Fassaden nicht zu täuschen.

Der Native erlebt sich als Kind zweier Menschen, die (körperlich) unvereinbar sind. Dies ist weitaus problematischer als irgendwelche Erziehungsfehler. Die Liebe zwischen den Eltern ist für den schutzlosen Säugling die Garantie, daß alles in Ordnung, deren Partnerschaft stabil ist. Ist dies nicht gewährleistet, so taucht die Urangst des Verlassenwerdens auf. Wenn sich die Eltern trennen, so ist das eigene Überleben gefährdet;

dies ist die Information der Trieberinnerung*, allein zu sein. Das Kind ist somit gezwungen, sämtliche ihm zur Verfügung stehenden Mittel zu nutzen, um eine Trennung zu verhindern. Es wird die Aufmerksamkeit so intensiv wie möglich auf sich lenken, um sich so einerseits zu versichern, daß noch alles in Ordnung ist, andererseits sollen Spannungen zwischen den Partnern durch die Beanspruchung durch das Kind überdeckt werden (zus. Ve/Pl; Ve/Ur).

Hier ergeben sich zwei grundsätzlich unterschiedliche »Strategien«: Das Kind schreit ständig, will dauernd gefüttert werden etc. Steht das Kind völlig im Mittelpunkt, dann strahlt es, spielt den »kleinen Sonnenschein«; sobald man sich jedoch kurz von ihm abwendet, geht der »Zirkus« von vorne los.

Bei der zweiten Variante ist das Kind überbrav, versucht quasi durch sein Vorhandensein keinen Anlaß zu weiteren Auseinandersetzungen zu geben.

Im Extremfall sind Erkrankungen des Kindes sowohl Ausdruck der elterlichen Partnerschaftsproblematik als auch der Versuch, diese zu kompensieren (zus. Ve/Pl: Struma, Tumorbildung; Mo/Ur, Ve/Ur, Ve/Me: Absencen, Epilepsie).

2. *Unbewußte Rachemotive des gegengeschlechtlichen Elternteils*

Diese Entsprechung kommt vor allem in der späteren Kindheit, der Vorpubertät, zum Tragen. Das gegengeschlechtliche Elternteil wurde in der eigenen Kindheit zum Verzicht gezwungen. Die spontane Genußfähigkeit wurde abgewöhnt und/oder in neurotische Bereiche übergeleitet. Diese seelische Verstümmelung soll nun an den Vertretern des anderen Geschlechts gerächt werden (zus. Ve/Sa bzw. Ma/Sa).

* Eine Ursache für die sich in der weiteren Entwicklung (insbesondere bei weiblichen Nativen) häufig ergebenden Ängste.

Dies geschieht z. B., indem die Mutter subtil der Familie predigt, daß ein »guter Mann« keine Sexualität hat bzw. diese unterdrückt. Die Männer in der Familie werden somit symbolisch kastriert, die Frauen zu geschlechtslosen Heiligen hochstilisiert.

Allgemeine Charakterstruktur

Die Erfahrungen der Kindheit führen zur Irritation des Instinktiven. Grundbedürfnisse und Triebmomente sind der äußeren Notwendigkeit der Scheinharmonie untergeordnet (zus. Ve/Me), so daß der direkte Bezug zum Erleben verlorengeht (Ausnahme: zusätzlich Ve/Sa). Als Folge ergibt sich ein konfliktorientiertes Verhalten: Man sucht die Auseinandersetzung, die Konfrontation (Ma/Sa), um zumindest empfinden zu können, was man nicht will.
Die grundsätzliche Lebensorientierung ist auf eine Negativauslese gerichtet, in der man mit der Persönlichkeitsstruktur Unvereinbares nach und nach auszumerzen sucht, um auf diesem Weg Zugang zur eigenen Identität zu finden.
Hierbei steht die Konfliktaffinität in seltsamem Gegensatz zur vielfach gegebenen Angst vor Aggression.
Von entscheidender Bedeutung sind hier die unerfüllten Sehnsüchte und Bedürfnisse der Kindheit, welche die Nativen nachträglich im Schicksal einzulösen suchen. Als Konsequenz ergeben sich folgende konkrete Entsprechungen:

1. Der Wunsch, von allen geliebt zu werden
2. Die labile Selbstsicherheit
3. Lebenssinn durch Leistung
4. Der Genußzwang
5. Die narzißtische Umweltorientierung

1. Der Wunsch, von allen geliebt zu werden

Dies entspricht einer Überkompensation des kindlichen Erlebens. Der Native hat in der Kindheit nicht die Beachtung und Aufmerksamkeit gefunden, die für eine harmonische Persönlichkeitsentwicklung notwendig gewesen wäre. Das Nichterfüllen von Erwartungen ist hier subjektiv identisch mit Zurücksetzung und Ablehnung.
Dies entspricht dem »gebrochenen Versprechen der Eltern«:

Auf der einen Seite entwickelten die Nativen – bedingt durch subtile Verstärkungen der Eltern – ein außergewöhnliches Selbstbewußtsein, das sich in dem Empfinden, »etwas Besonderes« zu sein, manifestiert. Auf der anderen Seite unterblieben jedoch die Belohnungen, die ein solcher Sonderstatus mit sich bringt.

Als Konsequenz ergibt sich in der späteren Persönlichkeitsentwicklung eine seltsame Form von Minderwertigkeitsgefühlen, die mit der Angst zusammenhängen, den Erwartungen an sich selbst nicht gerecht werden zu können. Oder es fehlt die Motivation, die eigenen Fähigkeiten unter Beweis zu stellen, »da es ja doch nicht honoriert wird«.

Im zwischenmenschlichen Umgang sowie im Berufsleben zeigt sich diese Problematik in einem herausgehobenen Selbstbewußtsein, das allerdings kaum zur Schau gestellt wird, »weil man keine Beweise hat«. Die Minderwertigkeitsgefühle entsprechen somit dem selbstquälerischen Empfinden, unfähig zu sein, seine Umgebung von seinen Fähigkeiten, seiner »Sonderrolle« zu überzeugen. Auf der anderen Seite besteht die Angst, als privilegiert aufzufallen und deshalb geächtet zu werden (zus. Ve/Sa; Ve/Me).

So kommt es bei einer harmonischen Persönlichkeitsentwicklung vielfach zu Zwischenlösungen, indem man sich durch antrainierte Schwächen (besondere Krankheitsanfälligkeit; extreme Vergeßlichkeit; psychische Labilität) in der Schule und später am Arbeitsplatz einen »legitimen« Sonderstatus erarbeitet, der dem eigenen Selbstbild gerecht wird, ohne die Gefahr der Ächtung heraufzubeschwören.

Eine extremere Verwirklichungsform stellt die Sucht nach Anerkennung dar; die »Bewunderung durch die Massen« soll die mangelhafte elterliche Aufmerksamkeit im nachhinein kompensieren (zus. Ve/Ur; So/Sa; Dominanz 26 Grad Krebs). Diese Tendenz birgt einige nicht unbeträchtliche Gefahren in sich: Der Wunsch nach Anerkennung und Beliebtheit kann zum Selbstzweck werden, die Nativen entwickeln kompromißlosen Opportunismus. Hier entsteht dann häufig ein Bume-

rang-Effekt: Das Bestreben, um jeden Preis gemocht zu werden, läßt im Handeln die eigene Identität zunehmend verlorengehen. Zusätzlich Ve/Me: Die Nativen verraten sich selbst. Als Konsequenz kann es zu einer Implosion des Egos kommen. Der permanente Verrat an den subjektiven Bedürfnissen führt zur Rebellion im Organischen. Dies entspricht der konkreten Disposition zum Krebsgeschehen, wobei insbesondere Fortpflanzungs- und Sexualorgane in Mitleidenschaft gezogen werden (zus. Ma/Pl; Ve/Pl). In weniger gravierenden Fällen kommt es zu Stoffwechselerkrankungen, symptomatischer Immunschwäche und Entzündungen des Urogenitaltraktes.
Als weitere mögliche Kompensation bietet sich das »getarnte Machtstreben« an. Der Native versucht, gerade indem er sich verbindlich und harmlos gibt, in seiner Umwelt die Fäden zu ziehen, bis er überall »seine Leute« hat und förmlich in eine Machtposition »gedrängt« wird (Politikerkonstellation).

X 2. *Die labile Selbstsicherheit*

Diese Konstellation entspricht der emotionalen und/oder nervösen Daueranspannung der Nativen, dem »seelischen Tauziehen«, das einer explosiven Scheinruhe (Ruhe vor dem Sturm) gleichkommt.
Zumindest nach außen kann in aller Regel der Eindruck relativer seelischer Ausgeglichenheit aufrechterhalten werden. Unter der Oberfläche finden jedoch heftige innere Kämpfe statt, als Folge der instinktiven Zerrissenheit. In Phasen erhöhter emotionaler Labilität – insbesondere Umbruch- und Trennungssituationen – ist die Schutzschicht des Bewußtseins oft äußerst dünn; es bedarf nur eines (oft geringfügigen) Auslösers, um sie zu durchbrechen.
In akuten Krisensituationen ergeben sich dann unerwartete und kaum zu kontrollierende Ausbrüche, die, zumindest für die direkte Umgebung, erschreckende Ausmaße annehmen können. Dominant ist hier die Affinität zu hysteroiden Ver-

haltensweisen, es treten jedoch auch übersteigerte Aggressionen auf.

3. Lebenssinn durch Leistung

Bei dieser Konstellation ist das unbewußte Empfinden, etwas nachholen, das gebrochene Versprechen der Eltern nachträglich einlösen zu müssen, maßgeblich. Hieraus entsteht die Tendenz, durch Anstrengung und Selbstüberforderung sich seine Daseinsberechtigung bestätigen zu wollen.
So wird die permanente Erschöpfung zum »Beweis«, daß es vorwärts geht. Gleichzeitig leidet jedoch die objektive Leistung. Die emotional/nervöse Daueranspannung läßt kaum echte Erholungsphasen zu.
Im Extremfall müssen Erkältungen (Ma/Ne), Nervenzusammenbrüche (Me/Ur) und Infektionskrankheiten (Ma/Ne) den kurzfristigen Ausstieg aus der »Tretmühle« erzwingen (zusätzlich Sonne/Mars).

4. Der Genußzwang

Diese Konstellation ist im Grunde Konsequenz und Variante der vorhergehenden: Genuß und Lebensqualität werden zur Denkhaltung, zum verkrampften Anspruch: Man zwingt sich, sich etwas »zu gönnen«.
Exemplarisch zeigt sich dies in der häufig gegebenen Freß-, Mager- und Spielsucht (zusätzlich: Ju/Ne; Bezug erster Quadrant). Das Vergnügen wird zu selbstzerstörerischem Verhalten deformiert*.

* Die gleiche Entsprechung zeigt sich in einem promiskuitiven Sexualverhalten, in dem man keine Chance ungenutzt läßt, koste es, was es wolle.

5. *Die narzißtische Umweltorientierung*

Hier zeigt sich die Unfähigkeit, emotionale Nähe anderer zuzulassen oder selbst solche zu geben. Die mangelnde Geborgenheit in Freundschaft und Partnerschaft soll durch um Anerkennung heischende Selbstbespiegelung kompensiert werden. Man zwingt die unmittelbare Umgebung, einem ständig zu bestätigen, wie toll man ist.
So beschränken sich persönliche Gespräche und Geselligkeit meist auf eine ausführliche Selbstdarstellung, der Bekanntenkreis kommt kaum zu Wort. Das Verlangen nach Bestätigung ist so groß, daß kaum die Fähigkeit besteht, anderen echte Aufmerksamkeit und Anteilnahme entgegenzubringen. Das sich hieraus folgerichtig ergebende Empfinden von Einsamkeit und Leere – gerade in Gesellschaft anderer – wird erneut durch überzogene Selbstdarstellung zu überspielen gesucht, um durch provozierte Reaktionen die Illusion emotionaler Nähe zu erzeugen. Die forcierte Bewunderung muß jedoch unbefriedigend bleiben, da unbewußt genau gespürt wird, daß sie nicht freiwillig kam, sondern erpreßt wurde.

Partnerschaft

Wie bereits beschrieben, entsprechen Venus/Mars-Verknüpfungen einem kosmischen Kurzschluß, d. h. zwei polare Prinzipien einer Verwirklichungsebene prallen aufeinander*.
Bei Venus/Mars-Konstellationen werden komplementäre Energieformen miteinander verbunden. Eine Vermischung von Wirkungen, wie man sie bei anderen Aspekten bildhaft annimmt, ist hier nur sehr eingeschränkt möglich: Elementar Gegensätzliches wird zusammengefügt. Als Konsequenz ergibt sich die Freisetzung eines extremen, in seinen Auswirkungen unberechenbaren Ausmaßes an Energie. Dies betrifft akute physische und emotionale Zustände.
Auf einer psychischen und/oder schicksalhaften Ebene kommt es zum Kampf um die Vorherrschaft eines Prinzips. Wirken gegensätzliche Kräfte gleich stark auf ein Objekt ein, so entsteht eine angespannte Bewegungslosigkeit**.
Um eine destruktive Starre, die den Nativen letzlich zu zerreißen droht, zu vermeiden, muß eine Planetenanalogie deutliches Übergewicht gewinnen. Dies wird in der Praxis nur in Ausnahmefällen problematisch sein, in aller Regel ergibt sich eine eindeutige Dominanz aus der Grundstruktur des Radix. Die Resultierende zweier entgegengesetzter Vektoren ist nur so stark wie ihre Differenz. Dies bedeutet, daß der Rest quasi als Reibungsenergie verlorengeht. Gleichgültig welcher Planet der dominierende ist, er wird in seiner Effektivität stark eingeschränkt sein.
Die Qualitäten des schwächeren Planetenprinzips werden quasi gegen den Strich gebürstet, d. h. verquält und aus dem Bewußtsein gedrängt. Dies ermöglicht eine Scheinstringenz im Handeln und Empfinden.

* Nach dem kybernetischen Modell entsprechen Mond/Sonne-, Venus/Mars-, Jupiter/Saturn- und Neptun/Pluto-Verbindungen kosmischen Kurzschlüssen.

** Man denke etwa an einen Wagen, den zwei gleich starke Pferde in entgegengesetzte Richtungen ziehen sollen.

Während die Reibungsverluste polarer Planetenprinzipien im Physischen und Emotionalen relativ klar strukturierte Bilder ergeben, ist auf der psychischen Ebene sehr genau zwischen Venus/Mars-Verbindungen mit Venus- und solchen mit Marsdominanz zu unterscheiden.
Hierbei müssen folgende Kriterien berücksichtigt werden:

1. Bei Hauskonstellationen (Venus in 1, Mars in 2 und 7) dominiert immer der angetroffene Planet.
2. Bei kritischen Graden dominiert das Zeichen, in dem sich die Konstellation bildet (z.B.: 29,5 Grad Widder: Marsdominanz) bzw. der auslösende Planet (Beispiel: Venus auf 19,5 Grad Skorpion: Venusdominanz).
3. Bei Halbsummen muß beachtet werden, welchem Planeten der auslösende Punkt (As oder Mc) näher steht. Zusätzlich muß immer der allgemeine kosmische Zustand der beteiligten Planeten mit einbezogen werden.

Das dominierende Planetenprinzip läßt sich auch durch die im folgenden beschriebenen Entsprechungen feststellen: Analogien, in denen der Native sich nicht wiedererkennen kann, gehören zum verdrängten, schwächeren Teil, während die dominierenden Prinzipien immer ins Bewußtsein treten.
Venus/Mars repräsentiert die Begegnung mit dem Aggressiven (Mars in 7) sowie die ästhetisierte Durchsetzung (Venus in 1).
Die Gleichzeitigkeit von Hingabe und Aggression, Egozentrik und Altruismus, Triebhaftigkeit und Erotik sorgen für zahlreiche Turbulenzen und Verwicklungen im Partnerschaftsbereich.
Bequeme und gemütliche Beziehungen scheinen bei dieser Konstellation ausgeschlossen. Schmerzhafte Konfrontation und Auseinandersetzung prägen das Partnerschaftserleben. Die Erfahrung des Aufgewühltseins wird zum Kriterium für die Intensität und Echtheit von Gefühlen. Man möchte geliebt

werden, ohne selbst lieben zu müssen, um den anderen nicht durch das eigene Begehren zu verlieren.
Oder der Partner wird »bestürmt«, mit der eigenen Leidenschaft »überrollt«, damit er möglichst keine Zeit hat, es sich anders zu überlegen.
Eine weitere mögliche Entsprechung ist das Bestreben, durch den anderen leiden zu wollen. Man läßt sich reglementieren, beschneiden und wertet dies als Liebesbeweis.
Venus/Mars-Verbindungen (insb. bei Bezug zum dritten Quadranten) sind ein Hinweis auf Schwierigkeiten in der Bindungsfähigkeit: Partnerschaften sind permanent labil, können jederzeit im Streit auseinandergehen oder durch »Eindringlinge« zerstört werden (Ausnahme: zusätzlich Venus/Saturn).
Venus/Mars-Aspekte symbolisieren ein starkes Maß an sexuell-erotischer Energie, die sich dergestalt äußern kann, daß unbewußt versucht wird, die Beziehung im Stadium des *Frisch-verliebt-Seins* festzuhalten. Wo dies nicht mehr gelingt, kommt es zum Bruch.
Als Ersatz für permanente Flitterwochen müssen oft kindliche Streitereien und Auseinandersetzungen herhalten, um anhaltende Gefühlsintensität (die meist mit sexueller Erregung gekoppelt ist) zu gewährleisten.

Venus/Mars-Konstellationen mit Venusdominanz:
(z. B. Ve in 1)

Folgende konkrete Entsprechungen können unterschieden werden:

1. Der Opportunismus (Macht als Kompensation)
2. Die masochistisch orientierte Bindung
3. Die Chinesische Puppe

1. Der Opportunismus

Die Selbstdurchsetzung, d. h. der instinktive Ausdruck individueller Interessen, ist nicht mehr naiv und unschuldig. Die Erwartungshaltung der Umwelt wird in den primären Anlagebereich mit einbezogen, die Einstellung wird berechnend und opportunistisch. Diese Entsprechung birgt die Gefahr, sich zu sehr von der Zustimmung der Umgebung abhängig zu machen, Eigenart nur noch wahrzunehmen, wenn sie von Nahestehenden genehmigt wird (zus. Ve/Me).
Aus dem Wunsch, gemocht zu werden, ergibt sich die Angst vor Ablehnung. Der Native lernt immer perfekter, so zu sein, wie ihn der Partner, die Familie, die Arbeitskollegen etc. sehen möchten.
Die Fähigkeit, Konflikte offen auszutragen und zu bewältigen, geht verloren. Ablehnung und Auseinandersetzung werden gleichgesetzt, das Vorhandensein von Brüchen als Beweis der eigenen Minderwertigkeit interpretiert.
Selbstbewußtsein wird schließlich nur noch aus dem Empfinden gezogen, es den anderen (insb. dem Partner) ganz besonders recht zu machen. D. h., man ist nur dann mit sich zufrieden, wenn man den Erwartungen der persönlichen Umwelt entspricht (Ausnahme: zusätzlich Ma/Ur und/oder Ve/Ur). Dies reicht jedoch nicht aus, um die Bedürfnisse der Anlage (d. h. des instinktiven Potentials) vollständig abzudecken (zusätzlich Hervorhebung erster Quadrant, Marsbetonung).
Folgerichtig wird ein Umweg gewählt. Die subjektive Notwendigkeit, Konflikte zu vermeiden, die Angst, Farbe zu bekennen, zwingt zur Diplomatie. Der Partner und mit ihm die gesamte persönliche Umwelt sollen dazu gebracht werden, die unausgesprochenen Interessen des Nativen als die eigenen anzusehen und zu vertreten. So ergibt sich hier häufig ein beträchtliches manipulatives Geschick im materiellen und machtpolitischen Bereich, das jedoch nur eine letztlich unbefriedigende Kompensation für echte Bindungs- und Hingabefähigkeit sein kann.

2. *Die masochistisch orientierte Bindung*

Diese Entsprechung symbolisiert primär echtes Partnerschaftsverlangen, zeigt jedoch gleichzeitig die Überforderung des momentanen Entwicklungsniveaus auf. Bildlich gesprochen überträgt der Native seinen Mars auf den Partner, um das Hingabepotential der Venus ausleben zu können. Als Konsequenz können sich (insb. bei engen Bindungen) neurotische Verhaltensweisen ergeben.
Während der Native sich immer mehr darum bemüht, die Erwartungen seines Partners zu erfüllen, zieht dieser die »Daumenschrauben« ständig enger. Beide wollen sich etwas beweisen. Der Native interpretiert masochistische Leidensbereitschaft als persönliche Liebesfähigkeit (»je mehr ich mich für den anderen quäle, um so wichtiger ist er mir«), während der Partner unbewußt demonstrieren will, daß er nicht liebenswert ist. Anders ausgedrückt: Der Partner fordert ständig neue Liebesbeweise, um sein eigenes Minderwertigkeitsempfinden zu überspielen. Die Befriedigung ist jedoch nur von kurzer Dauer, da eine permanente Verschärfung von Bedingungen offensichtlich zum Bruch führen muß. Die unvermeidliche Trennung ist somit unbewußt subjektive Gewißheit, ihre Herbeiführung eine Befreiung aus seelischer Anspannung und Ausweglosigkeit.
Diese Entsprechung hat den Vorzug, daß sie die unbewußten Entsprechungen konkretisiert, sichtbar und damit bewältigbar macht.

3. *Die Chinesische Puppe*

(schwach gesteller Mars, und/oder schwach gestellte Sonne; zus. Ve/Me; Ma/Ne)

Hier handelt es sich quasi um eine Spätfolge von Mars/Venus-Verbindungen. Der Native hat so lange seine (instinktiven) Interessen verleugnet, sich so sehr den an ihn gestellten Erwartungen angepaßt, daß er sich schließlich selbst verloren hat. Wie eine chinesische Puppe, die, wenn man sie öffnet, wiederum eine Puppe enthält, wird der Native, wenn er sich endlich auf die Suche nach seiner Identität begibt, immer nur seine Fassade finden. Die Rollenanpassung, um die er sich so lange bemüht hat, ist perfekt; so perfekt, daß das Eigenständige, das ursprünglich nur getarnt werden sollte, nicht mehr auffindbar ist.

Deutlich wird dies meist erst durch die Rebellion des Körpers. Es kommt zu psychosomatischen Erkrankungen bis hin zum Krebsgeschehen, wobei bei Frauen eine deutliche Disposition zum Brustkrebs (zus. Ma/Ne, Ve/Pl) nachweisbar ist.

In harmloseren Fällen begegnen wir Nieren- und Blasenentzündungen, die ein sehr deutliches Indiz für eine aktuelle, unbewältigte Partnerschaftsproblematik darstellen. Auch Mandel- und Stimmbandaffekte sind häufig zu beobachten.

Venus/Mars-Verbindungen mit Marsdominanz
(z. B. Ma in 2, Ma in 7)

Folgende konkrete Entsprechungen können unterschieden werden:

1. Die aggressive Begegnungsorientierung (z. B. Ma in 7)
2. Die überzogene Abgrenzung (z. B. Ma in 2)

1. Die aggressive Begegnungsorientierung

Bei dieser Entsprechung kann von einem unbewußten Wissen um die Unfähigkeit zu echter Begegnung ausgegangen werden. Als Kompensation ergibt sich ein auffälliges Partnerschaftsstreben. Man ist ständig »auf den ersten Blick« verliebt, sehr schnell für ein Gegenüber zu begeistern. Durch die Neigung beständig mit der »Tür ins Haus« zu fallen, kommen jedoch viele Verbindungen, die zu Beginn recht aussichtsreich

schienen, nicht zustande. Der andere fühlt sich durch das allzu große Engagement eher verschreckt und zieht sich zurück.
Selbst wenn sich eine Beziehung ergibt, so bleibt doch meist das Gefühl des Ungeliebtseins: Bevor der Partner auf den Nativen zugehen kann, hat dieser bereits, aus Ungeduld und Angst, den anderen zu verlieren, Schritte unternommen. Da sich dies permanent wiederholt, hat der Native das Empfinden, er tut alles, der andere hingegen nichts für die Partnerschaft*.
Dieses Verhalten verstärkt sich selbst, d. h. es verschafft sich den scheinbaren Beweis seiner Berechtigung. De facto ist es tatsächlich der Native, der sämtliche Aktivitäten der Beziehung steuert. Die Schlußfolgerung, daß ein Nachlassen der Aufmerksamkeit die Trennung zur Folge hätte, ist somit plausibel.
Unglücklicherweise verhält es sich hier natürlich genau umgekehrt. Der Partner fühlt sich ständig überrollt und bedrängt, er bekommt kaum noch Luft. Zudem läßt seine Aufmerksamkeit zwangsläufig nach: Warum soll er sich für eine Beziehung engagieren, in der ihm sein hyperaktiver Partner alles abnimmt?
Es gibt noch eine zweite Variante dieser Entsprechung: Der Native delegiert seinen Mars an den Partner, d. h. er lebt sein Minderwertigkeitsempfinden (nämlich den aggressiven Begegnungsdrang) nicht aktiv, sondern er läßt ihn leben. Der Partner ist aggressiv und dominant, er zwingt ihn, gegen seine Interessen zu handeln. In derartigen Beziehungen ergreift dann der Native (sobald sein Leidenswunsch gesättigt ist) die Flucht, während es sich bei der ersten Analogie meist umgekehrt verhält.
Allerdings können derartige Bindungen, wenn entsprechende Konstellationen darauf hindeuten (z. B. Mars als Herrscher von 7 in 7), eine verblüffende Beständigkeit aufweisen.

* Dies läßt sich unschwer am Beispiel der Terminverabredung veranschaulichen: Beide wollen sich treffen, doch immer bevor der Partner anrufen kann (oder möchte), hat sich bereits der Native gemeldet.

2. *Die überzogene Abgrenzung* (z. B. Mars in 2)

Bei dieser Konstellation tritt ein eklatantes Sicherheitsbedürfnis in Erscheinung. Ursächlich dürfte hier die frühkindliche Erfahrung des Verlassenwerdens sein. Die Kompensation dieser Prägung zeigt sich in dem Bestreben, alles zu unternehmen, um eine Wiederholung zu verhindern. Da die konkrete Erfahrung meist aus dem Bewußtsein gedrängt wurde, zeigen sich hier Verlagerungen auf den materiellen und somatischen Bereich.

Konkret äußert sich dies z. B. in ausgeprägtem Besitzstreben. Je mehr materieller Wohlstand erreicht wurde, um so sicherer fühlt man sich vor Angriffen. Da jedoch mit dem Besitz auch die Angst vor dem Verlust steigt, ist diese Kompensationsform auf Dauer nicht erfolgreich haltbar. Es ergeben sich psychosomatische Erkrankungen: Schlaflosigkeit (zus. Mo/Ur; Mo/Ma), sowie Affekte des Magen-Darm-Traktes (Me/Ju; Ju/Sa). Zusätzliche Me/Pl-Verbindungen lassen den Nativen schnell schrullig werden, er entwickelt Tics oder gleitet gar ins Psychotische ab (zus. Ve/Pl).

Dieses Besitzdenken tritt auch im konkreten Partnerschaftsverhalten zutage. Man möchte den anderen kaufen, um sich seiner sicher zu sein. Dies geschieht durch das Bestreben, sich unersetzlich zu machen, durch materielle Köder, Eheverträge u. ä.

Da im emotionalen Bereich eine letzte Sicherheit niemals möglich ist, kommt es überzufällig häufig zu krankhafter Eifersucht. Der Native läßt den Partner nicht allein aus dem Haus, kontrolliert den Kilometerstand des Autos, öffnet die persönliche Post des anderen etc. (zus. Ma/Pl)*.

* Die »Alten« haben den Mars im zweiten Haus als Hinweis für einen gewaltsamen Tod des Partners interpretiert (das zweite Haus ist das achte vom siebten). Die tiefere Bedeutung ist, daß hier der Partner im psychologischen Sinne »tot« ist: er wird lediglich als Besitz, nicht als Persönlichkeit betrachtet.

Sexualität

Keine Einzelkonstellation hat einen größeren Bezug zur Sexualität als Venus/Mars-Verbindungen. Dies gilt primär für Aspekte und Halbsummen, sekundär für die Hausstellungen. In aller Regel sorgen Venus/Mars-Verbindungen für eine ausgeprägte Sinnlichkeit, die nicht frei ist von sadomasochistischen Obertönen.
Bildlich gesprochen, verlagert sich die im Umweltmilieu verlorengegangene »Reibungsenergie« auf die körperlich-erotische Ebene.
So ist hier auch vielfach (ganz im Gegensatz zu den meisten anderen Konstellationen) eine Steigerung des Sexualtriebes in Anspannungssituationen zu verzeichnen. Nervliche Belastungen werden körperlich »abreagiert«.
Venus/Mars-Konstellationen sind ein deutlicher Hinweis auf die Unvereinbarkeit von emotionaler Bindung und sexueller Anziehung. So kommt es hier signifikant häufig zu einer Trennung von Partnerschaft und Sexualität (zus. Ve/Ur; Ma/Ur; Ve/Pl).
In der Tat kann bei Ve/Ma-Verbindungen nur in Ausnahmefällen von körperlicher Treue ausgegangen werden (zus. Ve/Sa).
Wie bereits betont, können solche Verbindungen meist nur dann Bestand haben, wenn sie im Eroberungsstadium verharren. Droht die Beziehung alltäglich zu werden, so sind (wirkliche oder simulierte) Seitensprünge ein probates Mittel, neues Interesse zu entfachen.
In der treuen Partnerschaft zeigt sich die Verhinderung in der permanenten Verweigerung eines Partners (wobei die Rollen durchaus wechseln können).
Treten dominante Bezüge zum ersten und dritten Quadranten in Erscheinung und/oder bestehen Ve/Ma-Konstellationen in beiden Horoskopen (einschließlich Wechselwirkungen), so kann vielfach ritualisierte Aggression im Sinne einer archaischen Brautwerbung beobachtet werden: Wut, Aggression

und Streit können schnell in sexuelle Erregung umkippen, was von vielen Nativen mehr oder weniger bewußt ausgenutzt wird. Dies kann so weit gehen, daß Auseinandersetzungen zum notwendigen Vorspiel für eine befriedigende Sexualität werden.

Falls sich keine verfälschenden Überlagerungen durch andere Konstellationen ergeben (So/Ne, Ma/Ne), wird die sadomasochistische Komponente im Sexualverhalten in Erscheinung treten.

Ein »ursächlicher« Aspekt ist hier das Liebäugeln mit dem Schmerz, das Bestreben, bedingungslos und radikal zu sein (Leiden-schaft).

Von besonderer Tragweite sind hier die Erfahrungen der Kindheit: Wie beschrieben, wurden bei vielen Nativen die männlichen Familienmitglieder von der Mutter »kastriert«, ihr Mann-Sein mit Schuld gleichgesetzt. Hier kommt es bei Männern als Spätfolge zu phasenweiser symptomatischer Impotenz.

Sexuelle Übererregung in Verbindung mit der Demonstration eigener Ohnmacht führt zwangsläufig zur Aggression. Ist die Unterwerfung unter das Diktat der Mutter überstark, so wird sie sich gegen den Nativen richten: er möchte erniedrigt, geschlagen und verletzt werden, um zur Befriedigung gelangen zu können (zus. Ma/Ne; Ma/Pl).

Im anderen Falle möchte man sich von der »Unterdrückung durch die Frauen« befreien, die selbst erfahrenen Erniedrigungen heimzahlen. Hier zeigen sich also eher sadistoide Verhaltensweisen, mit denen der Native beweisen will, daß er ein (potenter) Mann ist, »ob dies nun den Frauen paßt oder nicht« (zus. So/Ma; Ma/Sa).

Bei Frauen zeigt sich hier eher die Schwierigkeit, sich vom Nimbus des Heiligen, Reinen zu befreien. Das Eingeständnis, Lust empfinden zu können und zu wollen, ist gekoppelt mit dem Empfinden, »schmutzig« zu sein. So wird in schwerwiegenden Fällen (Ve/Pl, Ma/Pl) das Verlangen in Erscheinung treten, für die eigene Verwerflichkeit zu büßen, was sich im

Verlangen nach (verschleierter) sexueller Erniedrigung äußern kann.
Sadistoide bis sadistische Analogien bei Frauen lassen sich aus dieser Konstellation allein kaum herleiten, sie wurden in der Praxis auch noch nicht beobachtet.

MÄNNL. NATIVITÄT

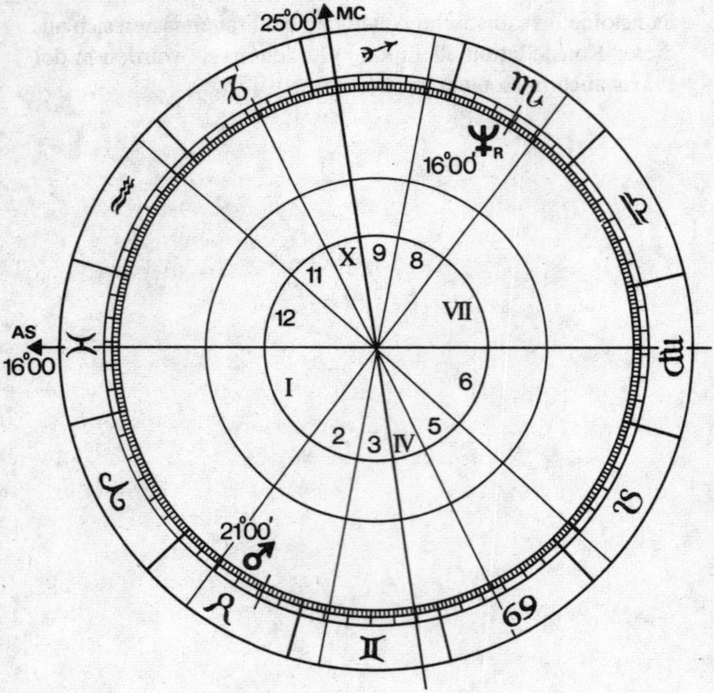

Planeten			Häuser		
♂	21°00'	♉	AS	= 16°00'	♓
♆	16°00'	♏ R	MC	= 25°00'	♐

Beispielhoroskop: Männliche Nativität

Venuskonstellationen
Venus/Mars (Mars in 2)
Venus/Mars (Mars als Mitherrscher von 1 in 2)
Venus/Merkur (Merkur in 2)

Marskonstellationen
Mars/Neptun (Plaktische Mars/Neptun-Opposition)

Es handelt sich um einen jungen Mann, der die »Kastration durch die Mutter« (Ve/Ma; verschärft durch Ma/Ne), die bei ihm auch phasenweise Impotenz zur Folge hatte, durch intensive Beschäftigung mit Kraftsport (Kraft-Dreikampf) zu überwinden suchte (Ma/Pl): Es sollte über jeden Zweifel hinaus klargestellt werden, daß er ein Mann ist, der sich seine Körperlichkeit nicht »stehlen« läßt.
Aus dieser Perspektive betrachtet, stellte der exzessive Kraftsport eine Form von Notwehr dar.

Mars/Saturn

Bekannte Persönlichkeiten / wichtige Ereignisse

Saturn in 1
Antoine de Saint-Exupery, Pilot, Schriftsteller; Agatha Christie, Krimiautorin; Alan Leo, Astrologe; August Strindberg, Bühnenautor; C. G. Jung, Psychoanalytiker; David Carradine, Schauspieler; Dustin Hoffman, Schauspieler; Edouard Manet, Maler; Elvis Presley, Sänger; Emile Zola, Schriftsteller; Ermordung von J. F. Kennedy; Francesco Franco, Diktator; Franz Grillparzer, Dichter; Franz Kafka, Autor; Fred Astaire, Tänzer und Schauspieler; Gracia Patricia, Schauspielerin, Fürstin; Gregg Allman, Musiker; Hans Albers, Schauspieler; Hans D. Genscher, Politiker; Jack Kerouac, Schriftsteller; Jim Jones, Kultfigur; Joan Baez, Sängerin; John Denver, Sänger; Karl Marx, Philosoph; König Friedrich II.; König Hassan II. v. Marokko; Margaret Thatcher, Politikerin; Mahatma Gandhi

Mars in 10
Albert Camus, Schriftsteller, Philosoph; Arlo Guthrie, Musiker; Friedrich Nietzsche, Philosoph; Herbert Löhlein, Astrologe; Jacques Y. Cousteau, Meeresbiologe; Jacqueline Kennedy, Milliardärswitwe; James Dean, Schauspieler; Jerry Rubin, Aktivist; Jimi Hendrix, Musiker; Joe Frazier, Schwergewichtsboxer; Mick Jagger, Popstar; Montgomery Clift, Schauspieler; Napoleon Bonaparte, Feldherr, Kaiser; Orson Welles, Schauspieler und Regisseur; Peter Sellers, Schauspieler; Prinz Eugen, Feldherr; Richard Strauss, Komponist; Richard Wagner, Komponist; Ringo Starr, Musiker; Thomas A. Edison, Erfinder; Walter Mondale, Politiker; Wolfgang A. Mozart, Komponist

Mars/Saturn

Diese Konstellation entspricht: Mars in 10, Saturn in 1, Mars/Saturn = Mc, Mars/Saturn = As, Mars/Mc-Spiegelpunkt; Saturn/As-Spiegelpunkt, Mars/Saturn-Opposition, Mars/Saturn-Quadrat, Mars/Saturn-Konjunktion, Mars auf 23,5° Krebs, Mars auf 23,5° Steinbock, Saturn auf 19,5° Stier, Saturn auf 19,5° Steinbock.

Mars/Saturn-Konstellationen entsprechen dem (erzwungenen) Zusammengehen gegensätzlicher und unvereinbarer Prinzipien: Mars symbolisiert den subjektiven Ausdruck instinktiver Bedürfnisse, die spontane, egozentrierte Äußerung. Saturn repräsentiert die Begrenzung und Reglementierung in übergeordneten, gesellschaftsbezogenen Maßstäben. So sind auch die praktischen Konsequenzen dieser Konstellationen teilweise gegensätzlich, abhängig davon, welches Prinzip dominiert und sich durchsetzt. Dies ist sowohl von der momentanen Entwicklungsphase, der allgemeinen Persönlichkeitsstruktur als auch von der Disposition des Radix abhängig.

Im folgenden wird aus Gründen der Übersichtlichkeit nicht beständig zwischen Mars- und Saturndominanz unterschieden, zumal sich diese Zusammenhänge aus dem Inhalt unschwer erschließen.

Mars/Saturn-Konstellationen symbolisieren die Selbstdurchsetzung in übergeordneten Maßstäben. D. h., individuelle Triebmomente werden in das Korsett allgemeinverbindlicher Spielregeln gezwungen, das Instinktive wird bis hin zur Schwerfälligkeit und Starre diszipliniert.

Auf der anderen Seite verweist die Analogie auf das Durchbrechen von Begrenzungen. Man will selbst neue Maßstäbe setzen oder zumindest alte stürzen. Dies gilt nicht im Sinne spontaner Auflehnung und Rebellion (Ma/Ur), sondern ist als Lebenseinstellung aufzufassen, wobei die Attraktivität eines Zieles mit seiner Schwierigkeit wächst.

Analogien der vier Verwirklichungsebenen

Materielle Ebene

Ziege, Steinbock, Bergsteiger, Knochenbrüche, Entzündungen der (Knie-)Gelenke, Knochenentzündung, Tuberkulose, Not, Mangel, Bergleute, Schwerstarbeiter, Gefängnis, Tod, Gewalt gegen Sachen, Deformierung, Sammellinse, Brennglas, Schweißbrenner, Düse, Turbine, Niederreißen von Hindernissen, Spannbeton, Marathonläufer, Ausdauersportler, Hürdenläufer (auch: Ma/Ur), Fesseln, Handschellen, stumpf, abgewetzt.

Vitale Ebene

Eingesperrt sein, sparsam, geizig, widerstandsorientiert, ehrgeizig, sadistisch, gehemmt, ausdauernd, ruhelos, skrupellos, zielgerichtete Energie, Triebkontrolle, Triebhemmung, Disziplinlosigkeit (Marsdominanz), Milzriß, Eisenmangel, Anämie, energielos, schwerfällig, Trennungsschmerz, Trauer, chronische, schmerzhafte Erkrankungen; nichtheilende Wunde, unnachgiebig, lustlos, präzise, Askese, Selbstdisziplin, Zuverlässigkeit, Verzicht, Potenzstörungen, blockiert.

Mentale Ebene

Unterdrückung, Erpressung, Zwang, Ausnutzung von Macht, sexuelle Enthaltsamkeit, (körperliche) Trennung vom Partner, Erregung durch Strafmaßnahmen wie Züchtigungen u. ä.; Coffeinsucht, Leistungszwang.

Transpersonale Ebene

Tod des Vaters, bevor das Kind das 18. Lebensjahr erreicht hat; Staatsgewalt, gewaltsame Trennung, konzentrierte Energie, Arbeitslosigkeit, Amputation, puritanisch-preußischer Erziehungsstil, Straf- und Arbeitsgesetz.

Kindheit und Elternbezug

Prägend für die Kindheit ist die Erfahrung von Mangel und Einschränkung, der Zwang, stark sein zu müssen, um nicht zu zerbrechen.

Folgende Entsprechungen können unterschieden werden:

1. Der übermächtige Vater
2. Zwischen den Fronten
3. Materielle Härten
4. Die Verantwortung
5. Die Anfeindung der Familie

1. Der übermächtige Vater

Hier kommt dem Vater in der Familie eine immense Vorrangstellung zu, die alle in sein Reglement zwingt. Kein Familienmitglied hat die Möglichkeit, eigene Entscheidungen zu treffen. Jede Aktivität ist von der Zustimmung des Vaters abhängig.
Dieser Situation ging meist die Opferung der Eigenständigkeit des Vaters voraus. D. h., er unterwarf sich übergeordneten, systemkonformen Spielregeln.
So mußte häufig im Zeitraum von Schwangerschaft und Geburt ein sicherer, Unterordnung und Disziplin fordernder Beruf (vorzugsweise im Staatsdienst: Beamtenstatus) ergriffen werden, um die Versorgung der Familie zu garantieren. In aller Regel geschah dies gegen den eigentlichen Wunsch des Vaters, häufig wurde eine selbständige Existenz aufgegeben.
Um sein Selbstwertgefühl nicht vollends zu verlieren und um die Flucht in eine ungeliebte berufliche Sicherheit nicht als Feigheit ansehen zu müssen, werden Pflichterfüllung und Disziplin (und damit auch indirekt die Unterdrückung individuel-

ler »Umtriebe« zu Werten an sich hochstilisiert. Dies wird zum wesentlichen Erziehungskriterium*.
Im Extremfall wird hier dem Kind mit Brachialgewalt Zucht und Ordnung beigebracht, jeglicher Eigenwille aus ihm herausgeprügelt und das moralische Rückgrat gebrochen (zus. Ma/Pl; Sa/Pl). In jedem Falle sucht der Vater jedoch, seine Maßstäbe für das Kind in einem Umfang verbindlich zu machen, daß kein Platz für dessen Individualität bleibt.
In psychologischer Hinsicht ist hier der Neid des Vaters auf das Kind bzw. der krampfhafte Versuch, vor sich selbst glaubwürdig zu sein, »ursächlich«. Jede unbeschnittene Aktivität, jeder Ausdruck von Lust und Genuß erinnern an die geopferte Selbständigkeit, an die erzwungene Unterordnung. Die eigene Verzichtposition wird an das Kind weitergegeben, mit dem unbewußten Motiv: »Mein Kind soll es nicht besser haben als ich.« Bewußt wird natürlich der Standpunkt vertreten: »Was für mich gut war/ist, kann für mein Kind nicht schlecht sein.«

2. *Zwischen den Fronten*

Häufig sind Mars/Saturn-Geborene »Ausrutscher«, d. h., sie wurden in einer Phase der Partnerschaft gezeugt, in der (zumindest die Mutter) kein Kind wollte. Vielfach ist diese (ungewollte) Schwangerschaft der Grund, daß eine schon längst beschlossene Trennung rückgängig gemacht wird und sich eigentlich unvereinbare Partner wieder zusammenraufen. So besteht schon während der Schwangerschaft seitens der Mutter eine Ablehnung dem Kind gegenüber, während sich der Vater (im Sinne des Triumphes über die Mutter) freut. In

* Nicht immer wird bei derartigen Entsprechungen die Erziehung uneingeschränkt rigide verlaufen. Gelegentlich gesteht der Vater sein Versagen indirekt ein, indem er seine Kinder (insb. den nativen) zum Duckmäusertum zu erziehen sucht: »Gehe kein Risiko ein, du schaffst es sowieso nicht; uns kleinen Leuten gibt man keine Chance; bescheide dich; greif nicht nach den Sternen; Hauptsache, man ist versorgt und hat einen gesicherten Rentenanspruch; wer wagt, verliert.«

späteren Partnerschaftskonflikten gerät das Kind zwischen die Mühlsteine, es wird zum Thema der Auseinandersetzungen. Hierbei wechseln unbewußte Schuldzuweisungen (»wenn du nicht wärst...«) und der Versuch beider Elternteile, das Kind jeweils auf die eigene Seite zu ziehen.
Die Erfahrung, daß weder Vater noch Mutter vertrauenswürdig sind, da sie lediglich Zweckbündnisse eingehen, ohne zu bedingungsloser Liebe fähig zu sein, führt zu früher Selbständigkeit. Der Native lernt, sich an sich selbst festzuhalten, da er bei den Eltern keinen echten Rückhalt finden kann. Symptomatisch ist hier der Wunsch, auf ein Internat zu gehen. Das Elternhaus wird spätestens mit Erreichen der Volljährigkeitsgrenze verlassen.

3. *Materielle Härten*

Bei dieser Entsprechung ist die Beschränkung der Eigenart nicht Folge der rigiden Maßstäbe des Vaters oder der Unvereinbarkeit der Eltern. Sie ist hier nach außen verlagert in Form von Sachzwängen. So ergeben sich dominante Mars/Saturn-Verbindungen signifikant häufig bei Geburten in Notzeiten (z. B. der Nachkriegszeit).
Die Familie ist materiell ungesichert, individuelle Bedürfnisse können nicht befriedigt werden, weil die Mittel fehlen. Man ist gezwungen, mit dem Allernotwendigsten auszukommen. Selbst wenn diese Periode nur kurze Zeit andauerte (z. B. aufgrund einer Existenzkrise des Vaters; noch nicht abgeschlossener Ausbildung, Studentenehe etc.), wird sie doch zur prägenden Erfahrung. Der Native wird sparsam bis geizig, er wirft nichts weg und sucht einmal Erreichtes mit allen Mitteln zu festigen und zu sichern.

4. *Die Verantwortung*

Hier wird dem Kind schon vor Erreichen der Pubertät ein überforderndes Maß an Mitverantwortung für die Familie auf-

oktroyiert. Dies ist vor allem dann der Fall, wenn sich der Vater der Familie entzieht (oder aus anderen Gründen entfällt) und das Kind gezwungen ist, Funktionen aus seinem Aufgabenbereich zu übernehmen*.
Vielfach operieren hier die Eltern mit Schuldgefühlen als Druckmittel, die das kindliche Bedürfnis nach Eigenart und Spontanität mit unbarmherzigem Egoismus gleichsetzen. Nur allzu häufig erwerben sich die Nativen auf diese Weise eine masochistoide Verhaltensdisposition, die sie auch im späteren Leben ihr Selbstwertgefühl aus Aufopferung und Verzicht ziehen läßt.

5. *Die Anfeindung der Familie*

Diese Entsprechung ergibt sich, wenn es sich bei den Eltern um »Zugezogene« handelt, die vom neuen sozialen Umfeld mißtrauisch bis ablehnend betrachtet werden. Im Extremfall handelt es sich um Asylanten oder Vertriebene, die bei den Einheimischen die Angst auslösen, daß ihnen etwas weggenommen wird. Der Familie werden »Steine in den Weg gelegt«, sie wird angefeindet, muß sich gegen Übergriffe wehren**.
Primär konzentriert sich dies auf die Person des Vaters – im Extremfall mit Berufs- oder Arbeitsverbot. Oder der Vater findet keine angemessene Anstellung und ist somit zu Tätigkeiten gezwungen, die unter seiner Qualifikation liegen.
In Ausnahmefällen (Herrscher von 10 Bezug zu Haus 12 bzw.

* Bei gleichzeitiger Mars/Neptun-Verbindung ergibt sich signifikant häufig die Tendenz, daß der Vater vor der Familie »flieht«. Dies geschieht vielfach durch Alkoholismus, aber auch durch Spielsucht. Besteht gleichzeitig Ma/Sa und Ma/Pl, so ist der Vater mit seinem Beruf »verheiratet«, mit deutlicher Tendenz zu Seitensprüngen.
Im Extremfall ist der Vater behindert (kriegsversehrt) oder Frührentner (Ma/Sa/Ur).

** Im Extremfall kommt es zu offenen oder versteckten Drohungen: Anonyme Anrufe oder Schreiben fordern zum Auszug auf, Müll wird vor der Haustür ausgekippt, Fensterscheiben werden eingeworfen.

Neptun) befindet sich der Vater zum Zeitpunkt der Geburt und/oder in der frühen Kindheit in Haft.
Diese Situation führt zu der Erfahrung, daß man nichts geschenkt bekommt, eigene Ansprüche und Rechte müssen abgetrotzt werden. In der weiteren Entwicklung wird man darum kämpfen, endlich als gleichwertig akzeptiert zu werden, was schnell zur Überkompensation führen kann: Man wird selbst zur Institution, welche die Macht besitzt, eigene bzw. übernommene Normen als maßstäblich festzusetzen.
Signifikant häufig kommt es innerhalb der ersten vier Lebensjahre zu Verletzungen (insb. Schnitt- und Brandwunden). Diese sind eine symbolische und psychologische Entsprechung für die Beschneidung der Eigenart: Eigeninitiative wird bestraft.

Allgemeine Charakterstruktur

Die Erfahrung der Kindheit, daß übergeordnete Kriterien gesellschaftliche Zwänge den individuellen Selbstausdruck disziplinieren und maßregeln, daß Instinktives nur im engen und beschneidenden Rahmen des Zulässigen (im Sinne der gesellschaftlichen Norm) ausgelebt werden kann, wird zum Wesenszug. Man hat gelernt, daß man »mit den Wölfen heulen« muß, will man nicht auf der Strecke bleiben. Hierbei ist es sowohl vom Ausmaß der Marsdominanz als auch vom persönlichen Entwicklungsniveau abhängig, inwieweit dies lediglich taktisches Kalkül oder aber resignierende, opportunistische Unterordnung ist*.
In jedem Falle wird der Erfolg nicht außerhalb des »Systems« gesucht, man wird nicht zum »Aussteiger«, sondern möchte die Anerkennung innerhalb der vorgegebenen Spielregeln erzwingen. Äußerer Erfolg und Selbstachtung sind hier nahezu identisch (Mars in 10). Erfahrene Zurücksetzung und Erniedrigung werden nie vergessen, in diesem Sinne sind die Nativen nachtragend. Dies kann so weit gehen, daß der gesamte Lebensplan auf die Wiederherstellung der eigenen »Ehre« ausgerichtet ist. Erzwungene Maßregelungen konnten nur schwer ertragen werden; als »Rache« sucht man so viel Kompetenz oder Macht zu gewinnen, daß die eigenen Kriterien zum Maßstab für andere werden. Dieses Bestreben ist vielfach auch dann gegeben, wenn keine offensichtlichen Zurücksetzungen erlebt wurden**.

* In psychologischer Betrachtung ist dies davon abhängig, welches Ausmaß die Beschneidung der Eigenart in der Kindheit annahm. Wurde dem Nativen damals, etwa im Rahmen einer rigiden Erziehung, das Rückgrat gebrochen, so kann dies zur permanenten Demutshaltung führen, die mit Minderwertigkeitsgefühlen, Angst vor Aggression und Selbstverachtung einhergeht. Bei anderen Analogien gilt eher die Devise: »Was uns nicht umbringt, macht uns hart.«

** So sind Mars/Saturn-Verbindungen in den Horoskopen von Hochleistungssportlern nachweisbar. Das Verlangen, objektiv besser zu sein als andere, Erfolgs- und Rekordsucht, wird zum Lebensziel.

Erduldete Erniedrigungen und Diskriminierungen können nur »gesühnt« werden, wenn man den Gegner mit seinen eigenen Waffen (d. h. im Rahmen seiner eigenen Wertmaßstäbe) schlägt*.

Ein weiteres Kriterium ist die Hemmung im persönlichen Umgang. Die Nativen wirken oft nüchtern, unpersönlich, kalt, verbissen, verkrampft, unzugänglich und eigenbrötlerisch. So bestehen meist nur wenige Freundschaften, die jahrelangen, intensiven Kontakt voraussetzen. Auch hier besteht die Neigung, mangelnde Kontaktfähigkeit durch Zielstrebigkeit und Ehrgeiz im beruflichen Bereich auszugleichen. Im gewählten Rahmen werden fast immer Führungspositionen erreicht, zumindest ist man auf irgendeine Weise »Vorgesetzter« und hat somit die Möglichkeit, andere zu reglementieren. Bei wenig dominanten Persönlichkeiten und/oder wenn die Konstellation entspannende Aspekte vorliegen, ergibt sich eine deutliche Affinität zum Pädagogischen: Signifikant viele Native werden Lehrer, Erzieher u. ä.

Das fast immer vorhandene (unbewußte) Empfinden, bereits durch die Eigenart schuldig zu sein, zwingt zu permanenter Rechtfertigung (zus. Ve/Sa).

So neigt man dazu, bei Kritik und persönlichen Angriffen sofort mit »Kanonen auf Spatzen zu schießen«, man zieht alle Register aus der Angst heraus, bei einem »objektiven« Fehler ertappt und verurteilt zu werden. Da man glaubt, daß die eigene Individualität kein Argument ist, sucht man sich im Allgemeinverbindlichen abzusichern (zusätzlich Me/Sa; Ju/Sa: Jurist), man kennt seine Rechte genau und kann Institutionen und Gesetze zitieren, welche das eigene Handeln legitimieren.

* Dies läßt sich am Beispiel eines sehr ehrgeizigen und wohlhabenden Inders der Kolonialzeit veranschaulichen, der anläßlich eines Geschäftsbesuchs in England in einem First Class Hotel absteigen wollte. Der Zutritt wurde ihm mit dem Hinweis auf ein am Portal angebrachtes Schild verwehrt: »Dogs and Blacks prohibited«. Nach seiner Rückkehr nach Bombay machte er es sich zur Lebensaufgabe, das größte, schönste und luxuriöseste Hotel der Welt zu bauen: Das Taj Mahal Hotel. Natürlich war Weißen der Zutritt demonstrativ verboten.

So kommt es zur Huldigung des Offiziellen. Urkunden Preise, öffentliche Ehrungen etc. haben für die Nativen einen objektiven, nahezu sakralen Stellenwert.
Nicht zu übersehen ist die Ausdauer, mit der selbstgesetzte Ziele verfolgt werden. Niederlagen werden ohne weiteres weggesteckt, sie führen höchstens zu einer Verstärkung der Anstrengungen. Sturheit, Konzentration und Konsequenz bergen natürlich die Gefahr in sich, daß auch dann noch am Angestrebten festgehalten wird, wenn sich wesentliche Kriterien verändert haben oder sich bereits herausstellte, daß ein Weitermachen nicht sinnvoll ist. So werden einmal gefaßte Pläne oft nur noch deshalb verfolgt, weil man Angst hat aufzugeben, da dies mit einem Scheitern an sich selbst gleichgesetzt wird.
Falls keine dominanten Jupiter- oder Uranuskonstellationen vorhanden sind, leiden die Nativen gelegentlich an ihrem Mangel an Originalität. Sie sind gute Verwerter, d. h., sie verstehen es, die Erkenntnisse anderer hervorragend zu nutzen, ohne jedoch selbst schöpferisch zu sein. Diese Schwierigkeit (die mit der Problematik, sich selbst als »einmaliges, durch nichts zu ersetzendes Individuum« zu akzeptieren, zusammenhängt) soll durch besonderen Fleiß ausgeglichen werden (Bezug erster und zweiter Quadrant).
Bei hochentwickelten Persönlichkeiten besteht der Anspruch, das individuelle Handeln in den Dienst der Allgemeinheit zu stellen. Fern von jeder Autokratie strebt man nach der Ein- und Unterordnung subjektiver Interessen in ein übergeordnetes objektives Gefüge (z. B. den Staat und seine Gesetze). Man beansprucht keine Sonderrechte, sondern versucht, eigene Überzeugungen (die man, eine entsprechende Machtposition vorausgesetzt, für andere verbindlich macht) selbst vorzuleben, wobei das Prinzip der Pflichterfüllung entscheidenden Stellenwert hat*.
Im psychosomatischen Bereich ergibt sich eine deutliche Dis-

* Beispiel: Friedrich II.: »Ich bin der erste Diener meines Staates.«

position zum rheumatischen Formenkreis; dies betrifft insbesondere die Kniegelenke: Die Behinderung (Sa) der Beweglichkeit (Ma) ist das physische Korrelat eines ungelösten seelischen Widerspruchs. Die permanente Überpeitschung außerpersönlicher Widerstände, ohne daß diese begriffen und bewältigt wurden, verlagert sich schließlich ins Körperliche. Der Widerspruch zwischen subjektivem Antrieb und objektiver Hemmung wird durch die Einschränkung des Bewegungsapparates »gelöst«: Man muß sich nicht mehr zwingen, da die Grenzen unüberwindlich geworden sind.

Eine Therapie mit Heilmitteln der Mars- bzw. Mars/Saturn-Analogien (Brennesseln, Kieselsäure; Vereisung) kann, solange die seelische Problematik nicht bewältigt wurde, nur vorübergehende Linderung bringen.

Auffällig sind die häufig vorhandenen Berührungsängste. Man vermeidet nach Möglichkeit Körperkontakt, fühlt sich unwohl bei allzu großer Nähe von Fremden (zus. So/Ur/Pl: Verfolgungswahn).

Bei Saturndominanz konnte eine Tendenz zu Gallensteinen beobachtet werden, die gleichsam das Resultat unterdrückter, ohnmächtiger Wut darstellen. Man hat es nie gewagt, sich gegen die beengenden Spielregeln zu erheben, Aggressionen zuzulassen, bis man »Gift und Galle spuckt«.

Des weiteren konnte die Erfahrung den in der klassischen Literatur immer wieder postulierten Zusammenhang zwischen (rheumatoider) Schwerhörigkeit (»Beethovenkonstellation«) und Mars/Saturn-Verbindungen bestätigen.

Partnerschaften

Mars/Saturn-Konstellationen gehören zu den problematischsten Partnerschaftsaspekten überhaupt. Die Schwierigkeit gegensätzliche Anlagen zu vereinigen, läßt den Beziehungsbereich nicht unberührt. Wie bei allen Konstellationen, die eine Synthese weitgehend ausschließen oder doch zumindest immens erschweren, so ist es auch hier von entscheidender Bedeutung, welches Planetenprinzip letztlich dominiert. Die Hemmung der instinktiven Eigenart, die Reglementierung des Selbstausdrucks im Sinne übergeordneter Prinzipien, kann sowohl *durch* den Partner (Saturndominanz) als auch *an ihm* (Marsdominanz) ausgelebt werden. Dementsprechend kommt es zu sehr unterschiedlichen, teilweise auch scheinbar widersprüchlichen Aussagen. Entscheidend ist jedoch lediglich die Verwirklichung der zuständigen Analogieprinzipien, die *Rollenaufteilung* hingegen ist für die Erfüllung einer Konstellation unerheblich, sie bleibt der (meist unbewußten) Entscheidung des Nativen überlassen.

Symptomatisch für alle Mars/Saturn-Konstellationen ist die mangelnde Spontaneität und Unbekümmertheit bei der Anknüpfung zwischenmenschlicher Beziehungen. Selbst dort, wo sie scheinbar gegeben ist, handelt es sich in aller Regel um eine aufgesetzte, fassadenhafte Lockerheit, um den Eindruck des Altmodischen, Verstaubten zu verhindern (zus. Ve/Sa).

Die Begrenzung der Eigenart, die Blockierung des Selbstausdrucks in welcher ihrer Ausformungen auch immer, ist auch im Partnerschaftsbereich bestimmendes Kriterium. So wird hier die Fähigkeit, eigene Interessen dem Partner angemessen durchzusetzen, sowie die Aufgabe, sich gegen reglementierende Übergriffe zu wehren, zur karmischen Herausforderung. Deutlicher als bei anderen Konstellationen wird hier der partnerschaftliche Umgang zum Meßwert der Lebensproblematik sowie zum Ansatzpunkt ihrer Bewältigung.

Es ergeben sich folgende konkrete Entsprechungen:

1. Die Widerstandsorientierung
2. Die Abwehr
3. Die inflexible Eigenständigkeit
4. Der rigide Partner
5. Die Disziplinierung des Partners

1. Die Widerstandsorientierung

Durch Anlage und frühkindliche Erfahrungen ist die Durchsetzung eigener Interessen mit massivem Widerstand elementar verknüpft. Man bezieht die Möglichkeit, etwas ohne harte Auseinandersetzungen zu bekommen, nicht mehr mit ein. In diesem Sinne ist hier eine Verengung der Wahrnehmung gegeben. Angebote, die einem die kampflose Verwirklichung eigener Interessen in Aussicht stellen, werden einfach übersehen. Zumindest begegnet man ihnen mit größtem Mißtrauen, man sucht so lange nach dem Haken, bis die Chance vertan ist*. So bahnen sich verbindliche Beziehungen nur sehr zögernd an, wobei auch die häufig vorhandene Schüchternheit im zwischenmenschlichen Bereich eine Rolle spielt. Hat die Verbindung einmal verbindlichen Charakter gewonnen (was oft Jahre dauern kann), so ergeben sich vielfach Hindernisse materieller und sozialer Art: Die Eltern lehnen die Verbindung ab und suchen sie (oft durch massiven Druck bis hin zu Intrigen) auseinanderzubringen; die finanzielle Situation ist ungesichert, es ergeben sich Schwierigkeiten bei der Wahl einer gemeinsamen Wohnung etc. Kommen So/Ne-Verbindungen hinzu, so wohnt man überdurchschnittlich häufig bei den (ungeliebten) Schwiegereltern oder in einer Wohnung, die sich in ihrem Besitz befindet. Dies schafft die »Legitimation« für deren permanente Übergriffe, es ist ja ihre Wohnung. Insbe-

* Bei starker Egodominanz (zus. So/Ma; Ma/Ju; So/Ju) kann auch ein starker Sportsgeist maßgeblich sein: Nur das, was man sich mühsam und langwierig erarbeitet hat, ist auch etwas wert.

sondere weibliche Native sind hier vielfach fortgesetzten Schikanen der Schwiegereltern ausgesetzt, die oft entwürdigenden Charakter annehmen*.
In Entsprechungen, die eines masochistoiden Charakters nicht entbehren, ergibt sich eine Vorliebe für potentielle Partner, an denen man sich die Zähne ausbeißt. Je abweisender und desinteressierter sich der andere verhält, um so unbedingter sucht man ihn zu erobern. Selbst abfällige und beleidigende Äußerungen werden oft geschluckt, tragen im Zweifel noch zur Faszination bei. Hier bevorzugt man den coolen, unnahbaren Typ, bei dem man »Leidenschaft auf Eis« vermutet und den man um seine unerschütterliche Distanziertheit (und die damit verbundene Unangreifbarkeit) bewundert. In psychologischer Interpretation setzt hier die Gewißheit der Ablehnung, die Aussichtslosigkeit des Unterfangens instinktive Begierden frei, der potentielle Partner wirkt erregend, weil er einem niemals gefährlich werden kann. Im Sinne der astrologischen Analogie übernimmt der andere den Saturnanteil der Konstellation, das Instinktive ist somit freigesetzt und richtet seinen Verwirklichungswunsch auf den »Befreier«.
Je saturniner die Züge des Partners sind, um so größer ist die Chance, daß es schließlich doch zu einer Verbindung kommt, es besteht ein erhebliches Maß an gegenseitiger Anziehung. Hierbei sollte allerdings berücksichtigt werden, daß der andere die Distanz niemals wirklich aufgeben wird, sie ist vielmehr die Seele der Beziehung: Der Native ist »verurteilt«, um

* So wurde eine Klientin mit Ma/Sa- und So/Ne-Konstellationen von ihrem Schwiegervater als Hausfrau »heruntergemacht«, indem er täglich zu Kontrollbesuchen kam, während sein Sohn bei der Arbeit war. Es gab keine Gelegenheit, bei der er nicht einen Aufhänger fand, um ihr vollständige Unfähigkeit zu bescheinigen.
Die Schwiegermutter hingegen schrieb ihr vor, was sie zu kochen habe, da ihr Sohn das »so gewöhnt« sei. Weiterhin verlieh sie mehrfach (auch im Beisein von Zeugen) ihrer Verwunderung Ausdruck, warum ihr Sohn sie überhaupt geheiratet habe, schließlich hätte er bis jetzt immer vollbusige Frauen bevorzugt, wovon bei ihr ja wohl beim besten Willen nicht die Rede sein könne. Sie solle sich schon jetzt seelisch darauf vorbereiten, daß der Sohn es wohl kaum lange bei ihr aushalten werde, er sei schließlich Besseres gewöhnt.

die endgültige Hingabe des anderen zu ringen, die dieser ihm letztlich immer vorenthalten wird.
Eine häufig gespielte Variante ist hier eine nicht bewältigte Liebesbeziehung des Partners. Man geht die Verbindung mit dem Nativen ein, um den anderen zu vergessen, ohne daß dies gelingt. Der Native nimmt im Herzen des Partners immer nur Platz zwei ein, der Kampf um wirkliche Liebe scheitert oder kann erst über sehr lange Zeiträume hinweg gewonnen werden. Die Problematik wird fast nie offen ausgesprochen, vielmehr agiert man auf Nebenkriegsschauplätzen: Man sucht den anderen zu kontrollieren, seinen Freiheitsdrang einzuschränken; die sich hieraus ergebenden Konsequenzen werden unter Punkt »5. Die Disziplinierung des Partners« beschrieben.
In weniger dramatischen Fällen wählt man sich Partner, die von der persönlichen Umgebung einhellig als »ungeeignet« beurteilt werden (auch wenn dies nicht offen ausgesprochen wird). Hierbei wird die Ablehnung des Freundeskreises fast schon zu einem »Gütesiegel«. Je kritischer die Einstellung der anderen, um so mehr wird der Partner geschätzt, um so eher wird die Beziehung verbindlich.
Die harmloseste Entsprechung der Widerstandsorientierung ist der Zauderer, welcher sich in Selbstzweifeln zerfleischt, ob er sich endgültig auf den anderen einlassen soll, oder ob er nicht schon zu weit gegangen ist. Kommt nach einer Phase geduldigen Wartens Druck von außen, kann eine Entscheidung meist sehr schnell herbeigeführt werden, die sich dann auch als stabil erweist.

2. *Die Abwehr*

Hier handelt es sich in mancher Hinsicht um die scheinbare Umkehrung der vorigen Entsprechung. Der Native nimmt die Rolle des Unnahbaren ein, man ist kühl und zurückhaltend. Unsicherheit im persönlichen (partnerschaftlichen) Umgang wird mit Ironie und Sarkasmus oder einfach mit Schweigen überspielt. »Ursächlich« sind hier oft schmerzliche Erfahrun-

gen. Man ist ernüchtert und möchte niemandem mehr die Möglichkeit geben zu verletzen. So wird eher der Partner das Opfer bissiger Bemerkungen und wohlgezielter Tiefschläge, als daß man ihn dem eigenen labilen seelischen Gleichgewicht gefährlich werden läßt.
Wie so oft in derartigen Konstellationen kommt es auch hier zur kompensierenden Hinhaltetaktik, die in der Kunst besteht, den Partner auf angemessene Distanz zu halten, ohne ihn endgültig zu vergraulen. Die Sehnsucht nach wirklicher Nähe wird entweder hinter die Fassade einer aufgesetzten Härte gedrängt, oder man flüchtet sich in streng verschwiegene Wunschträume, in denen der reale Partner keinen Platz hat: Die Angst, verletzt zu werden, ist so groß, daß ihrer Besänftigung sogar die mögliche Befriedigung essentieller Bedürfnisse geopfert wird. Lieber verzichtet man auf die Durchsetzung instinktiver Interessen, als daß man (noch einmal) das Risiko einer möglichen Enttäuschung in Kauf nehmen würde, wobei die angelegte Verzichtposition die Entscheidung erleichtert. Wird diese Haltung konsequent beibehalten, so verbittert man mit zunehmendem Alter, das Glück anderer kann angesichts der eigenen Enttäuschung nicht mehr ertragen werden, man wird neidisch bis hin zur Boshaftigkeit.
Bei weniger radikaler Ausprägung sucht man die Kompensation im Leiden. Man ist ein Pflegefall, der besonderer Zuwendung seitens des Partners sowie der eventuellen Kinder bedarf. So wird über den legitimen Anspruch auf Unterstützung und Hilfe dem Bedürfnis nach Selbstwichtigkeit eine Ersatzbefriedigung verschafft.

3. Die inflexible Eigenständigkeit

Da die Nativen früh gelernt haben, allein zurechtzukommen, viele zudem einen Ausgleich für die Kontakthemmung in Arbeit und Beruf fanden, ergibt sich oft eine mangelnde Beweglichkeit in der Partnerschaft. Eigene Vorstellungen sowie das Festhalten an Erreichtem und/oder für richtig Befundenem

sind zu ausgeprägt, um viel Spielraum für Kompromisse zu lassen.
Häufig nimmt die Karriere einen derartigen Stellenwert im Leben ein, daß Schwierigkeiten im zwischenmenschlichen Bereich nicht ausbleiben können.
Häufig kommt es erst im relativ fortgeschrittenen Alter (nach der ersten Saturnrevolution, dem 29. Lebensjahr) zu verbindlichen und tragfähigen Beziehungen. Auch diese setzen selbstverständlich Abstriche bei den eigenen hochfliegenden und vor allem arbeitsintensiven Plänen voraus.
Gelegentlich gibt man jedoch, im Sinne der Abwehr, den Versuch, eine befriedigende Partnerschaft aufzubauen, endgültig auf. Man hat Zweckbeziehungen, Erfüllung findet man in seiner Arbeit.
Auch wenn diese Konsequenz vermieden wird, so sind die immensen Schwierigkeiten, sich (insbesondere am Anfang einer Beziehung) zusammenzuraufen, unübersehbar.

4. Der rigide Partner

Bei dieser Entsprechung wählt man Beziehungsformen, in denen der Partner die Disziplinierung der Eigenart übernimmt. Der freie Selbstausdruck wird eingeschränkt, reglementiert. Der Partner macht Vorschriften, wann man zu Hause zu sein hat, mit wem man Kontakte pflegen darf und mit wem nicht, wie man sich zu kleiden hat etc. Meist besitzt der Partner wesentlich konservativere Vorstellungen. So kommt es zu ständigen Konflikten, in denen der Native gegen Übergriffe rebelliert.
In psychologischer Hinsicht wird durch die Maßregelung des anderen die (aggressive) Freisetzung instinktiver Bedürfnisse möglich, d. h., je mehr der Partner einengt, um so konsequenter setzt sich der Native über diese Einschränkungen hinweg.
Kommen allerdings weitere durchsetzungsschwächende Konstellationen hinzu (Ma/Ne, So/Ne, So/Me), so besteht die

deutliche Gefahr, daß man sich den Übergriffen fügt, um den anderen nicht zu verlieren.
In abgemilderter Form zeigt sich diese Analogie in der bei Frauen häufig zu beobachtenden Präferenz für ältere Partner (mehr als zehn Jahre). Hier ersetzt die väterliche Autorität das Rigide. Auffällig ist dabei eine seltsame (und inhaltlich widersinnige) Verknüpfung von Sicherheitsbedürfnis und Erotik*.

5. *Die Disziplinierung des Partners*

Diese Analogie umschreibt das Gegenstück der letzten Entsprechung: Man erleidet nicht die Maßregelung durch den Partner, sondern ist selbst derjenige, der die strengen Spielregeln festlegt**.
Aus psychologischer Sicht ist hier wiederum der Mangel an Eigenliebe verantwortlich. Man hält sich letztlich nicht für liebenswert, traut sich nicht zu, »nur« durch die eigene Persönlichkeit den Partner halten zu können. So ist der Ersatz für (vermeintlich) fehlende Liebe Macht. Man trachtet danach, den anderen zu beherrschen, um sich seiner Treue sicher zu sein.
Weiterhin spielt die bereits beschriebene Angst vor Verletzung eine Rolle: Man tritt lieber, als daß man getreten wird.

* Am deutlichsten tritt dieses Prinzip bei Frauen zutage, die ihre eigenen Lehrer geheiratet haben: Kompetenz und Autorität wird erotisiert, das Selbstwertgefühl damit zwangsläufig klein gehalten, die Möglichkeit echter Partnerschaft inhaltlich ausgeschlossen.
** Es ist offensichtlich, daß die dominanten, Stärke vortäuschenden Entsprechungen eher dem männlichen, die erleidenden, aufopfernden Analogien hingegen eher dem weiblichen Geschlecht zuzuordnen sind.
Dies läßt sich zum einen soziologisch, im Sinne der seit Jahrtausenden praktizierten (und dementsprechend verinnerlichten) Geschlechtsrollenaufteilung, zum anderen auch astrologisch begründen: Sowohl Mars als auch Saturn sind männliche Planeten (bez. Sa gehen die Meinungen der astrologischen Literatur auseinander; wir beziehen uns hier ausschließlich auf das kybernetische Modell), dementsprechend finden sie ihre aktive konkrete Verwirklichung, was den Partnerschaftsbereich angeht, eher in männlichen Personen (für Venuskonstellationen gilt das Entsprechende).

So wird die Partnerschaft zu einer über weite Strecken absurden Demonstration (angeblicher) emotionaler Unabhängigkeit, nach dem Motto »du kannst jederzeit gehen«. Es ist nur folgerichtig, daß Native, die diese Verwirklichungsform wählen, Trennungen und Zurücksetzungen wesentlich schlechter verkraften als der Partner.

Sexualität

Die Blockierung der Eigenart äußert sich im Sexualbereich in der Schwierigkeit, Triebhaftes zuzulassen und auszuleben. Man handelt nicht den eigenen Bedürfnissen und Anlagen gemäß, sondern man bedarf der Begrenzung und der Legitimation, d. h., es müssen Spielregeln gegeben sein, die genau definieren, was in welchem Rahmen zulässig ist. So entsteht in unklaren Situationen, wie z. B. im Anfangsstadium neuer Beziehungen, massive Unsicherheit. Diese kann nur durch die Flucht nach vorn bewältigt werden, indem man »klare Verhältnisse« schafft, gegenseitige Bedürfnisse und Ansprüche ausdiskutiert.
Hier ist die Gefahr, echte Erotik zu zerreden, natürlich sehr groß. Auf der anderen Seite besteht jedoch nur die Möglichkeit des Zögerns und des Rückzugs, der Triebverzicht (bis hin zur psychosomatischen Impotenz und Frigidität) wird zum Schutzverhalten.
Grundsätzlich ist das physische Bedürfnis nach Sexualität deutlich reduziert (falls keine gegenteiligen Konstellationen vorliegen). Die Produktion von Geschlechtshormonen ist gedrosselt (Bezug erster Quadrant), es kommt zu einem Abbau von »Triebüberschüssen« durch intensive sportliche Betätigung (Ausdauersportarten; Bezug zweiter Quadrant).
Folgende konkrete Entsprechungen können unterschieden werden:

1. Der Puritanismus
2. Die »Überpeitschung«
3. Das sexuelle Leistungsdenken

1. Der Puritanismus

Dies ist (zumindest bei Frauen) die mit Abstand häufigste Entsprechung. Die Blockierung der Eigenart äußert sich hier in Form einer oft moralisierenden Körperfeindlichkeit. Sym-

ptomatisch ist dabei Aversion bis Ekel vor Körpergeruch, Schweiß etc.*.
So ist der Wunsch nach Sexualität mit der (unbewußten) Angst, sich zu beschmutzen, verbunden. Diese wiederum ist in letzter Konsequenz zurückzuführen auf das Grundgefühl, durch das Ausleben der Eigenart schuldig zu werden. Hinzu kommt die Angst, durch das Ausagieren von Begierde an Würde und Selbstkontrolle zu verlieren und somit verwundbarer zu werden. So nimmt man lieber eine wenig befriedigende Sexualität in Kauf. Die Reduzierung von Sexualität auf ein Minimum wird dabei (wenn sie »legitimiert« ist) oft eher als Befreiung von einer lästigen Pflichtübung, denn als Opferung eines elementaren Grundbedürfnisses empfunden.

2. *Die »Überpeitschung«*

Diese Analogie entspricht gleichzeitiger Mars- und Saturndominanz: Das an sich intensive (zumindest »normale«) Triebniveau ist blockiert, an seiner Freisetzung gehindert, eine Sublimierung nur eingeschränkt möglich bzw. erwünscht. »Ursache« ist hier eine lustfeindliche, verklemmte, häufig religiös verbrämte Sexualerziehung: Sie behält ihre Kontrollfunktion im Über-Ich noch lange nach ihrer bewußten Überwindung bei. Sobald man entspannt ist und losläßt, kommt es zur unwillkürlichen »Vollbremsung«. Die gesamte Erregung ist wie weggeblasen. Wenn sich dieser Vorgang mehrere Male wiederholt hat, wird das Streben nach Befriedigung zu einem quälenden Vorgang: je stärker die Erregung, um so gewisser und radikaler die folgende Blockierung.
Es kommt zur »Überpeitschung«. Die Erregung wird in einem solchen Maße übersteigert, daß die Befriedigung erzwungen wird. Dies geschieht vornehmlich mit Praktiken aus dem sadomasochistischen Bereich: Fessel- und Erziehungsspiele, kör-

* Der Drang zu einer »keimfreien« Sexualität äußert sich bei vielen Nativen in der zwanghaften Angewohnheit, unmittelbar vor und nach dem Geschlechtsverkehr zu duschen (zus. Ve/Me).

perliche Züchtigung und exzessive (auch verbale) Vulgarität führen zum einen zu einer Reizsteigerung, indem der Schmerz der sexuellen Erregung dienstbar gemacht wird; zum anderen wird dem Saturnprinzip (im Sinne von Reglementierung, Züchtigung und Einschränkung) auf der körperlichen Ebene Genüge getan, so daß die psychische Blockade entfallen kann. Dies gelingt in aller Regel jedoch nur eingeschränkt. Zwar kommt es zu einer gesteigerten Orgasmusfähigkeit, die jedoch mit einer flachen Erlebnisintensität einhergeht, so daß wirkliche Befriedigung ausbleibt, die dann meist durch physische Erschöpfung und/oder gesteigerte sexuelle Betätigung kompensiert wird.
In stark abgemilderter Form zeigt sich diese Disposition in der Präferenz für deutlich ältere Sexualpartner.

3. Das sexuelle Leistungsdenken

Bei dieser vornehmlich für Männer maßgeblichen Entsprechung geht es um das »Don-Juan-Syndrom«: Die Unfähigkeit, individuelle Befriedigung zuzulassen, wird in der (versuchten) Übererfüllung sexueller Leistungsnormen kompensiert. Dies kann sich in dem Zwang äußern, den Partner unbedingt befriedigen zu müssen, da man sonst »versagt« hat.
Folgerichtig ergeben sich vorzugsweise Kontakte zu Partnern mit deutlich eingeschränkter Orgasmusfähigkeit, so daß die Sexualität zur deprimierenden Anstrengung wird, in der die eigene Lust kaum noch eine Rolle spielt.
Ähnliches gilt für zwanghaftes Eroberungsverhalten, bei dem man möglichst mehrmals wöchentlich den Partner wechselt. Auch hier soll lediglich die eigene Leistungsfähigkeit und damit das Selbstwertgefühl bestätigt werden.

WEIBL. NATIVITÄT

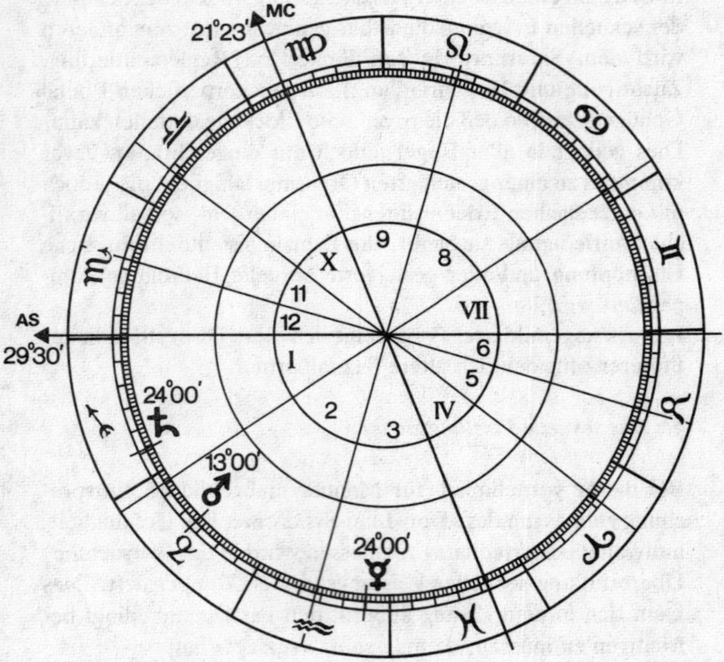

Planeten			Häuser			
☿	24°00'	♒	AS	=	29°30	♏
♂	13°00'	♑	MC	=	21°23	♍
♄	24°00'	♐				

Beispielhoroskop: Weibliche Nativität

Venuskonstellationen
Ve/Me (Ds Zeichenübergang Stier/Zwilling)
Ve/Me (Merkur in 3)
Ve/Ma (Mars in 2)

Marskonstellationen
Ma/Sa (Saturn in 1)
Ve/Ma (Saturn als Herrscher von 2 in 1)

Für das Begegnungsverhalten sind die Venus/Merkur-Verbindungen maßgeblich, während im Sexuellen die Ma/Sa-Entsprechungen dominieren.
Die Native pflegte über Jahre hinweg relativ unverbindliche Mehrfachbeziehungen, um der emotionalen Abhängigkeit von einem Partner zu entgehen (Ve/Me).
Gleichzeitig bestand die Unfähigkeit, eigene Bedürfnisse, insbesondere aber Konflikte offen auszusprechen; es galt, die schöne Fassade und die Scheinharmonie (Ve/Me) aufrechtzuerhalten.
In der Sexualität ergaben sich Orgasmusstörungen, die jedoch durch masochistische, »englische« Praktiken (primär Stockschläge) »überpeitscht« werden konnten (Ma/Sa).
Als zusätzliche Kompensation bestanden sexuelle Kontakte vornehmlich zu wesentlich älteren Männern (Ma/Sa).

Mars/Uranus

Bekannte Persönlichkeiten / wichtige Ereignisse

Mars in 11

Jean Paul Sartre, Philosoph; Paul Gauguin, Maler; Ingrid van Bergen, Schauspielerin; Rudi Carrell, Showmaster; Gustav Scholz, Boxer; Honore de Balzac, Autor; C. G. Jung, Psychoanalytiker; E. T. A. Hoffmann, Autor; Jack London, Autor; Ferdinand von Habsburg; König Ludwig II.; Franz Schubert, Komponist; Paul Cezanne, Maler; Franz Grillparzer, Autor; Thomas A. Edison, Erfinder; Ingrid Bergman, Schauspielerin; Robert de Niro; Schauspieler; Manuel de Falla, Komponist; Peter Fonda, Schauspieler; Bruce Lee, Schauspieler; John Lennon, Musiker; Burt Reynolds, Schauspieler; Max Schmeling, Boxer; Peter Ustinov, Schauspieler; Orson Welles, Regisseur und Schauspieler; Alice Cooper, Musiker; Sigmund Freud, Psychoanalytiker

Uranus in 1

Untergang der Titanic; Aleister Crowley, Magier; Luise Rinser, Autorin; Kronprinz Rudolf, österreichischer Thronfolger; Dietmar Schönherr, Schauspieler; Ernst Röhm, Nationalsozialist; Walter Mondale, Politiker; Pierre A. Renoir, Maler; Nikola Tesla, Physiker; Edgar Degas, Maler

Mars/Uranus

Diese Konstellation entspricht: Mars in 11, Uranus in 1, Mars/Uranus-Konjunktion, Mars/Uranus-Opposition, Mars/Uranus-Quadrat, Mars/Uranus-Spiegelpunkt, As = Ma/Ur, Mc = Ma/Ur, Mars auf 14° Zwillinge, Mars auf 14° Schütze, Uranus auf 20° Stier, Uranus auf 20° Skorpion.
Mars/Uranus-Verbindungen repräsentieren die ausgekuppelte Aggression, die von konkreter Bezüglichkeit losgelöste Selbstdurchsetzung, die Unabhängigkeit von Folgerichtigkeiten im Handeln sowie die aus der Tradition der Sippe herausmutierende Anlage (Ur in 1). Wesentliches Kriterium ist hier die Beißhemmung, d.h. die Schwierigkeit, eigene Interessen gegen konkreten Widerstand durchzusetzen. Im Gegensatz zu Mars/Saturn-Verbindungen, welche Blockierung und Begrenzung benötigen, um die Freisetzung von Eigeninitiative zu ermöglichen, wird bei Mars/Uranus-Konstellationen die Existenz von Unvereinbarem verleugnet und die Weigerung, instinktive Interessen durchzusetzen bzw. zu verteidigen, intellektuell gerechtfertigt. Die Aggression wird vom Auslöser abgekoppelt und somit zur frei fluktuierenden Energie, um sich unerwartet und *unberechenbar explosionsartig* zu entladen. Je nach Entwicklungsniveau und Verwirklichungsebene kommt es dann zu Übersprungshandlungen und Übergriffen, wobei die in der astrologischen Literatur schon sprichwörtlichen Unfälle und Operationen nur zwei einer Vielzahl möglicher Auslösungen darstellen.

Analogien der vier Verwirklichungsebenen

Materielle Ebene

Unfälle, Operation, Ballettänzer, Hochsprung, Fallschirmspringer, Sprengung (auch Sa/Ur), Wirbelsäule, Reizleitung im vegetativen Nervensystem, Reflexe (Me/Ma), Schießpulver, brennbare Materialien, Kampfhubschrauber, Präzisionswerkzeuge, plötzlicher Druckabfall, chirurgische Instrumente, Rasiermesser, Edelstahl, Elektrogeräte, Hochleistungstransformatoren (Ur/Pl), elektronische Kriegführung, Kampfsimulation, Schmiermittel, Elektroschweißen, Aquaplaning, elektrostatische Aufladung, Stromschlag, Donner, Wetterleuchten, Nordlichter, elektromagnetische Felder (auch: Ur/Pl), »Ruhe vor dem Sturm«, Wirbelsturm, Windhose, Taifun, Orkan, Winkeladvokat, Explosion, Vulkanausbruch, Sieb, Phantomschmerzen, Wehen, Arbeitsrhythmus, Arbeit im Elektronik- und Computerbereich, Saisonarbeiter, Bluterguß, Kanüle, Zerstäuber, Stich, Schädeltrauma, Fernsteuerung, Funken, Maschinenschaden, Explosionsmotor, Schrei, Seiltanz, Schußverletzung.

Vitale Ebene

Ausgekoppelte Aggression (Boxen), Hypermotorik, Unruhe, Nervosität, Muskeltremor, Krämpfe, Migräne, Neuritiden, Tics (Ma/Pl), Muskel- und Bänderrisse, unangepaßt, exzentrisch, »Beißhemmung«, Katalepsie, Bandscheibenschäden, Malaria, Epilepsie (auch Me/Ur, Mo/Ur), Absencen, Spasmen, Koordinationsschwierigkeiten, unangemessener Krafteinsatz, unangebrachte Aktivität, außergewöhnliche Energie, periodischer Krafteinsatz, widerspruchsvoll, eigenartig, unerwartete Durchsetzungsfähigkeit, Übererregung, Kollaps, Überforderung, Streß, Störungen in der Blutgerinnung, Herzrhythmusstörungen, Kontraktion, Kolik, Gallenkolik, ziellose Aggression, cholerische Anfälle, ungebändigte Wut, Querschnittslähmung, Ungeduld, impulsiv, unberechenbar, Puls, Schluckauf, Thyroxin (Schilddrüsenhormon), jähzornig, übereilt, übertrieben, reflexhaft, reaktionsschnell

Mentale Ebene

Konzentrationsschwäche, Widerspruchsneigung, Konfrontationsangst, Ironie, Sarkasmus, Arroganz, Angriffshemmung, mangelnde Folgerichtigkeit, Flucht in die Überlegenheit, eigenartige Ansichten, unehrlich, feige, indirekt, kreatives Denken, schizoide Symptomatik, analytisches Denken, Transferdenken, Gedankensprünge.

Transpersonale Ebene

Ungelebte Auflehnung gegen den Vater, Unvereinbarkeit mit dem Vater, plötzliche Gewaltfreisetzung, Unangreifbarkeit des Vaters, Explosion, Unfall, Schicksalsschlag, Nervenzusammenbruch, Kontrollverlust.

Kindheit und Elternbezug

Folgende konkrete Entsprechungen sind nachweisbar:

1. Sauerstoffmangel während des Geburtsvorganges
2. Die Mittlerposition (Uranus in 1)
3. Der unangreifbare Vater
4. Konfliktvermeidung der Eltern

1. Sauerstoffmangel während des Geburtsvorganges

Signifikant häufig kommt es während der Geburt zu Phasen von Sauerstoffentzug; dies gilt vor allem für As = Ma/Ur sowie für Mundanquadrate vom zweiten zum dritten Quadranten. Drei Möglichkeiten können auslösend sein: die um den Hals geschlungene Nabelschnur; zu frühes Platzen der Fruchtblase (Trockengeburt); verzögertes Einsetzen der selbständigen Atmung.

a) Die um den Hals geschlungene Nabelschnur

Sie ist für das Erlebnis des konkreten Sauerstoffmangels nur von untergeordneter Bedeutung, enthält jedoch starken Symbolcharakter. Die Mutter befand sich während der Schwangerschaft in einer Situation, in der sie sich außerstande sah, ihre Interessen durchzusetzen; sie erlebte sich als zur Fügsamkeit gezwungen. Dies zeigt sich häufig in (unbewußten) Trennungswünschen*, denen sie jedoch nicht nachgibt, da es ja nun bereits »zu spät« ist. Oft erst nach Jahrzehnten ist man fähig, dies sich und den eigenen Kindern einzugestehen. Eine Standardformulierung ist dann: »Wenn ich vorher gewußt hätte, daß dein Vater...«
Diese Situation spiegelt sich in erhöhter nervlicher Anspan-

* Im Gegensatz zu Ma/Sa-Verbindungen wird hier nicht eine inhaltlich bereits aufgelöste Beziehung wieder oberflächlich gekittet, vielmehr löst die Schwangerschaft selbst den Trennungswunsch aus.

nung und starken Stimmungsschwankungen der Mutter wider, welche sich wiederum auf das Ungeborene übertragen. Das Kind ist außergewöhnlich unruhig im Mutterleib, es strampelt und wechselt die Lage ständig. Die sich hierbei um den Hals schlingende Nabelschnur ist konkreter Ausdruck der seelischen Ungeborgenheit. Das Kind ist ungeschützt, erlebt sich als bedroht und gefährdet. Gleichzeitig erhebt es mit seiner Körperlichkeit Anklage: Es weiß, daß es ungeliebt und ungewollt ist. Die Mutter ist mit ihrer eigenen Problematik viel zu sehr beschäftigt, um »Platz« für das Kind zu haben. Kommen weitere Marsverletzungen hinzu, so kann von eindeutiger Ablehnung ausgegangen werden.

b) Die Trockengeburt

Diese Entsprechung gilt strenggenommen für alle Ereignisse die eine Fehlkoordination während des Geburtsvorganges repräsentieren. Hierzu gehören das Übertragen, zu lang andauernde Preßwehen, die Trockengeburt etc. All diesen Analogien gemeinsam ist ein durch Störungen im Geburtsverlauf bedingter Sauerstoffmangel beim Nativen. Dies geschieht entweder durch ein Abklemmen der Nabelschnur (verlängerte Preßwehen, Steckenbleiben im Geburtskanal) oder den verfrühten Versuch des Säuglings, selbständig zu atmen. Im Extremfall (Mo/Pl, Mo/Sa) erfolgt der erste Schrei bereits im Mutterleib, so daß es hier zu akuter Erstickungsgefahr kommt*.

c) Verzögertes Einsetzen selbständiger Atmung

Hier ergibt sich der Sauerstoffmangel durch den erschwerten Übergang von der körperlichen Versorgung durch die Mutter

* Wenn derartige Ereignisse um den Geburtsvorgang bekannt sind, kann immer von einer deutlich zu korrigierenden Geburtszeit ausgegangen werden: Als Geburtsaugenblick hat der (versuchte) erste Atemzug zu gelten, selbst wenn dieser bereits im Mutterleib erfolgte.

(und über die Nabelschnur) zur selbständigen Atmung. Der Kreislauf »springt nicht an«. Das Kind verweigert den ersten Atemzug. Im Extremfall (zus. Me/Sa) sind die Bronchien durch Schleim verstopft; der Kreislauf muß künstlich aktiviert werden, das Kind kommt unter das Sauerstoffzelt.
Selbst wenn der Sauerstoffmangel während des Geburtsvorganges nur geringfügig ist und deshalb unbemerkt bleibt oder vergessen wird, so sind die sich hieraus ergebenden Konsequenzen doch eindeutig. Das Kind ist außergewöhnlich blaß, die Fähigkeit des arteriellen Blutes, Sauerstoff zu binden, ist eingeschränkt*. Es ergeben sich Störungen in der physischen Koordinationsfähigkeit, bei gleichzeitiger Hypermotorik, bis hin zu deutlichen Verhaltensstörungen. Das Kind ist autoaggressiv, es verletzt sich bei seinen häufigen Wutanfällen selbst (im Extremfall: mit dem Kopf gegen die Wand schlagen). Es ist unruhig, unzuverlässig und unberechenbar bei gleichzeitigen, massiven Konzentrationsstörungen. Diese zeigen sich in Form von extremer Ablenkbarkeit, das Kind kann keine fünf Minuten bei einer Sache bleiben. Im sozialen Umgang verhält es sich bemerkenswert unangepaßt, es ist weder durch gutes Zureden noch durch Strafe besonders zu beeinflussen**.

2. *Die Mittlerposition (insbesondere Ur in 1)*

Hier handelt es sich um den bei vielen Uranuskonstellationen zu beobachtenden Katalysatoreffekt: Widersprüche und

* Bei zusätzlicher Belastung des zweiten Quadranten (So/Ur; Ve/Ur; Me/Ur) bei gleichzeitigem Bezug zum ersten Haus ist eine deutliche Disposition zu Herzrhythmusstörungen, insbesondere jedoch zu Herzklappenfehlern und nicht geschlossener Herzwand (Vermischung von venösem mit arteriellem Blut) gegeben.
** Hierbei ist zu bemerken, daß diese konkreten, unangepaßten, auffälligen Verhaltensweisen durch Ve/Me-Verbindungen nahezu vollständig überlagert werden können: Das Kind ist überangepaßt und brav, die Neigung zu autoaggressivem Verhalten zeigt sich in subtileren Formen und spielt sich zudem nur im »stillen Kämmerlein« ab, bleibt somit von der Umgebung unbeachtet.

Spannungen innerhalb der Familie sollen durch den Nativen abgefangen und neutralisiert werden. Das Kind wird in einer Umbruchphase gezeugt und geboren, in der Widersprüchliches und Unbewältigtes an die Oberfläche drängt, ohne jedoch zugelassen werden zu können. Formal zeigt sich dies vielfach in Orts- und/oder Berufswechseln des Vaters, die bisherige Lebenssituation der Eltern verändert sich grundlegend und dies in einem Sinne, der den Interessen der Mutter grundlegend zuwiderläuft.

In der späteren Entwicklung ist es die explizite oder unausgesprochene Aufgabe des Kindes, zwischen den Fronten (d. h. meist zwischen Eltern und Geschwistern) zu vermitteln. Eigendynamik ist hier unerwünscht, der Native dient lediglich als Puffer zwischen den Blöcken. Aggressionen dürfen nicht mehr zugelassen werden, da sie subjektiven und damit parteiischen Charakter haben. Als Sublimation bietet sich die (intellektuelle) Überlegenheit an: Viele Native (insbesondere Frauen) sind in der Schule außergewöhnlich gute und/oder fleißige Schüler. Die Rolle des Vermittlers zwischen den Fronten zeigt sich auch darin, daß die Betreffenden häufig zu Klassen- oder Schulsprechern gewählt werden.

Die sublimierte Aggression zeigt sich in Form von (gelegentlichen) Sprachstörungen (vor allem Lispeln, auch Stottern), die vor allem in Situationen emotionaler Erregung auftreten.

3. *Der unangreifbare Vater*

Bei dieser Entsprechung gibt es zwei entscheidende Kriterien: Zum einen entfällt der Vater (bzw. eine gleichwertige männliche Bezugsperson) als Diskussionspartner und Gegner, mit dem eine fruchtbare Auseinandersetzung möglich ist, zum anderen besitzt der Vater keine reale Vorbildfunktion.

Es ergeben sich folgende konkreten Entsprechungen:

a) Die Abwesenheit des Vaters
b) Durchsetzungsschwäche des Vaters

c) Uneheliche Geburt
d) Der tabuisierte Vater
e) Der »fremde« Vater

a) Die Abwesenheit des Vaters

Der Vater nimmt am Leben seiner Familie (und insbesondere dem seines Kindes) nur äußerst eingeschränkt teil. Dies gilt besonders für die Zeit zwischen dem vierten und siebten sowie dem zwölften und sechzehnten Lebensjahr. Grund hierfür sind meist – zumindest vordergründig – berufliche Verpflichtungen, etwa wenn der Vater häufig reisen, viele Überstunden machen oder weiter weg von zu Hause arbeiten muß.

b) Die Durchsetzungsschwäche des Vaters

Hier kommt es (insbesondere in den oben genannten Zeiträumen) zu desillusionierenden Erfahrungen mit dem Vater. Der Vater versagt in Situationen, in denen er seine Autorität und Stärke unter Beweis stellen sollte. Dies ist z. B. dann der Fall, wenn das Kind miterlebt, wie er Erniedrigungen, etwa in Form von Beschimpfungen und Beleidigungen, über sich ergehen läßt, ohne sich angemessen zu wehren. Der Native erfährt, daß sein Vater schwach ist, keine bewundernswerte Autorität, sondern ein »Schwächling« und »Feigling«, dessen man sich »schämen« muß.

c) Die uneheliche Geburt

Diese Entsprechung gilt nicht nur für unehelich Geborene, sondern für alle Nativen, die ohne echte Vaterfigur aufwachsen.

d) Der tabuisierte Vater

Hier steht der Vater »außer Diskussion«, er darf nicht kritisiert werden. Dies ist vor allem dann der Fall, wenn dieser auf irgendeine Weise gebrechlich ist. Genauso häufig spielt der Vater eine Sonderrolle, er lebt zurückgezogen, nimmt am normalen Familienleben nicht teil. Besonders häufig ergibt sich diese Entsprechung bei symbiotischen Beziehungen der Eltern: Die Mutter spielt die Rolle des unterlegenen Kindes, der Vater hingegen die der unangreifbaren Autorität. Diese Position darf nicht in Frage gestellt werden.

e) Der »fremde« Vater

Diese Entsprechung ergibt sich vor allem bei männlichen Nativen. Zwischen Vater und Sohn bestehen unüberbrückbare Gegensätze, die eine Verständigung sowie das Gefühl von emotionaler Vertrautheit ausschließen.
All diesen Entsprechungen ist gemeinsam, daß der Native nicht die Möglichkeit hatte, männliche Persönlichkeitsanteile (z. B. Selbstvertrauen, Durchsetzungsfähigkeit, Aggressivität, Dominanz, Stärke etc.) am lebenden »Modell« zu lernen. Der Vater entfiel sowohl als emotionale Stütze, die das Gefühl von Autorität (im Sinne von schützender Überlegenheit) vermittelt, als auch als »Gegner«, an dem man sich sinnvoll messen kann. Wenn es dennoch zu Auseinandersetzungen zwischen dem Nativen und dem Vater kam, so wird es sich hier nahezu ausschließlich um »Scharmützel auf Nebenkriegsschauplätzen« handeln, die zu einer Klärung wirklicher Konflikte nichts beitragen, sondern vielmehr eben diese verhindern sollen. Kommen So/Ne-Verbindungen hinzu, so handelt es sich um eine eklatante Fremdheit dem eigenen Vater gegenüber, die so weit geht, daß man, obwohl man zwei Jahrzehnte und mehr mit ihm zusammenlebte, nahezu nichts von ihm und über ihn weiß. Dieses schwache Vaterbild ist eine der Ursachen für die im folgenden Kapitel zu beschreibenden labilen Persönlichkeitszüge.

Allgemeine Charakterstruktur

Während Mars dem unreflektierten, durch keinerlei rationale Überlegungen eingeschränkten instinktiven Selbstausdruck entspricht, symbolisiert Uranus die Entfernung vom Konkreten, die Distanz zum Realen.
Ein wesentliches Charakteristikum der allgemeinen Charakterstruktur ist deshalb die Schwierigkeit, Provozierendes, Herausforderndes zu benennen und sich ihm angemessen zu stellen.
Folgende Entsprechungen können unterschieden werden:

1. Inadäquate Körperabwehr
2. Flucht in die »Überlegenheit«
3. Chronische Selbstüberforderung
4. Symptomatische Konzentrationsschwäche

1. Inadäquate Körperabwehr

Diese Entsprechung ergibt sich vornehmlich bei Bezug zum ersten und zweiten Quadranten. Die Bildung von Erythrozyten und Leukozyten (weiße und rote Blutkörperchen) ist an die Bedingungen der Umwelt unzureichend angepaßt. Insbesondere in Phasen erhöhter körperlicher Belastung (Streß) ist der Anteil an Leukozyten (im geringeren Maße auch der von Erythrozyten) deutlich reduziert, es kommt zu einer erhöhten Infektionsneigung, der Native fühlt sich permanent erschöpft. Damit einher geht meist ein bedenklich erhöhter Cholesterinspiegel. Die Fähigkeit der Erythrozyten, Sauerstoff zu binden, ist reduziert, als Konsequenz ergibt sich u. a. deutliche Blässe (Anämie).
Bei Dauerbelastungen kommt es signifikant häufig zu ausgeprägter Kreislaufschwäche, der Blutdruck sackt plötzlich und unerwartet ab, im Extremfall wird man ohnmächtig.

2. *Flucht in »Überlegenheit«*

Die Schwierigkeit, sich Auseinandersetzungen zu stellen und in Konflikten seine Position durchzusetzen, wird über die Rationalisierung ausgeglichen, d. h., die Spannung wird »entkörperlicht«, von der archaischen, instinktiven auf eine intellektuelle Ebene transportiert.
Folgende Strategien können unterschieden werden:

a) Konfliktverleugnung
b) Verschiebung
c) Unangreifbarkeit
d) Ironisierung

a) Konfliktverleugnung

Hier werden Spannungen im zwischenmenschlichen Umgang einfach dadurch »gelöst«, daß man sie ignoriert. Herausforderungen und Provokationen werden nicht zur Kenntnis genommen, der Angriff des anderen läuft ins Leere.
Dieses Verhaltensmuster hat den Vorteil, daß der eigene Standpunkt beibehalten werden kann, ohne daß er verteidigt oder gerechtfertigt werden müßte. Dies gilt zumindest so lange, wie der andere keinerlei Möglichkeit zum Übergriff hat. In diesem Fall allerdings kann eine derartige Vogel-Strauß-Politik verhängnisvoll werden*. Man verleugnet die Bedrohung so lange, bis eine Bewältigung nicht mehr möglich ist. So kommen Ma/Ur-Geborene weitaus häufiger in Zwangslagen, als dies den Umständen entsprechend nötig wäre**.

* So sind in nahezu allen Fällen von Vergewaltigungen, in denen das Opfer die Gefahr hätte voraussehen und abwenden können, Ma/Ur-Verbindungen beteiligt.

** Bei Ma/Ur-Bezug Haus 3 ergibt sich eine massiv gesteigerte Tendenz, in (Verkehrs-)Unfälle verwickelt zu werden. Bei Ma/Ur-Bezug Haus 4 und 10 kommt es zu Auseinandersetzungen mit Vermietern und Behörden, weil Fristen nicht eingehalten werden etc.

b) Verschiebung

Hier »schlägt man den Sack und meint den Esel«: Aggressionen, die man nicht wagt dem Verursacher zu zeigen, werden anderweitig abreagiert. Dies geschieht entweder gegenüber Schwächeren (Familienmitglieder, Untergebene) oder in Form einer »unspezifischen Triebabfuhr«: sportliche Aktivitäten bis zur Erschöpfung, Holzhacken etc.

c) Unangreifbarkeit

Diese Entsprechung zeigt sich in der Tendenz vieler Nativer, Berufe zu wählen, die Angriffe weitgehend ausschließen. Durch Fachkompetenz, die von Mitarbeitern und Untergebenen nicht in Frage gestellt werden kann, entzieht man sich jeglicher möglicher Kritik*. Ähnliches gilt für Selbständige, die größten Wert darauf legen, ihr »eigener Herr« zu sein, aus der (unbewußten) Angst heraus, sich mit Kritik auseinandersetzen zu müssen. Selbst wenn Berufe gewählt werden, in denen hierarchische Strukturen bestehen, sucht man mit allen zur Verfügung stehenden Mitteln, keine Angriffsfläche zu bieten, und nimmt dafür Nachteile (verzögerte bzw. ausbleibende Beförderung) in Kauf**.

* Eine bezeichnende Entsprechung ist natürlich der Arztberuf (hier vorzugsweise Neurologie und Psychiatrie). Der Klient ist meist außerstande, die objektive Befähigung des Arztes in Frage zu stellen, dieser befindet sich in einer situativ eklatant überlegenen Position (»Halbgott in Weiß«), konkrete Kritik findet nicht statt bzw. wird unterbunden.

** Bei starker Egodominanz (z. B. zusammen mit So/Ma) wird kaum die Tendenz zum Duckmäuser zu beobachten sein, im Gegenteil, die Nativen sind in der Organisation unbequeme Querulanten. Doch auch dies stellt eine Form von Unangreifbarkeit dar: Vorgebrachte Kritik, Beschwerden, Verbesserungsvorschläge etc. bewegen sich im Rahmen der eigenen Zuständigkeiten und Kompetenzen; sie sind »unpersönlicher« Natur, d. h. streng sachbezogen und sollen verhindern, daß man, nachdem alles schiefgelaufen ist, zum Sündenbock abgestempelt werden kann.

d) *Ironisierung*

Auch hier werden Konflikte und Aggressionen nicht offen ausgetragen, vielmehr kommt man durch die Hintertür. Ironische Anspielungen, sarkastische Spitzen und vielsagende Andeutungen treffen den Gegner, ohne daß man »verantwortlich« wäre. Viele Native beherrschen es meisterhaft, den anderen so lange zu reizen, bis sich dieser selbst ins Unrecht setzt, während man selbst Unschuld heuchelt (oder gar wirklich an sie glaubt).
All diesen Kompensationsformen ist die Angst vor körperlichen Auseinandersetzungen gemeinsam. Man fürchtet durch Widerspruch eine Schlägerei oder andere Formen konkreter Gewalt zu provozieren, denen man sich nicht gewachsen fühlt (Kompensation: der Berufsboxer). Es ergibt sich hier ein ähnliches Bild wie bei kleinen Kindern, die Tiere, ältere Kinder oder Erwachsene provozieren und ärgern, um bei der geringsten aggressiven Reaktion kreischend wegzurennen. Die Angst vor körperlicher Gewalt und die damit verbundene Furcht vor Unterlegenheit ist deshalb so bemerkenswert, weil ihr durchaus keine (offensichtliche) konkrete Erfahrung zugrunde liegen muß. Auslösend ist hier vielmehr das geschwächte Vaterbild, d. h. die fehlende Erfahrung, Auseinandersetzungen gewachsen zu sein, aus Konflikten siegreich hervorzugehen. So ergibt sich häufig ein ausgeprägtes Streben nach Anerkennung und Selbstbestätigung. Man möchte über andere triumphieren und sich dadurch seine »Lebensfähigkeit« beweisen. Das Erreichte wird dennoch, solange die zugrundeliegende Problematik nicht erkannt und bewältigt wurde, letztlich (in der Selbstbewertung) immer nur als Scheinerfolg angesehen werden.

3. *Die chronische Selbstüberforderung*

Hier besteht die Tendenz, die Grenzen subjektiver Belastungsfähigkeit permanent – bis hin zum physischen und psychischen Zusammenbruch – zu überschreiten. Gründe hierfür sind zum einen die anlagebedingte nervöse Unruhe, der Zwang, in Bewegung sein zu müssen, um nicht in Panik zu geraten. Beengungssituationen, die hier unbewußt assoziativ mit dem Sauerstoffmangel während der Geburt verbunden sind, haben häufig traumatischen Charakter. Enge Räume, Aufzüge, überfüllte Transportmittel etc. erregen zumindest ein leicht unbehagliches Gefühl*.

Ein weiterer Grund liegt im mangelnden Selbstwertgefühl bezüglich der persönlichen Leistungs- und Durchsetzungsfähigkeit. Wie im vorhergehenden Abschnitt bereits angedeutet, werden hier äußere Erfolge beständig bagatellisiert, was der Furcht entspricht, unter »richtigen« Bedingungen zu versagen. So verausgabt man sich im Erfolgsstreben, das die Angst, in einer wirklichen Auseinandersetzung zu versagen, immer nur kurzzeitig übertünchen kann**.

Drittes und wesentlichstes Kriterium ist schließlich die mangelnde Fähigkeit zu adäquater Selbstbewertung. Die eigene Durchsetzungsfähigkeit ist vom Subjektiven losgelöst, man spürt nicht mehr, was man »anrichtet«. Zusätzlich fehlt die innere Uhr, welche einem das Ausmaß momentaner Belastung und das Potential, diese zu bewältigen, angibt. Man dreht so lange auf, bis nichts mehr geht. Hierbei kommt es tatsächlich zum Zusammenbruch oder zur Explosion, fast ohne Warnsignale. Von einem Augenblick zum anderen sind die Reserven restlos erschöpft, es besteht keinerlei Belastungsfähigkeit mehr, man muß sich erst langsam wieder erholen.

* Bei gleichzeitiger (Me)/Pl-Dominanz ist eine deutliche Tendenz zu Phobien zu verzeichnen (insb. Klaustrophobie), zusätzliche Ve/Sa, Ma/Sa-Konstellationen hingegen scheinen den Grad der »Selbstkontrolle« massiv zu erhöhen, so daß es hier nur in ausgesprochenen Krisensituationen zu angstbesetzten neurotischen Reaktionsmustern kommt.

** In diese Analogiekette gehört das verbreitete Empfinden, aus einer »Familie von Versagern« zu stammen. Einerseits strebt man mit allen Mitteln danach, diesen Bann zu brechen, andererseits fürchtet man letztlich, doch keine Ausnahme darzustellen. Man muß es sich ständig beweisen.

Hierher gehören je nach Veranlagung neben einfachen Erschöpfungszuständen auch Migräneanfälle, Neuralgien, Kreislaufzusammenbrüche sowie Schlaganfälle (zusätzlich Ma/Pl).

4. Symptomatische Konzentrationsschwäche

Diese Form der Konzentrationsschwäche ist keineswegs anlagebedingt, sondern vielmehr die Folge entsprechender Verhaltensweisen: Ma/Ur-Geborene besitzen die fatale Eigenschaft, grundsätzlich mehrere Dinge gleichzeitig tun zu wollen, ein Unterfangen, das sehr schnell zu nervlicher Erschöpfung und Verwirrung führen muß. Schließlich erwirbt man sich die Unfähigkeit, länger als sehr kurze Zeit bei einer Aufgabe zu bleiben, man springt von einem Thema zum nächsten, wobei zwangsläufig viel vergessen und durcheinandergebracht wird. Das Ergebnis ist permanente nervliche Überreizung bei gleichzeitigem Gefühl der Erschöpfung. Je deutlicher diese Tendenz zutage tritt, desto sicherer kann davon ausgegangen werden, daß das Unbewußte hier Ablenkungsmanöver von der eigentlichen Problematik veranstaltet.

Partnerschaft

Ma/Ur-Verbindungen deuten im Partnerschaftsbereich auf eine unangepaßte, realitätsfremde, übereilte und überzogene Selbstdurchsetzung hin. Auch hier ist zwischen Mars- und Uranusdominanz zu unterscheiden. Bei Marsdominanz ist mit exzentrischem Verhalten zu rechnen, während Uranusdominanz auf eine Lähmung durch Übererregung hinweist.
In beiden Fällen sind jedoch allzu starke Reaktionen zu erwarten, welche das Zustandekommen einer harmonischen, den eigenen Wünschen und Anlagen entsprechenden Beziehung erheblich erschweren. Das größte Hindernis ist hierbei die kaum zu unterdrückende Tendenz, artifizielle, d. h. intellektuell verbrämte Anteile dem instinktiven Selbstausdruck beizumischen. Hiermit sind nicht die sozialen Beschränkungen und sittlich-ethisches kultiviertes Verhalten gemeint, sondern der Versuch, künstlich spontan oder gar enthemmt zu sein. Dies kann so weit gehen, daß Tränen- und Zornesausbrüche, Alkoholrausch, Versprecher und Tolpatschigkeiten sorgsam einstudiert werden.
Während Ma/Sa-Konstellationen darauf hindeuten, daß sich wesentliche Beziehungen nur sehr langsam entwickeln, ist es bei Ma/Ur-Verbindungen umgekehrt. Hier ergeben sich verbindliche Kontakte mehr unter dem Anschein des Zufälligen. Man gerät in eine Partnerschaft »wie die Jungfrau zum Kinde«. Dies kann nahezu als ein entscheidendes Kriterium für die Tragweite, die einer Verbindung zukommt, angesehen werden*.
Folgende Verwirklichungsformen können unterschieden werden:

* Die wichtigste Ausnahme sind Verbindungen zu dominant uranusbetonten Personen (vornehmlich So/Ur): Der Uranusanteil der Konstellation wird neutralisiert, das instinktive Verhalten wird von seiner Exzentrik »erlöst« und ist damit zu »normalen«, realitätsbezogenen Reaktionen fähig. Hier ergeben sich die harmonischsten und natürlichsten Verbindungen, zumindest, was den adäquaten Selbstausdruck angeht.

1. Der Aufschneider
2. Die übererregte Lähmung
3. Die Zufallsbekanntschaft
4. Das chronische Mißverständnis

1. Der Aufschneider

Diese Konstellation entspricht der Vorstellung, sich interessant machen zu müssen. Man glaubt (unbewußt), nicht für sich selbst stehen zu können, ohne Aufwertung nicht attraktiv genug zu sein.
Gemäß den Uranusanalogien sucht man sich hier den Anstrich des Originellen zu geben und bezieht in seine überzogene Selbstdarstellung gern Kriterien mit ein, die einen als »etwas Besonderes« ausweisen sollen. Mit dem angestrengten Bemühen, seine Einmaligkeit zu beweisen, wird jedoch vielfach das Gegenteil der gewünschten Wirkung erreicht. Statt Bewunderung und Interesse erregt man oft nur Mißtrauen und Befremden; die sorgsam einstudierten Effekte schießen über das Ziel hinaus.
Ursache hierfür ist die immense Schwierigkeit, in den konstruierten Selbstausdruck die Reaktionsbereitschaft des anderen sinnvoll mit einzubeziehen. In aller Regel begeht man den Fehler, ein völlig überzogenes Maß an Aufmerksamkeit und Interesse an der eigenen Person vorauszusetzen. So wirkt man schnell penetrant und erzeugt Ablehnung, gilt allenfalls als »unterhaltsamer Spinner«. Bedauerlicherweise wird jedoch nur selten hieraus die Konsequenz gezogen und das Bemühen um eine den anderen faszinierende »Show« aufgegeben. Eher glaubt man, die Methode verbessern zu müssen, und dreht im Zweifelsfalle noch mehr auf.
Dennoch sind viele Native durchaus in der Lage, zumindest kurzfristig zu brillieren. Sie können als Blender Interesse und Bewunderung provozieren, die jedoch schon nach kurzer Zeit, häufig im Laufe eines Abends, in sich zusammenstürzen wie ein Kartenhaus.

So sind Partnerschaften, insbesondere in der Anfangsphase, ein immenser Streßfaktor. Man hat Angst, den anderen zu verlieren, »wenn alles herauskommt«, und benötigt sehr viel Energie, um sich nicht zu verraten.
Wie bei allen problematischen Uranuskonstellationen ergibt sich auch hier die Schwierigkeit, daß das erschlichene Interesse nicht der Eigenart, sondern eben der konstruierten Fassade zugute gehalten wird, so daß auf diesem Wege die Entwicklung echten Selbstwertgefühls konsequent unterbunden wird. So ergeben sich extreme Stimmungsschwankungen, die abrupt von maßloser Selbstüberschätzung in völlige Verzweiflung umschlagen können.

2. *Die übererregte Lähmung*

Hier kommt es zum »bewegungslosen Zittern«: Sobald es um die Durchsetzung von Eigeninteressen geht, »springt man aus der Form«, man ist bei äußerster nervlicher Anspannung zu keiner adäquaten Handlung mehr fähig.
So kommen viele Beziehungen zu Wunschpartnern gar nicht erst zustande. Der von der Verhältnismäßigkeit losgelöste Wunsch, auf den anderen zuzugehen, wird so übersteigert, daß eine Kontaktaufnahme nicht mehr möglich ist*.
Innerhalb von Partnerschaften zeigt sich diese Unfähigkeit in der scheinbar unüberwindlichen Schwierigkeit, elementare Bedürfnisse zu äußern und durchzusetzen. Wesentliches kann nicht vorgebracht werden, als Kompensation entsteht eine absurde Unnachgiebigkeit in Nebensächlichkeiten.
Verschärfend kommt hier (insbesondere bei Frauen) die Sehnsucht nach dem starken Partner hinzu. Die Schwäche des Vaterbezugs und die damit verbundene Ziellosigkeit sollen ausgeglichen werden. Hier ergibt sich vielfach eine Anziehung zu Machos, wobei die Erkenntnis: »ich weiß, daß er mich

* So wurde eine Klientin Mitglied im Sportverein ihres »Schwarms«, kam regelmäßig zum Training, nur um »ihn« zu sehen, ohne daß sie sich innerhalb von zwei Jahren dazu überwinden konnte, ihn einmal anzusprechen.

schlecht behandeln wird« das Interesse eher zu fördern als zu hemmen scheint (zusätzlich Ma/Pl).
Umgekehrt wittern Personen mit unbefriedigtem Dominanzstreben bei den Nativen die Möglichkeit ungestrafter bzw. akzeptierter Übergriffe.

3. Die Zufallsbekanntschaft

Hier kommen verbindliche Beziehungen schnell und unerwartet zustande. Der Native oder der Partner »fällt mit der Tür ins Haus«, die Intensivierung der Verbindung wird forciert. Die Möglichkeit der Unvereinbarkeit soll überrannt werden, man möchte vollendete Tatsachen schaffen, bevor man dazu kommt, es sich noch einmal anders zu überlegen.
Man wählt Partner, die einen provozieren, »verrückt« zu sein, oder die selbst (scheinbar) völlig aus dem Rahmen fallen. So entsteht die Illusion völliger Freiheit und Unabhängigkeit: »Man kann machen, was man will, niemand setzt einem Grenzen.«
Die Erregung, die sich aus dem Über-die-Stränge-Schlagen, aus dem Ausbruch aus der Konvention ergibt, wird nur allzu leicht dem Partner bzw. der Beziehung zugute gehalten. Die selbstgeschaffene Ausnahmesituation wird als zuverlässiges Indiz für »die große Liebe« interpretiert. Dies gilt um so mehr, wenn eine solche Partnerschaft den Ausbruch aus einer als rigide, festgefahren und einengend empfundenen Beziehung darstellt.
In solchen Fällen kann mit großer Wahrscheinlichkeit von der Instabilität der Verbindung ausgegangen werden. Es handelt sich lediglich um ein inszeniertes Strohfeuer, das einem helfen soll, alte Muster aufzubrechen. Ist dies geschehen, so hat man sich nichts mehr zu sagen, der künstlich hochgepeitschten Faszination folgt die Ernüchterung.
Letztlich handelt man hier oft wider besseres Wissen. Man möchte unvernünftig sein, sich nicht in die Realität zwingen lassen.

Viele Beziehungen gehen so lange gut, als sie sich nicht im Alltag bewähren müssen, d. h. solange ihnen ein Sonderstatus zukommt, der gemeinsame familiäre oder berufliche Aufgaben ausschließt. Partnerschaften, die dieses Stadium überdauern, gehen meist in die nächste Verwirklichungsform »4. Das chronische Mißverständnis« über.

4. *Das chronische Mißverständnis*

Hier erzielen Handlungen und Äußerungen völlig andere, oft gegenteilige Wirkungen, als ursprünglich beabsichtigt. Dies gilt sowohl für den Nativen als auch für den Partner. So besitzen viele Mars/Uranus-Geborene eine Form des Selbstausdrucks, die durch permanentes »Um-die-Ecke-Denken« Mißverständnisse regelrecht erzwingt. Vor allem Männer neigen dazu, ihre Äußerungen ständig zu ironisieren, ihnen einen sarkastischen Unterton zu geben oder eigenartige und provokative Metaphern zu gebrauchen. So ist es häufig selbst für sehr vertraute Personen schwierig, aus diesen verklausulierten Äußerungen das eigentlich Gemeinte zu erschließen. Bezeichnend ist, daß sich viele Native hierbei als völlig klar und eindeutig empfinden*.
Beide Partner neigen dazu, paradox zu reagieren. Man verhält sich konsequent (aber unberechenbar) entgegen den Erwartungen des anderen. Dies liegt auch am polaren Charakter der Beziehung. Unbewußt ziehen sich hier Partner von gegensätzlicher oder zumindest widerspruchsorientierter Eigenart an. Während Ma/Sa-Verbindungen die Begrenzung und Blockierung durch den (oder am) anderen implizieren, um die Durchsetzung des Instinktiven zu ermöglichen, provozieren Mars/Uranus-Verbindungen eine polare Spannung. Nicht die Be-

* Beispiel: Ein Klient wurde von einer Bekannten, in die er sehr verliebt war, gefragt, ob er sie möge. Auf seine Antwort hin: »nicht im geringsten« brach sie das angehende Verhältnis ab, was bei ihm Unverständnis und Irritation hervorrief. Er war davon überzeugt, daß seine Äußerung eine offensichtliche und »unmißverständliche« Liebeserklärung gewesen sei.

grenzung, sondern die Gegensätzlichkeit des anderen konkretisiert die instinktive Eigenart. Derartige Beziehungen können niemals friedlich sein. Die permanente Auseinandersetzung ist notwendiges Kriterium. Sie enthalten allerdings die Chance, einen echten Zugang zum eigenen Instinktiven zu entwickeln und gleichzeitig dessen Begrenztheit zu überwinden.

Sexualität

Das Instinktive hat seine eindeutigste Entsprechung in der Sexualität. Die an sich erdhafte und polare Triebsphäre ist aus ihrer konkreten Bezüglichkeit ausgekoppelt, wird somit unverbindlich und frei fluktuierend. Dies entspricht u. a. der Fähigkeit zur »Metasexualität«. Aufreizendes und Erregendes kann nahezu willkürlich auf beliebige Objekte und Personen übertragen werden, z. B. in der Malerei oder in der (erotischen) Fotografie. Je nach Veranlagung kommt es hier entweder zu einer latenten Dauererregung (vornehmlich Ma in 11 bzw. Ma/Ur-Bezug Haus 5) mit massiv erhöhter sexueller und »metasexueller« Ansprechbarkeit, oder der Trieb verliert sich im Unspezifischen (insbesondere Ur in 1), d. h. die potentielle Erregbarkeit verteilt sich mangels Fixierung auf ein derartiges Spektrum möglicher Auslöser, daß die konkrete Ansprechbarkeit im sublimalen Bereich verbleibt, sexuelles Interesse de facto also kaum noch besteht. In beiden Fällen liegt das Triebniveau außerhalb des Normalen.
Falls der Sexualtrieb nicht durch immense »Verdünnung« neutralisiert wurde, wird er sich nicht mit den Begrenzungen des Konventionellen zufriedengeben. Insbesondere um das 28. Lebensjahr ist eine auffällig gesteigerte Experimentierfreude zu verzeichnen, die sich u. a. in Mehrfachbeziehungen, häufigem Partnerwechsel, Beschäftigung mit Aphrodisiaka und fernöstlichen Liebestechniken etc. äußert.
Bei Männern ist zwischen dem 21. und 23. Lebensjahr eine signifikant gesteigerte Tendenz zu nervösen Erektionsschwierigkeiten zu verzeichnen. Dies kann bis hin zu symptomatischer (d. h. psychisch bedingter) Impotenz gehen, wobei die Problematik zum einen bei besonders begehrten Sexualpartnern zutage tritt (Übererregung, massive Versagensangst) und sich zum anderen durch extrem fordernde Kontakte äußert, welche das Vertrauen in die eigene sexuelle Leistungsfähigkeit massiv erschüttern.
Nach Ablauf dieser Periode bzw. nach dem Eintritt in eine

stabile Partnerschaft egalisieren sich diese Schwierigkeiten. Bei Frauen besteht während dieser Phase eine gesteigerte Gefahr, Opfer sexueller Übergriffe (falls massive Uranusverletzungen und/oder zusätzlich Ma/Pl gegeben sind) zu werden bzw. in sexuell erniedrigenden und/oder unbefriedigenden Partnerschaften gefangen zu sein. Grundsätzlich, in diesem Zeitraum jedoch in gesteigertem Maße, besteht (bei Bezug zum ersten und zweiten Quadranten sowie zusätzlich Mo/Sa oder Mo/Ur) die Veranlagung zu extremen Zyklusstörungen und -schwankungen – bis hin zum völligen Ausbleiben der Periode.
Medizinisch ist eine chronische Neigung zu Verletzungen der Sexualorgane zu verzeichnen (insbesondere Hautrisse).

GUSTAV SCHOLZ

Mitteleuropäische Zeit: 7h43m Datum: 12. 4. 1930
Berlin

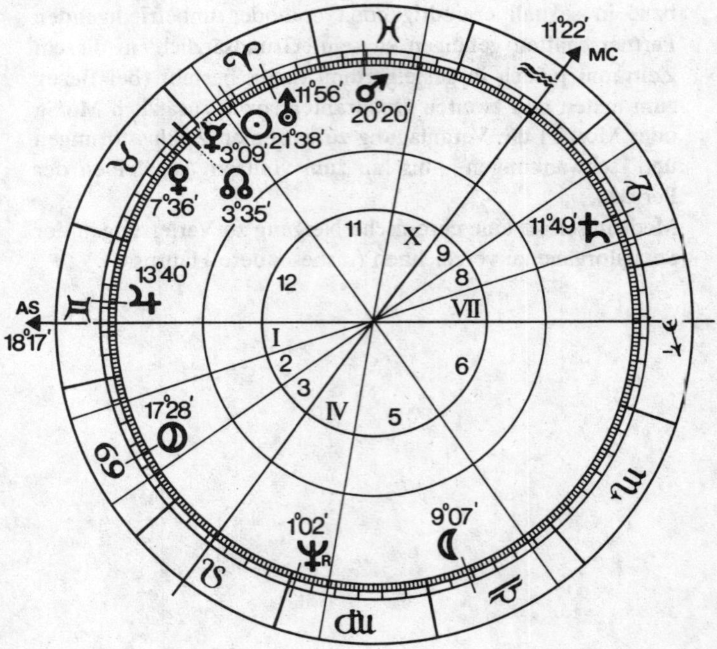

Planeten

☉	21°38′	♈
☾	09°07′	♎
☿	03°09′	♉
♀	07°36′	♉
♂	20°20′	♓
♃	13°40′	♊
♄	11°49′	♑
♅	11°56′	♈
♆	01°02′	♍ R
⌽	17°28′	♋
☊	03°35′	♉

Häuser

AS	=	18°17′	♓
MC	=	11°22′	♒
II	=	06°03′	♋
XI	=	08°30′	♓
XII	=	23°43′	♈

Beispielhoroskop: Gustav »Bubi« Scholz

Venuskonstellationen
Venus/Neptun (Jupiter als Herrscher von 7 in 12)
Venus/Neptun (Venus in 12)
Venus/Pluto (Pluto in 2)

Marskonstellationen
Mars/Neptun (Merkur als Herrscher von 1 in 12)
Mars/Uranus (Mars in 11)
Mars/Uranus (Mars Spiegelpunkt Uranus)
Mars/Saturn (Mars Spiegelpunkt Saturn)

Zusätzlich
Sonne/Pluto (Sonne/Pluto-Quadrat)
Sonne/Neptun (Sonne Spitze 12)
Saturn/Uranus (Saturn/Uranus-Quadrat)
Uranus/Pluto (Uranus/Pluto-Quadrat)
Saturn/Pluto (Saturn/Pluto-Opposition)
Saturn/Pluto (Saturn in 8)

Der allgemein bekannte und beliebte Boxer, der 1958 den Europameistertitel gewann, trat 1984 erneut in den Mittelpunkt des öffentlichen Interesses, als er seine Frau unter nicht vollständig geklärten Umständen erschoß. Erwiesen ist lediglich, daß beide unter erheblichem Alkoholeinfluß standen.
Scholz wurde zu einer mehrjährigen Gefängnisstrafe verurteilt, wobei er sich seine Freilassung auf Bewährung verspielte, nachdem er als Freigänger volltrunken mit dem Auto in die Haftanstalt zurückkehrte.
Von den Partnerschaftskonstellationen sind einerseits die Venus/Neptun-, andererseits die Mars/Uranus-Verbindungen dominant.
Die »Scheinbegegnung« (Ve/Ne) in der Partnerschaft wurde durch die (bei beiden gegebene) Alkoholabhängigkeit »kompensiert«. Hinzu kam die Verleugnung instinktiver Unverein-

barkeit (Ma/Ur), die durch masochistoide Tendenzen, die mit der Unfähigkeit, Übergriffe und Erniedrigungen im Partnerschaftsbereich abzuwehren, einherging (Ma/Ne zusätzlich Sa/Pl). So ließ sich Scholz widerstandslos (nach Zeugenaussagen) von seiner Frau vor Bekannten und Gästen als »Flasche, fauler Sack« etc. beschimpfen.

Daß die ausgekuppelte Aggression die Form eines tödlichen Gewaltaktes annahm, läßt sich unschwer an den äußerst problematischen Zusatzkonstellationen ablesen. Die widerstandsorientierte Vorstellung (Sa/Pl) erzwang im Dienste der Ma/Ur-Verbindungen einen chronischen Leidensdruck, der sich über das Ventil des in das T-Quadrat (Sa/Ur/Ne) eingebundenen Uranus explosionsartig entlud (Sa/Ur: der Schuß). Die Auslösung mußte von schicksalhafter Tragweite sein, da für das Ereignis Uranus (bzw. Sa/Ur) als Herrscher von 10 »verantwortlich« war. Zudem entsprechen Quadrate vom dritten zum vierten Quadranten lebensbestimmenden (bzw. verändernden) Ereignissen im Begegnungsbereich*.

Der gewaltsame Tod der Ehefrau läßt sich aus der massiv verletzten Plutostellung in 2 herleiten: Das zweite Haus ist das achte vom siebten, repräsentiert somit den Tod des Partners**.

* Vgl. auch in »Der Mond«, S. 291–298: »Die Bedeutung von Krankheit; Beispielhoroskop Marianne Bachmeier«.

** Bekanntlich sind astrologische Todesprognosen im allgemeinen weder sinnvoll möglich noch moralisch zu vertreten. Dem geneigten Leser wird dringend vor derartigen Experimenten abgeraten. Metagnostische Untersuchungen zu diesem Thema sind jedoch durchaus zu verantworten.

Mars/Neptun

Bekannte Persönlichkeiten / wichtige Ereignisse

Neptun in 1
Marilyn Monroe, Schauspielerin; Arthur N. Chamberlain, Politiker; Prinz Eugen, Feldherr; Marcel Proust, Literat; Susanne Albrecht, Terroristin; Konrad Adenauer, Politiker; Jochen Rindt, Rennfahrer; Vanessa Redgrave, Schauspielerin; Fr. Burda, Verleger; Reaktorkatastrophe in Tschernobyl; Liselotte Pulver, Schauspielerin; Ivan Rebroff, Sänger; Ingrid Bergman, Schauspielerin; Elizabeth Taylor, Schauspielerin; Michael Kunze, Schlagerproduzent; Montgomery Clift, Schauspieler; Uri Geller, Entertainer; Jack London, Schriftsteller; Jerry Rubin, Aktivist; Peter Sellers, Schauspieler; Albert Speer, Architekt/Nationalsozialist; Thomas A. Edison; August Strindberg, Autor; David Bowie, Showstar und Musiker; Pierre A. Renoir, Maler; Cat Stevens, Musiker

Mars in 12
Manfred Köhnlechner, Exmanager, Heilpraktiker und Autor; Hans Jochen Vogel, Politiker; Wernher von Braun, Physiker; Helmut Kohl, Politiker; Adolf Eichmann, Nationalsozialist; Gustaf Gründgens, Schauspieler; Harry Belafonte, Sänger; Käthe Kollwitz, Künstlerin; August Strindberg, Autor; Ilja Richter, Showmaster und Schauspieler; Alfred Biolek, Showmaster; Arnold Schwarzenegger, Bodybuilder und Schauspieler; Brooke Shields, Schauspielerin; Cat Stevens, Musiker; Vincent van Gogh, Maler; John Denver, Sänger

Mars/Neptun

Diese Konstellation gilt für: Neptun in 1, Mars in 12, As=Ma/Ne, Mc=Ma/Ne, Mars/Neptun-Konjunktion, Mars/Neptun-Opposition, Mars/Neptun-Quadrat, Mars/Neptun-Spiegelpunkt, Mars auf 11,5° Löwe, Mars auf 11,5° Wassermann, As auf 0° Widder, Mc auf 0° Widder, Mond auf 0° Widder, Sonne auf 0° Widder.
Mars/Neptun symbolisiert die mangelnde Durchsetzungsfähigkeit der Anlage sowie die Tarnung der Eigenart (Neptun in 1), Immunschwäche und Lähmung (Bezug erster und zweiter Quadrant), richtungs- bzw. absichtslose Aggression (Mars in 12); Aggressionslähmung.
Folgende konkrete Entsprechungen können unterschieden werden:

Analogien der vier Verwirklichungsebenen

Materielle Ebene

Narkose, versteckte Gewalt, Säure, Geschlechtskrankheiten (außer Lues), Gewalt gegen Schwächere, illegale Geschäfte, Amphetamine (Ma/Pl)., Kriegsmarine, Schnellboot, Verbrechen, psychiatrische Klinik, Injektion, Attentäter, Chemiker, Senfgas, Kampfgas, »Krümelzähne«, (künstliches) Gebiß, Skunk, Anästhesist, »Under Cover Agent«, Geheimdienst, Tarnung, Eiter.

Vitale Ebene

Muskelschwäche, kraftlos, Bewußtlosigkeit, willensschwach, ängstlich, altruistisches Handeln, Abwehrschwäche, kränkeln, pervers, abartig, wunderlich, selbstzerstörerisch, Handlungslähmung, Aufschwemmung, Polio (Kinderlähmung), vorgetäuschte Stärke, Scheinangriff, Durchsetzung durch Täuschung, Sehnenscheidenentzündung, Arbeit im Verborgenen, mit Chemikalien umgehen, faul.

Mentale Ebene

Für die Wahrheit kämpfen, unbestechlich oder vollständig korrupt, im Verborgenen agieren, unklare Motive, Minderwertigkeitskomplex, hinterhältig, Lähmung, Neurose, sich nicht festlegen wollen, entscheidungsunfähig, Prostitution, Karma-Yoga, spirituelle Arbeit, für scheinbar spirituelle Ziele ausgenutzt werden, Betrug, Mimikry, Fälschung, Kriegslist.

Transpersonale Ebene

Streik, Anonymität, Verfolgung von Minderheiten, geheimnisvolles Verschwinden bzw. ungeklärte Todesumstände des Vaters, drogensüchtiger Vater, religiöser Vater, Seuchen, Tantra, fehlende Aufmerksamkeit der Eltern, Hospitalismus, Mäuse- und Heuschreckenplagen, Überschwemmung, Dammbruch, Sintflut.

Frühe Kindheit und Elternbezug

Mars/Neptun-Konstellationen symbolisieren die »Auflösung« der Eigenart, eine bis zur Betäubung und Lähmung reduzierte Aggressionsfähigkeit. Für die frühe Kindheit und den Elternbezug heißt dies auch, daß keine Wut und Ablehnung empfunden wird, sie dementsprechend auch nicht gezeigt werden kann. In dieser Konsequenz gilt dies nur für die frühe Kindheit. Die Unfähigkeit allerdings, Eigeninteressen in befriedigender Weise den Eltern gegenüber durchzusetzen, kann häufig erst im fortgeschrittenen Erwachsenenalter, manchmal nie überwunden werden*.
Die im folgenden zu beschreibendenen konkreten Entsprechungen stellen sowohl Erklärungen als auch Alternativen zu den Elternanalogien dar. Für die Konstellation ist es unerheblich, auf welcher Ebene sie sich auslöst, solange die »Rechnung bezahlt« wird.

1. Die Revierunsicherheit
2. Körperliche Schwäche
3. Uneheliche Geburt
4. Hospitalismus

1. Die Revierunsicherheit

Kennzeichnend für den Zeitraum von Geburt und frühe Kindheit ist die Erfahrung, schutzlos einer feindlichen Umwelt ausgeliefert zu sein. Weder die Persönlichkeitsstruktur der Eltern noch ihr konkretes Verhalten können dem Kind das Gefühl von Sicherheit und Geborgenheit geben. Symptoma-

* Exemplarisch zeigt sich dies in der Reaktionslähmung bezüglich elterlicher Übergriffe. So dulden viele Native, daß ihre Eltern maßgeblichen Einfluß auf ihre Lebensführung, ihre Ehe, die Einrichtung ihrer Wohnung etc. nehmen. Dies geschieht wohlgemerkt gegen ihren ausdrücklichen Wunsch, ohne daß sie in der Lage wären, dies zu äußern und durchzusetzen.
So arbeitete z. B. eine Klientin über zehn Jahre ohne Freude im väterlichen Betrieb mit, nur weil sie es nicht wagte, dem Vater zu kündigen.

tisch hierfür ist die labile Wohnsituation im Zeitraum von Schwangerschaft und Geburt. Die Eltern ziehen in dieser Phase um, sie verlassen das ihnen vertraute Umfeld und haben bis zur Geburt des Nativen in der neuen Umgebung noch nicht Fuß gefaßt.
Die Eltern wohnen häufig »übergangsmäßig« bei den Schwiegereltern, sind somit heimatlos und deren Übergriffen schutzlos ausgeliefert.
Eine weitere mögliche Entsprechung ist die berufliche und/oder soziale Unsicherheit des Vaters in dieser Phase.
All diesen Analogien ist gemeinsam, daß die Familie als Ganzes, insbesondere aber der Vater, der Willkür anderer ausgesetzt ist. Der Vater ist nicht in der Lage, seine Position (bzw. sein Revier) erfolgreich zu verteidigen, sondern erweist sich als Schwächling und Versager*. Die Erfahrung, ungeschützt zu sein, kann nur durch die Betäubung der Eigenart, den psychischen und/oder physischen Totstellreflex bewältigt werden. Die Angst, hilflos und damit Opfer zu sein, lähmt. Diese Lähmung wiederum gewährt einen gewissen Schutz, da sie tarnt und den anderen nicht zum Angriff provoziert**.
So wird bereits in der Kindheit die Konfrontation mit neuen Umgebungen als beängstigend erlebt (Umzüge, Kindergarten, Schule etc.). Aus Angst, der Aggression anderer ausgeliefert zu sein, gibt sich das Kind zurückhaltend und/oder überangepaßt. Zunehmende Verschüchterung und seelische Vereinsamung sind die nahezu zwangsläufige Folge.

* In dieser Hinsicht können Ma/Ne-Aspekte als Bestätigung und Steigerung von Ma/Ur-Verbindungen aufgefaßt werden.

** In abgeschwächter Form zeigt sich diese Entsprechung bei Nativen, die als Kinder in sehr beengten Verhältnissen aufwuchsen, sich das Zimmer mit Geschwistern teilen mußten: Das instinktive Bedürfnis nach eigenen Reviergrenzen muß unterdrückt bis betäubt werden.

2. *Körperliche Schwäche*

Bei starker Disposition auf den ersten Quadranten (Neptun in 1) ist diese Konstellation ein deutlicher Hinweis auf mangelnde Lebensenergie, reduzierte Abwehrschwäche und erhöhte Infektionsneigung. Das Kind ist ungewöhnlich klein und zart, vielfach handelt es sich um Frühgeburten (Sieben-Monats-Kinder). Häufig muß das Kind nach der Geburt längere Zeit von der Mutter getrennt werden (Brutkasten; zusätzlich Ve/Ne: Infektionen).

3. *Uneheliche Geburt*

Diese Entsprechung gilt nicht nur für uneheliche Geburten, sondern für alle Nativitäten, bei denen der Vater als konkrete Bezugsperson entfällt. Häufig gibt es irgendwelche seltsamen Umstände, welche die Mutter veranlassen, die wahre Identität des Vaters nicht preiszugeben und das Kind mit Ausreden abzuspeisen*. Wesentlich ist jedoch, daß das Kind sich nicht auf seinen Vater verlassen kann (weil er nicht da ist). Als Folge erlebt es sich in der konkreten Umwelt als haltlos, ungestützt und vereinzelt.

4. *Hospitalismus*

Dies ist wohl die extremste Entsprechung. Sie ergibt sich bei Kindern, die in Heimen aufwachsen (zusätzlich: Ve/Ne, Mo/Ne, Mo/Sa). Es entwickelt sich hier vielfach eine ziellose Aggression. Die Eigenart wird nicht respektiert, das Kind ist haltlos, weil die Institution keine individuelle Orientierung geben kann. Da es für die unbewältigte Angst und mangelnde emotionale Wärme kein Zielobjekt gibt, entstehen Autoag-

* Dies ist z. B. der Fall, wenn der Vater bereits anderweitig verheiratet ist. Eine weitere, weniger häufige Entsprechung ergibt sich, wenn das Kind einem legalen Vater unterschoben wurde, dieser es also in dem irrigen Glauben aufzieht, daß es sich um seinen leiblichen Nachwuchs handelt.

gressionen. Diese zeigen sich in harmloseren Fällen in zwanghaftem Nägelkauen, chronischem Kratzen (Mückenstiche werden so aufgekratzt, daß sie wochenlang nicht verheilen) u. ä. In schwerwiegenden Fällen schlägt sich das Kind mit Absicht blutig (mit dem Kopf gegen die Wand schlagen [zusätzlich Ma/Ur]) und fügt sich Stich-, Schnitt- und Brandwunden zu (Ma/Sa). Der Schmerz soll Angst und Verzweiflung übertönen.

Derartige Tendenzen, wenn auch in weniger deutlicher Ausprägung, ergeben sich auch bei Kindern aus scheinbar guten Verhältnissen. Dies trifft insbesondere dann zu, wenn beide Eltern hart arbeiten müssen (z. B. Aufbau eines Geschäftes) und für das Kind nur ein Minimum an Zeit erübrigen können. Aus dem irreparablen Schaden einer unglücklichen (emotional), einsamen und traurigen Kindheit erwächst der Verlust jeglicher Vertrauensfähigkeit. Die Nativen werden sich auch im späteren Leben nicht in wirklich wesentlichen Dingen anderen öffnen können; die Angst, verraten zu werden, sitzt zu tief im Nacken. Hinzu kommt, daß in Entwicklungsphasen, in denen die Erfahrung vertrauensvoller Kommunikation möglich gewesen wäre, niemand da war oder intime Bekenntnisse mißbraucht wurden (indem der Vater z. B. anvertraute Geheimnisse am Abendbrottisch referiert und sich womöglich noch über sie lustig macht). Zu der Schwierigkeit, begründetes Vertrauen aufzubauen, kommt also noch die fehlender »Kommunikationstechniken« hinzu.

In der weiteren Ontogenese entwickeln sich die Nativen häufig entweder zu Aufschneidern (zusätzlich Ma/Ur) bzw. trickreichen Schwindlern (im Extremfall Betrügern), um die Durchsetzung ihrer Interessen ohne schmerzhafte und angstbesetzte Auseinandersetzungen zu erreichen, oder sie werden zu konsequenten Wahrheitsfanatikern, die auch keine Not- oder Gefälligkeitslüge akzeptieren. In jedem Falle werden intime Beweggründe und Überzeugungen selbst vor den besten Freunden verborgen, so daß die Nativen ihnen in dieser Hinsicht fremd bleiben.

Allgemeine Charakterstruktur

Die Erfahrung der Kindheit, in der Durchsetzungsfähigkeit eingeschränkt zu sein, das Neutralisieren elementarer Bedürfnisse und die Aggressionsunfähigkeit führen in der späteren Persönlichkeitsentwicklung zu folgenden möglichen Konsequenzen:

1. Das labile Territorium
2. Die Betäubung des Instinktiven
3. Endogene Depressionen

1. Das labile Territorium

Dies äußert sich in harmlosen Fällen in Form von häufigen Umzügen. Man möchte das fremde Revier verlassen, bevor man auffällt und vertrieben wird. Tatsächlich stellt der Wechsel des Wohnorts hier eine (Schein-)Lösung von sozialen Spannungen dar. Vordergründiges Kriterium ist häufig der berufsbedingte Sachzwang: Man wird versetzt oder läßt sich von seiner Firma von einer Filiale zur anderen weiterreichen. Offensichtlich wird die Problematik, wenn man nicht mehr »Herr im eigenen Hause« ist. Die Wohnungstür kann nicht abgeschlossen werden oder ist extrem instabil, andere besitzen noch Schlüssel zur Wohnung und gehen nach eigenem Gutdünken ein und aus (z. B. der Hausbesitzer) etc. Im Extremfall wird in der Wohnung (wiederholt) eingebrochen*.
Symptomatisch ist, daß der Native nicht in der Lage ist, sich gegen diese zum Teil sehr erheblichen Einschränkungen abzugrenzen. Die Abwehr bedrohlicher Situationen und Revierübergriffe war in der Kindheit nur durch den Totstellreflex

* Eine Klientin mit mehrfacher Mars/Neptun-Betonung zog seit ihrem 18. Lebensjahr regelmäßig einmal pro Jahr um. Sie lebte längere Zeit in Wohngemeinschaften, in denen ständig eine unüberschaubare Anzahl von Personen ein und aus gingen. Die Wohnungstür wurde nie abgeschlossen, als dies doch einmal geschah, brachen Unbekannte ein. Nach ihrer Trennung von ihrem Mann lebte sie mit ihren Kindern allein in einer Altbauwohnung. Dort

möglich: Wenn man den Gegner nicht reizte, wurde man vielleicht übersehen und kam ungestraft davon.
Das in der Kindheit sinnvolle Verhalten (weil ohne Alternative) wird im Erwachsenenalter zum Teufelskreis. Die Hemmung, sein Revier zu verteidigen, ermutigt andere zu Übergriffen. Da man sich gegen diese nicht wehrt, bleibt man ungestraft, was wiederum als Bestätigung für die Richtigkeit des eigenen Verhaltens interpretiert wird.
Das labile Territorium äußert sich natürlich nicht nur in häufigen Umzügen und/oder merkwürdigen Wohnverhältnissen, obwohl dies häufige Entsprechungen sind (Bezug erster Quadrant). Die Analogie bezieht sich vielmehr auf sämtliche Situationen, in denen es darum geht, den Eigenwert durchzusetzen bzw. zu verteidigen. Symptomatisch ist die Unfähigkeit, erfolgreich zu feilschen.

2. *Die Betäubung des Instinktiven*

Folgende Entsprechungen können unterschieden werden:

a) Drogen- und Tablettenmißbrauch
b) Desorientierte Aktivität
c) Maßlosigkeit als Überkompensation
d) Die Angstneurose
e) Ignorieren von Körperreaktionen
f) Ersatzidentitäten

war das Türschloß ebenfalls schadhaft; der Vermieter betrat die Wohnung nach Belieben. Ihr geschiedener Mann besaß ebenfalls einen Wohnungsschlüssel, er erschien nach eigenem Gutdünken und brachte sogar gelegentlich seine neue Freundin mit. Zusätzlich war die Wohnung in einem unerträglichen Maße mit Mäusen, die selbst in Herd und Kühlschrank eindrangen, verseucht.

a) Drogen- und Tablettenmißbrauch

Die Blockierung instinktiver Bedürfnisse und die damit verbundene Lähmung der Eigenart kann, wenn weitere Konstellationen dies bestätigen (Bezug erster zum vierten bzw. dritter zum ersten Quadranten), zum Mißbrauch von Drogen und Tabletten führen. Der Zugang zu den eigenen Triebimpulsen ist versperrt, man kennt seine Motivationen nicht, ist sich in diesem Sinne fremd. Drogen, Alkohol und Tabletten werden so in »autotherapeutischer« Weise eingesetzt. Sie decken den Neptunanteil der Konstellation ab und setzen die Möglichkeit, eigene Interessen durchzusetzen, frei. Man erkauft sich durch die Sucht eine Identität, ist somit kurzfristig von der Undurchsichtigkeit eigener Antriebe erlöst.

b) Desorientierte Aktivität

Die Unkenntnis des persönlichen Wollens führt häufig zur Aktivität um der Aktivität willen. Dies zeigt sich in nebulösen, irrationalen und in sich widersprüchlichen Idealen, die mit einem immensen Einsatz an Energie und einem Minimum an Effektivität verfolgt werden: Man weiß zwar nicht, was man will, aber dafür kämpft man mit aller Kraft. Dies erklärt, warum sich dominante Mars/Neptun-Konstellationen vielfach in den Horoskopen von militanten Chaoten (»Streetfightern«, autonomen Gruppen), Terroristen, Anarchisten und Aktivisten (»Yippies«) finden*.
Im Normalfall zeigt sich diese Disposition in Form von erschöpfter Dauerunruhe, der Angst, zum Stillstand zu kommen, um nicht das eigene Handeln hinterfragen zu müssen**. Bei Bezug zum zweiten Quadranten kann die nervöse Unruhe in »autoaggressives« Verhalten münden, insbesondere zu

* Beispiele: die Terroristen Christian Klar und Susanne Albrecht, der Yippie-Führer Jerry Rubin (»Do it«).
** Unterstützend kommt hier verschiedentlich ein Mißbrauch von Aufputschmitteln (sog. Schlankmacher, Coffein, Amphetamine: »Speed«, Kokain) hinzu.

zwanghaftem Nägelkauen (ersatzweise immenser Kaugummikonsum), nervösem Kratzen etc.
Auf hochentwickeltem Persönlichkeitsniveau (aber auch als Kompensation) kann das eigene Handeln an höchsten (vorwiegend sozial orientierten) Idealen ausgerichtet sein (Beispiel: Käthe Kollwitz). Aus der Betäubung des Instinktiven wurde im Sinne der psychoanalytischen Theorie eine Sublimierung egozentrierter Interessen im Dienste der Wahrheit. Häufig ergreifen Mars/Neptun-Geborene in der zweiten Lebenshälfte Berufe aus dem psychotherapeutischen Bereich. Trotz unbestreitbar hoher Sensibilität, bis hin zum Sensitiven und den damit verbundenen hervorragenden diagnostischen Fähigkeiten, sind diesbezügliche Aktivitäten kritisch zu beurteilen. Nur allzu häufig versucht der Therapeut, seine Fremdheit der eigenen Motivation gegenüber durch den Klienten zu kompensieren (Seelenvampirismus).

c) Maßlosigkeit als Überkompensation

Hier handelt es sich in mancher Hinsicht gleichzeitig um die Konsequenz und um die Umkehrung der vorherigen Entsprechung. Die Fremdheit der eigenen Motivation gegenüber wird nicht bewältigt, sondern durch willkürlich ausgewählte Ziele ersetzt. Übereinstimmendes Kriterium ist zum einen, daß sie aus dem Bereich der Marsanalogien stammen, zum anderen, daß sie ins Maßlose übersteigert sind. Die folgenden Beispiele sollen dies verdeutlichen.

- Arnold Schwarzenegger: Er nahm sich im Alter von 15 Jahren vor, der berühmteste Bodybuilder aller Zeiten zu werden. Dieses Ziel wurde von ihm in einem bis dahin nicht für möglich gehaltenen Maße erreicht. Die Schwächung des Mars (Zielstrebigkeit, Durchsetzungskraft, Männlichkeit) wurde überkompensiert.

- Manfred Köhnlechner war Chef-Manager der marktführenden deutschen Verlagskette, um danach der bekannteste deutsche Heilpraktiker zu werden.
- Jochen Rindt war einer der berühmtesten Formel-1-Rennfahrer.
- Thomas Alpha Edison entwickelte in seinem Leben eine Unzahl von Patenten. Zu ihnen gehören das Grammophon und die Glühbirne.

Ein weiteres wesentliches gemeinsames Kriterium liegt in der Verausgabung sämtlicher Energiereserven bis zur Erschöpfung, im Extremfall bis zum Zusammenbruch (zusätzlich Ma/Ur; Ma/Pl).
Diese Entsprechung habe ich bisher nur bei männlichen Nativitäten beobachtet.

d) Die Angstneurose

Hier handelt es sich im Gegenzug um eine Analogie, die bisher nur in den Horoskopen von Frauen nachgewiesen werden konnte. Periodisch oder chronisch treten Attacken panischer Angst auf. Wesentliches Kriterium ist, daß es weder einen konkreten äußeren Auslöser noch ein beschreibbares Objekt gibt: Es handelt sich um die »Angst vor der Angst« (zusammen mit Mo/Ne). In schwerwiegenden Fällen ist eine psychotherapeutische Behandlung unumgänglich, in weniger gravierenden Fällen besteht lediglich die Schwierigkeit, allein zu sein.

e) Ignorieren von Körperreaktionen

Hier handelt es sich um die (vielfach harmlose) Unfähigkeit, Körpersignale wahrzunehmen und angemessen zu deuten. Bedeutsam wird diese Entsprechung lediglich in den sehr seltenen Fällen völliger Schmerzlosigkeit, die dominante Mars/Neptun-Konstellationen ausnahmslos aufweisen. Im Kindes-

alter stellt dies immense Anforderungen an die Aufmerksamkeit der Eltern. Nahezu immer sind hier gravierende Brand- und Schnittverletzungen gegeben, bis hin zur Verstümmelung. Im Normalfall zeigen sich vermehrt Komplikationen bei Geburten. Die werdenden Mütter ignorieren die Geburtswehen bzw. es stellen sich keine ein. Es ergibt sich entweder die Gefahr, das Kind zu übertragen, oder die Geburt beginnt völlig unverhofft.
Signifikant häufig muß die Geburt künstlich eingeleitet werden. Der Geburtsvorgang ist – zumindest bei Erstgeburten – nicht frei von Komplikationen, es müssen Schmerzmittel gegeben werden, im Extremfall kommt es zum Kaiserschnitt (zusätzlich Ma/Ur, Mo/Ur). Die Kinder weisen im ersten Lebensjahr auffallend häufig Pilzerkrankungen, Hautirritationen und Allergien auf, die allerdings schon im zweiten Lebensjahr wesentlich an Bedeutung verlieren.

f) Ersatzidentitäten

Der verschüttete Zugang zur Eigenart wird durch die Übernahme fremder Identitäten kaschiert. Dies ist z. B. bei Schauspielern, die völlig in ihrer Rolle aufgehen, der Fall (Beispiel: Elisabeth Taylor). Charakterzüge der gespielten Rolle werden auch im Privatleben übernommen und als Teil der eigenen Persönlichkeit betrachtet.
Auch in weniger gravierenden Fällen kann die Neigung beobachtet werden, Modeerscheinungen und Wesenszüge bewunderter Personen als Eigenart zu empfinden und darzustellen.

3. Endogene Depressionen

Bei dominanten Mars/Neptun-Konstellationen (Bezug erster und zweiter Quadrant) besteht die Tendenz zu sogenannten endogenen Depressionen, d. h., die Nativen geraten scheinbar ohne jeden äußeren Anlaß in niedergedrückte Stimmungen, die mit starker Antriebsarmut und einem ausgeprägten Sinn-

losigkeitsgefühl einhergehen. Man empfindet sich als gelähmt und wirft sich gleichzeitig seine Inaktivität vor. Psychopharmaka bleiben in solchen Phasen wirkungslos oder bringen in manchen Fällen die Gefahr eines unkontrollierbaren Umkippens ins Manische mit sich.
Bei dieser Konstellation kann eine starke Disposition zum Kunsthandwerklichen, insbesondere aber zur Malerei nachgewiesen werden. Entsprechende Experimente zeigten, daß die aktive Beschäftigung mit der Malerei auf die psychischen Problematiken dieser Konstellation einen ausgesprochen positiven Effekt hat. Oft beginnen sich die Nativen unbewußt in Krisensituationen mit der Malerei oder anderen Kunstformen auseinanderzusetzen*.

* So ist dem Autor der Fall eines Klienten bekannt, der im fortgeschrittenen Alter zum ersten Mal begann, sich aktiv mit Malerei zu beschäftigen. Dieser Prozeß verlief parallel zur äußerst schmerzhaften Trennung seiner langjährigen Ehe bzw. war daran auslösend im Sinne einer Bewußtwerdung beteiligt.

Partnerschaften

Da Ma/Ne-Konstellationen eine massive Schwächung der instinktiven Eigenart darstellen, werden sich besonders im Partnerschaftsbereich Überlagerungen durch dominantere Marsverbindungen ergeben. Die Neptunanalogien werden eher in Form einer Tönung der übrigen Marskonstellationen in Erscheinung treten.
Lediglich wenn sich die Ma/Ne-Entsprechungen mehrmals wiederholen und/oder keine anderen wesentlichen Marsverbindungen nachweisbar sind, kann von einem deutlichen Zutagetreten der im folgenden beschriebenen Entsprechungen ausgegangen werden:

1. Der Papiertiger
2. Die Konfliktvermeidung
3. Die Überanpassung
4. Selbstdurchsetzung in Schwebezuständen
5. Das Helfersyndrom

1. Der Papiertiger

Die Nativen suchen sich Partner, die ihnen helfen, ihren Mangel an Durchsetzungsfähigkeit (»Männlichkeit«) zu überspielen, der als Schwäche empfunden wird und demzufolge das Selbstwertgefühl einschränkt. Dies geschieht zum einen mit Hilfe einer zur Schau gestellten Dominanz. Man kommandiert den Partner vor anderen herum, gibt sich betont unabhängig und selbständig, demonstriert (intellektuelle) Überlegenheit etc. In allen wesentlichen Entscheidungen besteht jedoch die deutliche Tendenz, sich unterzuordnen, so daß es vielfach zu einem unausgesprochenen »Deal« kommt: Der Native darf formal die Führung übernehmen (um sich stark fühlen zu können) und gibt damit das Versprechen, den Wünschen des Partners großzügig nachzugeben.

2. *Die Konfliktvermeidung*

Die bereits in der Kindheit erworbene Angst vor Auseinandersetzungen, das mangelnde Vertrauen in die Fähigkeit, eigene Interessen in Streitigkeiten effektiv zu vertreten, führt vielfach zur Konfliktvermeidung. Symptomatisch ist hier die auf Befragen häufige Aussage: »Meine Eltern haben sich nie gestritten.«

Hier ergibt sich die Tendenz, daß elementare Unstimmigkeiten in der Partnerschaft totgeschwiegen und unter den Teppich gekehrt werden, im Extremfall ihre Existenz verleugnet wird. Meistens kommt es dann zur schleichend wachsenden Aggression, die Jahre bis Jahrzehnte später in unverhohlenen Haß umschlagen kann (mit der verwunderten Frage an sich selbst, wie man mit einem solchen Partner jemals zusammensein konnte...).

In weniger dramatischen Fällen weicht man aus, sucht die Lösung nicht in der Konfrontation, sondern handelt nach dem Standpunkt: »Was der andere nicht weiß, macht ihn nicht heiß.« Offener Widerspruch wird vermieden, man akzeptiert scheinbar Einschränkungen eigener Interessen, um sie anderweitig, »hinter dem Rücken« des anderen, zu befriedigen.

Derartige Kompensationsformen beruhen oft durchaus auf Wechselseitigkeit. Gegenseitiges Vertrauen ist hiermit ausgeschlossen. Man weiß nicht, was den anderen bewegt, und unterstellt ihm alle möglichen Heimlichkeiten. Derartige Formen der Konfliktbewältigung machen aus einer Partnerschaft schnell eine Scheinbeziehung. Seitensprünge und heimliche Liebhaber sind lediglich Konsequenz und konkrete Manifestation dieser Entwicklung.

Symptomatisch für Mars/Neptun-Verbindungen ist, daß die Nativen in außerehelichen, illegalen Beziehungen weitaus besser ihre instinktiven Bedürfnisse erkennen, zulassen und ausleben können als in regulären Partnerschaften. So wird die harmonische Beziehung zu einem heimlichen Liebhaber, nachdem sie legalisiert wurde, ähnliche Probleme aufweisen wie die Verbindung mit dem vorherigen Partner.

3. Die Überanpassung

Auch diese Partnerschaftsform hat ihre »Ursachen« in den Erfahrungen der Kindheit. Die durch die damaligen Lebensumstände erzwungene Betäubung der Eigenart führt zum »Verlust« der Identität. Man wird formbar und ist bereit, sich eine Identität vom Partner zuweisen zu lassen. Der Native zeigt sich als Spiegelbild der Erwartungshaltung des Partners. Da keine eigenständige Persönlichkeit angeboten wurde, ist man offen für das Wunschdenken bzw. die Projektionen sämtlicher in Frage kommender Partner. Es findet beim Zustandekommen der Beziehung keine »Vorauswahl« statt, die ungeeignete Konstellationen ausgrenzt. Die Beziehung trägt somit das Signum des Zufälligen. Die ersatzweise (»weil man nichts Besseres hat«) aus dem Wunschdenken des Partners konstruierte Identität erhält jedoch vielfach nach längerer »Inkubationszeit« kathartischen Charakter: Die Ersatzidentität wurde gleichsam zu einem Kokon, in dem sich der instinktiven Eigenart entsprechende Wesenszüge entwickeln konnten, bis sie stark genug sind, um die schützende Schale zu durchbrechen. Es ist offensichtlich und unvermeidlich, daß die Beziehung zu diesem Zeitpunkt in eine existentielle Krise gerät. Der Native entpuppt sich als ein von der bisherigen Wahrnehmung völlig verschiedenes, wesentlich »unangenehmeres« Wesen.

Über die weitere Entwicklung entscheiden eine Vielzahl unkalkulierbarer Kriterien. Wenn der Native den Mut hat, die wiederentdeckte bzw. gereifte Eigenart gegen den Widerstand des anderen konsequent zu leben, so hängt es von der seelischen Reife des Partners ab, ob er eine derartige Zerreißprobe bestehen kann und will. Meist wird jedoch eine Trennung unvermeidlich sein. Der Partner fühlt sich betrogen und hintergangen. Er glaubt, man habe ihm jahrelang etwas vorgespielt, um sein wahres Gesicht zu zeigen*. Zudem kommt die Entwicklung für ihn meist zu überraschend und schockartig. Der Kokon des Nativen blieb über einen langen Zeitraum gleich, forderte keine Veränderung heraus, während unter der Schale eine Metamorphose stattfand. Ein weiteres Kriterium ist, daß die Partner der Nativen meist selbst über mangelndes Selbstwertgefühl verfügen, sie wären sonst eine reizarme, sie permanent bestätigende Beziehung nicht eingegangen. Die Entpuppung des Partners stellt ihr meist eigenes Selbstverständnis über ihren Toleranzrahmen hinaus in Frage.

Erweist sich die Partnerschaft der Belastung gewachsen, so stellt dies für beide einen immensen Bewußtseinssprung dar. Man lernt sich nun zum ersten Mal wirklich kennen und ist fähig und bereit, ein bis dahin nicht gekanntes Maß an Nähe und Vertrautheit zuzulassen; die Partnerschaft wird wahr und echt.

Leider ist der Native jedoch allzu häufig nicht in der Lage, den Bedrohungen, die sich aus dem konsequenten Festhalten an der wiederentdeckten Eigenart ergeben, standzuhalten. Er kehrt in die alten Verhaltensmuster zurück. Der Kokon wird von einer Schutzhaut des Instinktiven zu einem Gefängnis.

4. *Selbstdurchsetzung in Schwebezuständen*

Diese Konstellation entspricht der eigentümlichen Fähigkeit der Nativen, ihre instinktiven Interessen vornehmlich in unklaren Partnerschaftssituationen empfinden und verwirklichen zu können. Solange eine Beziehung noch nicht oder nicht mehr definiert ist, scheint die Blockierung der Eigenart

* Dieses Gefühl ist durchaus nicht ohne Berechtigung. Tatsächlich zeigt der Native nun zum ersten Mal sein wahres Gesicht. In der Tat wurde dem Partner die ganze Zeit etwas vorgespielt. Man kann sogar so weit gehen und zugestehen, daß der Native in gewisser Weise auf Kosten des Partners gelebt hat. Da es sich jedoch um einen symbiotischen Vorgang handelte (schließlich hatte der Partner durchaus Vorteile durch die Mimikry des Nativen), kann von Schuld nicht die Rede sein. Maßgeblich ist hier vielmehr das Empfinden, etwas bisher als selbstverständlich Betrachtetes entzogen zu bekommen.

aufgehoben. Es wird kein (sonst vorhandener) Widerstand empfunden, vielmehr scheinen unklare Bedingungen zu beflügeln. Dies zeigt sich zum Beispiel in Phasen, in denen man zwischen zwei Partnern hin- und hergerissen ist. Obwohl man vielfach glaubt, leiden zu müssen, handelt es sich doch um Perioden außergewöhnlicher Freiheit im Selbstausdruck. Ähnliches gilt für illegale Beziehungen, z. B. zu verheirateten Partnern. Dies ist der Grund, warum viele Native mit dominanten Sonnenkonstellationen (z. B. So/Ma; So/Ur) verbindlichen Partnerschaften konsequent aus dem Weg gehen.

5. *Das Helfersyndrom*

Hier wird der Partner zur Kompensation der eigenen Unsicherheit und Schwäche benutzt. Es werden Beziehungen eingegangen, in denen der Partner in irgendeiner Form deutlich unterlegen und in diesem Sinne abhängig ist. Vielfach handelt es sich hier um eine massive psychische Labilität (insbesondere Neurosen, Suchtneigungen), gelegentlich auch körperliche Erkrankungen oder Behinderungen. Zumindest ist jedoch ein großes Maß an Unselbständigkeit beim Partner gegeben, und es ist symptomatisch, daß keine Seite an dieser Situation wirklich etwas ändern will, so daß dieser Zustand durchaus über Jahrzehnte hinweg beibehalten werden kann. In psychologischer Hinsicht handelt es sich hier um eine Symbiose: Der Native gewinnt aus der Schwäche des Partners seine Stärke, sie ist »bedeutsam«. Die schwache Durchsetzungsfähigkeit wird nicht angegriffen, sondern gefördert.
Aus astrologischer Sicht deckt der Partner den Neptunanteil in der Mars/Neptun-Verbindung des Nativen ab. Die instinktive Eigenart kann sich unverschleiert durchsetzen.

Sexualität

Auch im Bereich der Sexualität haben Mars/Neptun-Konstellationen die Tendenz, durch andere Planetenverbindungen überdeckt zu werden. So kommt den im folgenden zu beschreibenden Analogien nur ein untergeordneter Stellenwert zu, der erst bei besonderer Dominanz dieses Bildes (mehrfache Wiederholung) wesentlich an Bedeutung gewinnt. Ähnliches gilt, wenn keine anderen nennenswerten Marsverbindungen vorhanden sind.
Die Betäubung der Eigenart kann sich in sexueller Ratlosigkeit und Desorientierung äußern. Man kennt seine Bedürfnisse nicht und kann sie deshalb auch nicht ausdrücken. Als mögliche Folge ergeben sich zwei unterschiedliche Verhaltensdispositionen:

1. Die chronische Unzufriedenheit
2. Die Unterordnung

1. Die chronische Unzufriedenheit

Da eigene Triebmotivationen nicht empfunden werden, kann sie der Partner auch nicht befriedigen. Als Konsequenz neigt man zum Experimentieren, um vielleicht durch Zufall den »Schlüssel zur Lust« zu entdecken. Dies geschieht entweder durch eine chronische Aufforderungshaltung dem Partner gegenüber (»laß dir mal was einfallen . . .«) oder durch häufigeren Partnerwechsel. Da diese Konstellation jedoch – falls keine dem widersprechenden Aspekte vorhanden sind – mit einer anlagebedingten oder erworbenen Triebschwäche einhergeht, läßt das sexuelle Interesse oft schon frühzeitig nach. Man wendet sich »Wesentlicherem« zu.

2. Die Unterordnung

Hier fügt man sich den Wünschen des Partners, läßt sich mitziehen, ohne besondere Eigeninitiative zu entwickeln. Diese Verwirklichungsform ist häufig in Maßen befriedigend und unproblematisch, solange der Partner nicht zu sexuellen (und emotionalen) Übergriffen »aufgefordert« wird. Frauen vermittelte das Verhalten und die Erziehung der Mütter, daß sie, wenn sie einen Mann »halten« wollen, keine eigenen »Ansprüche« zu zeigen hätten. Insbesondere in der Sexualität solle man sich den Wünschen des Partners fügen, um ihn nicht zu verlieren. Dies geht so weit, daß häufig in der Sexualität auf die Verhütung verzichtet wird, um den Partner in seinem Drängen nicht zu unterbrechen oder zu irritieren. Dementsprechend hoch ist hier die Zahl ungewollter Schwangerschaften.

Bei Männern kommt es vielfach zur Triebtarnung. Maßgeblich ist hier die (wiederum primär durch die Mutter induzierte) Prägung, daß Männer »immer nur das eine« wollen und somit in ihrer Sexualität als verwerflich und verantwortungslos abzulehnen seien. So zeichnet sich (nach dem Bild der Mutter) ein »guter« Mann durch seine nichtvorhandene bzw. »sublimierte« Sexualität aus (»ein anständiger Junge tut so etwas nicht«). Es ergeben sich erotische Beziehungen primär zu Partnern, welche die eigene »Schmutzigkeit« bestätigen (z. B. Prostituierte), oder man weicht auf Ersatzhandlungen (Pornographie, Masturbation) aus, in denen man aufgrund ihres unpersönlichen Charakters nicht am anderen schuldig werden kann.

In tiefer gehenden Beziehungen hingegen versucht man durch Ritterlichkeit, d. h. Verleugnung der Triebsphäre zu glänzen. So entstehen dauerhafte Verbindungen vorzugsweise zu Partnerinnen, die einen deutlichen Zug ins Frigide aufweisen.

Ergeben sich (meist in der zweiten Lebenshälfte) Beziehungen zu sexuell unblockierten Frauen, besteht weiterhin die Hemmung, der eigenen Triebstruktur gerecht zu werden.

Man glaubt der Partnerin immer »zu Willen« sein zu müssen. Unübersehbar ist die Tendenz, Alkohol oder andere Rauschmittel als sexuelles Stimulans und als Enthemmer zu verwenden.
In der Praxis hat sich vielfach bestätigt, daß Frauen in seelischen Umbruchphasen zur Promiskuität neigen – eine Tendenz, die bei dieser Konstellation kaum im Sinne eines erhöhten Freiheitsdranges oder gar massiv gesteigerten Interesses zu interpretieren ist, vielmehr werden Sexualität und körperliche Nähe als Ersatz für seelische Geborgenheit und Schutz gesucht. In solchen Phasen kann eine signifikant gesteigerte Neigung zu Infektionen der Sexualorgane (Trichomonaden, Bakterien, insbesondere Pilzen) verzeichnet werden.
Bei Bezug zum ersten und dritten Quadranten besteht eine grundsätzliche Disposition zu Erkrankungen der Sexualorgane (bei Männern vornehmlich Gonorrhöe, Ekzeme; bei Frauen Pilzerkrankungen).

WEIBL. NATIVITÄT

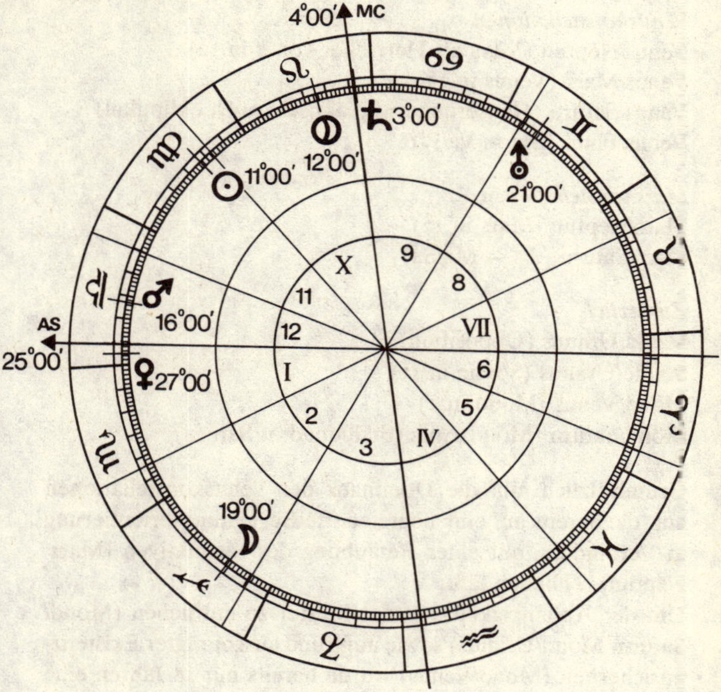

Planeten		
☉	11°00'	♍
☾	19°00'	♐
♀	27°00'	♎
♂	16°00'	♎
♄	03°00'	♌
⛢	21°00'	♊
⦶	12°00'	♌

Häuser
AS = 25°00' ♎
MC = 04°00' ♌
(Beschreibung siehe Seite 158–159)

Beispielhoroskop: Weibliche Nativität

Venuskonstellationen
Venus/Neptun (Mars als Herrscher von 7 in 12)
Venus/Mars (Venus in 1)
Venus/Saturn (Häuserquadrat plaktisch, auch ekliptikal)
Venus/Pluto (Mc = Ve/Pl)

Marskonstellationen
Mars/Neptun (Mars in 12)
Mars/Saturn (As = Ma/Sa)

Zusätzlich
Mond/Uranus (Opposition)
Sonne/Uranus (Sonne in 11)
Mond/Venus (Mond in 2)
Mond/Saturn (Mond Anderthalbquadrat Saturn)

Grundsätzlich fällt die Dominanz der Venuskonstellationen auf, die bereits auf eine übersteuerte Begegnungsorientierung in Verbindung mit einer Betäubung des Instinktiven (Mars/Neptun) schließen läßt.
Um der Abhängigkeit von der Mutter zu entfliehen (Mond/Saturn, Mond/Uranus) sowie aufgrund ausgeprägter Existenzunsicherheit (Mond/Venus) wurde bereits mit 18 Jahren eine Ehe eingegangen. Eine echte Begegnung war aufgrund der seelischen Unberührbarkeit (Mond/Uranus), die sich auch konsequent im Handeln widerspiegelte (Sonne/Uranus), nicht möglich. Verschärfend kam die Existenzunsicherheit hinzu. Als Selbstschutz, um nicht die Gefahr der Ablehnung bzw. des Widerspruchs zu provozieren, wurde die Betäubung des Instinktiven (Mars/Neptun) notwendig, die jeden Ausdruck von Eigenart unterband. Bestimmendes Lebenskriterium wurde so der Wunsch, von allen gemocht, insbesondere vom Partner akzeptiert zu werden (Ve/Ma, Ve/Ne, Ve/Pl). Hierbei mußte die sexuelle Eigenart geopfert werden (Neptun als Herrscher von 5 in 12 nicht abgebildet).

Als Konsequenz ergab sich um das 40. Lebensjahr ein in[illegible]rabler Brustkrebs, im Sinne einer »Implosion des Instinktiven«, wobei Mars/Neptun, Venus/Neptun präzise dem Brustkrebs bzw. malignen Erkrankungen der Sexualorgane im allgemeinen entsprechen. Die Tumorbildung wird durch Mc=Ve/Pl angezeigt.
Ein vorgeschlagener (und akzeptierter) Therapieversuch bei einem nach astrologisch-psychologischen Kriterien arbeitenden Heilpraktiker wurde nicht angetreten.

Mars/Pluto

Bekannte Persönlichkeiten / wichtige Ereignisse

Mars in 8
Bundesrepublik Deutschland, Staatshoroskop; Marilyn Monroe, Schauspielerin; Ermordung von v. Braunmühl; Adolf Hitler; Benito Mussolini, Faschist; Rudolf Heß, Nationalsozialist; Gudrun Ensslin, Terroristin; Hans Chr. Andersen, Autor; Fred Astaire, Schauspieler und Tänzer; John F. Kennedy, Politiker; Joan Baez, Sängerin; Prinz Eugen, Feldherr; John Glenn, Astronaut; Elvis Presley, Sänger; Oswald Spengler, Historiker; José Feliciano, Musiker; Elton John, Musiker; Jim Jones, Kultfigur; Abraham Lincoln, Politiker; Sidney Poitier, Schauspieler; Erwin Rommel, General

Pluto in 1
Nicolaus Copernicus, Astronom; Robert »Bobby« Fischer, Schachgroßmeister; Marcel Proust, Schriftsteller; Greta Garbo, Schauspielerin; Franz Liszt, Komponist; Alfred Biolek, Showmaster; Prinz Charles, engl. Königshaus; Mick Jagger, Popstar und Sexidol; Henry Kissinger, Politiker; Abraham Lincoln, Politiker; Karl Marx, Philosoph; Keith Emerson, Musiker; Johann W. v. Goethe; Nikola Tesla, Erfinder; Orson Welles, Regisseur; Albrecht Dürer, Maler; Ram Dass, spiritueller Lehrer; Adolf Eichmann, Nationalsozialist; Fr. Burda, Verleger; George Sand, enfant terrible

Mars/Pluto

Diese Konstellation gilt für Mars in 8, Pluto in 1, Mars/Pluto Konjunktion, Mars/Pluto-Quadrat, Mars/Pluto-Opposition, As = Ma/Pl, Mc = Ma/Pl, Mars/Pluto-Spiegelpunkt, Pluto-Spiegelpunkt Aszendent, Mars-Spiegelpunkt Spitze 8, Mars auf 20° Krebs, Mars auf 20° Steinbock, Pluto auf 20° Skorpion.

Bevor diese Konstellation im einzelnen beschrieben wird, scheinen einige erklärende Worte angebracht. Die Vielzahl düsterer und für einige Betroffene sicherlich befremdlich wirkenden Entsprechungen müssen, mehr noch als die Beschreibungen anderer Konstellationen, als Analogien, als Bilder aufgefaßt werden. In der Tat symbolisiert Mars/Pluto eine Vielzahl destruktiver Energien mit in der Praxis häufig erschreckenden Auswirkungen.
Zwar können in den Horoskopen krankhafter (Sexual-)Verbrecher und (Massen-)Mörder nahezu immer Mars/Pluto-Konstellationen (meist in Verbindung mit Ve/Pl bzw. Mo/Pl) nachgewiesen werden*, dennoch ist der Schluß unzulässig, daß somit in jedem Nativen mit einer vergleichbaren Konstellation ein potentieller Triebtäter und Mörder stecke! Dieser Umstand kann nicht genug betont werden. Hierbei muß gar nicht die vielzitierte Notwendigkeit einer Gesamtschau des Geburtsbildes bemüht werden, es ist völlig ausreichend, sich zu vergegenwärtigen, daß eine *wertende Interpretation niemals möglich* ist. So ist auch Mars/Pluto, obwohl nach unserem Dafürhalten zu den besonders schwierigen Konstellationen zu zählen, grundsätzlich nicht negativ oder gar als bösartig zu bewerten. Diese Konstellation birgt allerdings die Möglichkeit zum Bösen in besonderem Maße in sich. Ob den Verlockungen des Destruktiven nachgegeben oder ob das hochenergetische Potential verantwortungsvoll und damit heilbringend genutzt wird, ist die Entscheidung des einzelnen.

* So finden sich dominante Mars/Pluto-Konstellationen in den Horoskopen von Landru, Haarman, Kürten, Jim Jones, Adolf Hitler, Mussolini etc.

Die Dramatik der Darstellung mag sich durch den formalen Hinweis relativieren, daß sich allein die Häuserentsprechungen (Ma in 8 oder Pl in 1) bereits in jedem sechsten Horoskop finden, eine Zahl, die sich bei Berücksichtigung der Aspekte, Spiegelpunkte etc. noch wesentlich vergrößert.
Es wird noch einmal ausdrücklich darum gebeten, den folgenden Text wie die übrigen Beschreibungen auch keinesfalls als Interpretation einer persönlichen Konstellation, sondern als bewußt überzogene, weitgehend idealtypologische Schilderung eines Prinzips aufzufassen. Im Rahmen einer allgemeinen, grundsätzlichen Beschreibung muß es dem Leser überlassen bleiben, in verantwortungsvoller Auseinandersetzung mit dem Text, im Vergleich mit dem eigenen Horoskop, das Ausmaß der Übereinstimmung von Beschreibung, persönlichem Charakter und Schicksal herauszufinden.
Mars/Pluto entspricht der Überhöhung des Individuellen zum Leitbildhaften. Subjekte Antriebe werden verdichtet, komprimiert und generalisiert. Je nach Bezugsebene entstehen hieraus Kitsch, Klischee, Schema. Die Kategorisierung geht so weit, daß in der (fanatischen) Ideologie individuelle Unterschiede zum Makel werden.
Mars/Pluto repräsentiert die Kräfte, welche sich mit dem Kollektiven identifizieren, die eigene Kraft in den Dienst einer »großen Sache« stellen wollen. Die Faszination (und die Gefahr) dieser Konstellation liegt in ihrer Trivialität. Die Phantasieprodukte James Bond, Superman, Spiderman etc. symbolisieren undifferenzierte Übermenschen, die zur Identifikation auffordern.
Das solchen Figuren und solchen Geschichten immer immanente Schwarzweißdenken (»die Guten gegen die Bösen«) ist nur in seiner praktischen Bedeutung, nicht aber in seiner Qualität, vom Faschismus (und jeder anderen totalitären Denkweise) verschieden. Diese Konstellation verbindet individuellen Antrieb (Ma) und Kollektives (Pl). Diesen Kräften ausgesetzt, gerät man in rauschhafte Raserei (Berserker), in welcher Kraft und Stärke mit der Wahrheit gleichgesetzt wer-

den. Wie unter Zwang muß gehandelt, muß Gewalt ausgeübt werden.
Verwundung und Tod werden in Kauf genommen oder sogar angestrebt. Der Kamikazeflieger in Japan, der nur darauf wartet, sich für seine Nation (»die Erhaltung der Art«) in die Luft sprengen zu dürfen, handelt nach dem gleichen Prinzip wie das Spinnenmännchen, das sich nach der Paarung fressen läßt, um die Ernährung der Nachkommenschaft zu sichern.
Offensichtlich ist, daß bei dieser Konstellation die Themen Sexualität, Gewalt und Tod eng miteinander verknüpft sind*.
Pluto als höhere Oktave des Mars bringt keine neuen, widersprüchlichen Inhalte, sondern lediglich eine Erweiterung, eine Akzentuierung anderer Obertöne. Mars und Pluto spielen quasi das gleiche Thema auf verschiedenen Instrumenten. Dies gibt dieser Konstellation große Durchschlagskraft, es finden keine Richtungskämpfe und keine gegenseitigen Reibungsverluste statt. Dennoch sind Mars und Pluto in ihrer *Zielsetzung* gegensätzlich: Mars symbolisiert die Fähigkeit, für unsere subjektiven Bedürfnisse zu kämpfen. Pluto hingegen repräsentiert Reaktionsmuster, die der Arterhaltung dienen sollen und somit persönlichen Motiven übergeordnet sind**.
Eine Verbindung beider Kriterien führt zur Unbedingtheit, zu Radikalität und Fanatismus. Wer für seine Sache den Tod billigend in Kauf nimmt, ist Argumenten kaum noch zugänglich. In einem mystischen Sinne scheint diese Konstellation die Illusion physischer Unsterblichkeit, die Überwindung der Todesfurcht darzustellen.

* Daß es sich hier um Urkräfte handelt, wird schon durch den Umstand deutlich, daß »Sex and Crime« nach wie vor die wesentlichen Ingredienzen kommerzieller Unterhaltung darstellen.

** Der von Freud postulierte Todestrieb (»Thanatos«) ist somit nicht das Bestreben, sich selbst zu zerstören, wie er irrtümlich annahm, sondern das Ausschalten des Selbsterhaltungstriebs im Interesse der Art.

Analogien der vier Verwirklichungsebenen

Materielle Ebene

Das Spinnenmännchen, strahlende Schwermetalle (Radium, Strontium, Caesium etc.), »freie Radikale«, Röntgenstrahlung, Kamikaze, Antibiotika, Polizei, Wehrsportgruppe, angeborene Schädigung, Kanalisation, Exkremente, Kernphysik, Deformation, Verzerrung; Terrorgruppe, Gewalt im Untergrund, Folter, Prothese, chirurgisches Instrumentarium (Skalpell), Rasierklinge, Laser, Flammenwerfer, Motorsäge, Uniformen, Militaria, Henker, Schlächter, Chirurg, Strychnin, Blausäure, Zyankali, Dioxin, Bilsenkraut, Amphetamine (Ma/Ne).

Vitale Ebene

Gewaltsamer Tod, Regenerationsfähigkeit, Chromosomenbrüche (Sa), Warzen, Kondylome, Amputation, übersteigerter (Sexual-)Trieb, Nymphomanie, Satyriasis, extreme Aggressivität, Überproduktion geschlechtsspezifischer Hormone (z.B. Testosteron, Östrogene), Gestank, Fäulnis, Zersetzung, Blindheit, Prostatatumore, extremer Bluthochdruck, »Strahlenkrankheit«, Hämorrhoiden (zusätzlich Ve/Sa), (Mast-)Darmstörungen, Darmkrebs, chronische Verstopfung (zusätzlich Me/Sa), Vireninfektionen, Parasiten und Wucherungen (zusätzlich Ju), Dauerstreß, Hochleistungssport, Schlaganfall, Herzinfarkt, Herzneurose (zusätzlich So/Ur; Ma/Ur), Koronarsklerose: Verkalkung der Herzkranzgefäße (zusätzlich So/Sa, mund.), hoher Blutdruck, Hypertrophie (Vergrößerung) der linken Herzkammer, Aortengeräusche, Tendenz zur Parkinsonschen Krankheit (zusätzlich Ma/Ur), Blähsucht, Meteorismus, Darmkoliken, Ruhr, Parodontose, nervöses Zittern, Skoliose: seitliche Rückgratverkrümmung (zusätzlich Ma/Ur); Stoffwechselstörungen, Hautunreinheiten, Ringe unter den Augen (»Waschbäreffekt«), auffallende

Blässe, Phantomschmerzen, Quetschung, Autounfall, Raserei, Vergewaltigung, Sonnenallergie, Milchschorf, (gutartige) Brusttumore (zusätzlich So/Pl).

Mentale Ebene

Militarismus, Fanatismus, Eid, Schwur, Gelöbnis, Satanskult, Kannibalismus, Hinrichtung, Ermordung, Blutsbrüderschaft, Paramilitarismus, Identifikation mit Idealen, Unbelehrbarkeit, Angstpsychose, Ausbruch aus Triebmustern: Abartigkeit; dogmatisch, Haß, Rassismus, Klassenideologie, sich für eine Idee oder Gruppe opfern, Unzucht mit Abhängigen, »Helden«: James Bond, Superman etc.; Inzucht, Suizid, Suizid des Vaters, Hypochondrie, Zwangsneurosen (insbesondere Waschzwang), panische Angst, Dämonen, der Teufel, Zyklopen, Schwarzmagier.

Transpersonale Ebene

»Befehlsnotstand«, Irritationen im Erbgut, Mutation (zusätzlich Ma/Ur), Hypersexualität, Radioaktivität, Militärputsch, Tod im Krieg, Folter, Amokläufer, Tod der Eltern, insbesondere des Vaters, meist um das zehnte Lebensjahr des Kindes; Macht, Besessenheit, das Sippenkarma.

Frühe Kindheit und Elternbezug

Folgende (teilweise widersprüchlichen), für die spätere Entwicklung maßgeblichen Familiensituationen konnten beobachtet werden:

1. Toleranz als Denkhaltung
2. Das dogmatische Elternhaus
3. Der rigide Vater
4. Die mittlere Geschwisterposition
5. Inzucht

1. Toleranz als Denkhaltung

Hierunter ist eine dogmatische Toleranz der Eltern, insbesondere des Vaters zu verstehen. Aufgrund gesellschaftlicher Position, religiöser oder politischer Überzeugung oder auch »nur« dank eines ungewöhnlichen Selbstbewußtseins, einer vom Konformitätsdruck ungetrübten geistigen Eigenständigkeit, erhalten die Kinder ungewöhnliche Freiräume. Sie dürfen mit den Erwachsenen essen, werden nicht zum Gehorsam gezwungen, dürfen ihre Ansichten ungestraft äußern etc. Kinder, die in einem solchen Klima aufwachsen, entwickeln oft außergewöhnlich schnell einen hohen Grad seelischer Reife. Dies zeigt sich vor allem in künstlerischen und rhetorischen (gelegentlich auch naturwissenschaftlichen) Interessen. Da dem expansiven Wunsch nach Selbstdarstellung und Aufmerksamkeit kein Riegel vorgeschoben wird, sie in ihrer Persönlichkeitsentfaltung nicht eingeschränkt werden, geraten sie recht häufig in den Ruf, frühreif, außergewöhnlich begabt oder gar ein Wunderkind zu sein (Beispiel: Orson Welles).
In einer Vielzahl von Fällen konnte ein oft tragisches Auseinanderbrechen der Familie (Scheidung, vor allem aber psychische Erkrankung und Tod des Vaters), bevor der Native die Pubertät erreichte, festgestellt werden.

2. *Das dogmatische Elternhaus*

Häufig herrschte im Elternhaus der Nativen eine ideologisch durchsetzte Atmosphäre. Dinge geschahen nicht um ihrer selbst willen, aus Vergnügen oder unbedacht, sondern stets aus Prinzip. So gab es wenig Spielraum für die Eigenart, man war in der intoleranten, dogmatischen Vorstellungswelt des Elternhauses gefangen. Bestimmender Prinzipienreiter war meist der Vater, ausführendes Organ die Mutter.
Konkret entspricht dies z. B. der Situation vieler stark religiös ausgerichteter Familien, in denen Lebensangst und -verbitterung durch ideologische Strenge kompensiert werden sollte. Ähnliches gilt für Familien mit ausgeprägter politischer und/oder wirtschaftlicher Orientierung, in der das Kind konsequent zum Klassenbewußtsein erzogen wird.
In weniger gravierenden Fällen werden die persönlichen Wünsche hochgesteckten Familieninteressen geopfert*.

3. *Der rigide Vater*

Die Beziehung der Eltern ist durch die herrschenden Machtverhältnisse bestimmt und geprägt. D. h., es geht nicht um harmonische Ergänzung, um die Suche nach einem für beide Seiten befriedigenden gemeinsamen Weg, sondern um die Durchsetzung des Stärkeren, Mächtigeren. Dies ist überwiegend der Vater. Die Familie ist wirtschaftlich von ihm abhängig. So ist die Beziehung der Eltern von subtiler oder offener Gewalttätigkeit bestimmt. Der Vater setzt seine persönlichen Interessen ohne Rücksicht auf die Familie durch, die Erniedrigung der Frau ist offensichtlich. Exemplarisch zeigt sich dies durch demonstratives Fremdgehen im Zeitraum von Schwan-

* So lebte z. B. die Familie einer Klientin 17 Jahre lang in einer winzigen Dachgeschoßwohnung bei den Schwiegereltern; drei Kinder mußten sich ein Zimmer teilen. Der Vater verdiente gut, so daß eine angemessene Mietwohnung ohne weiteres finanzierbar gewesen wäre. Da man jedoch auf ein eigenes Haus hinarbeitete, wurde radikal gespart.

gerschaft und Geburt: Die Frau kann nicht weglaufen, sie ist gerade jetzt vom Partner abhängig und muß die Erniedrigung hinnehmen. Um diesen Zustand ertragen zu können, bedarf es der Rechtfertigung. Die Mutter muß das Verhalten des Vaters legitimieren, um ihre Selbstachtung nicht vollständig zu verlieren. Bei ihr entwickelt sich eine aggressive Dulderhaltung, eine grimmige Unterwerfung, die schließlich zur Verhärmung führt. Häufig war diese Situation schon durch die voreheliche soziale Situation der Eltern prädestiniert. Der Vater befand sich bereits in (relativ) gehobener Stellung, die Mutter hingegen stammte aus einer unteren Schicht oder war gar ein »gefallenes Mädchen« mit unehelichem Kind o. ä.* So mußte die Mutter immer dankbar sein, daß sie von einem solchen Mann geheiratet wurde. Anrechte auf Gegenforderungen bestanden nicht.
Die Auswirkung dieser Situation auf die kindliche Entwicklung ist geschlechtsabhängig. Männliche Native erblicken im Vater meist ein Vorbild, zumindest aber einen geachteten Gegner. Auch wenn sich bereits in früher Jugend eigene Zielvorstellungen herausbilden, die mit denen des Vaters in Konflikt stehen, so sucht man doch (meist durchaus erfolgreich) dessen Rigorosität, Ehrgeiz und Rücksichtslosigkeit zu kopieren. Weibliche Native hingegen übernehmen die Opferrolle: Sie dulden die eigene Unterdrückung und Demütigung, rechtfertigen Übergriffe**.
Entsprechend dieser Disposition ergeben sich bei Frauen in der späteren Entwicklung Korrekturen eher im Somatischen, bei Männern hingegen im Schicksal.
Finden sich im Radix des Vaters Konstellationen, die auf ein

* Natürlich gibt es auch den umgekehrten Fall (»Industriellentochter heiratet Angestellten«). Da er jedoch wesentlich seltener vorkommt und um unnötige Wiederholungen zu vermeiden, beziehen sich die Beispiele lediglich auf eine dominante Vaterfigur.

** Überzufällig häufig wurden Frauen mit dominanten Mars/Pluto-Konstellationen in Kindheit und früher Jugend von ihren Vätern sexuell angegangen oder gar vergewaltigt. Selbst hier wurde die Opferrolle meist aufrechterhalten. Die Nativen bagatellisierten das Verhalten des Vaters, suchten die Schuld bei sich.

geschwächtes Durchsetzungsvermögen hinweisen (zusätzlich Ma/Ur, So/Ne) oder/und kam es zu einer moralischen Sublimierung bzw. Kompensation, so entstehen überzufällig häufig psychische Erkrankungen, insbesondere Zwangsneurosen, Paranoia, Verfolgungswahn sowie autoaggressive Tendenzen (zusätzlich Ma/Ur, Ma/Ne). Diese bleiben auch der engsten Umgebung bis zum Ausbruch einer nicht mehr zu überspielenden Krise verborgen. In diesen Zeiträumen kann eine psychiatrische Behandlung notwendig werden, überzufällig häufig besteht akute Suizidgefahr.

4. *Die mittlere Geschwisterposition*

Häufig nehmen die Nativen in der Geschwisterfolge eine mittlere Position ein, im Extremfall stammen sie aus einer kinderreichen Familie. Sie haben somit keinen besonderen Platz in der Familienhierarchie und werden dementsprechend wenig bevorzugt (zusätzlich Ve/Ne)*.
Ein Umstand, der ihrem Selbstgefühl völlig zuwiderläuft. Hinzu kommt, daß der Vater, bis auf gelegentliche rigide Maßnahmen (die auch durchaus handgreiflich sein können), sehr mit seinen eigenen Interessen beschäftigt ist und sich aus dem familiären Alltag weitgehend heraushält. Die gewünschte Aufmerksamkeit wird nicht gewährt, das Kind muß sich, um beachtet zu werden, gegen seine Geschwister durchsetzen.
All diesen Entsprechungen (1, 2, 3 und 4) ist gemeinsam, daß sie im nachhinein häufig als nicht besonders problematisch empfunden werden bzw. es abgelehnt wird, den Vater (oder die Eltern) zu »verurteilen«, ihn als Person in seinem Handeln

* Dies ist inhaltlich identisch mit der Rolle des entthronten Ältesten. Ein schon vorher unzulängliches Maß an Aufmerksamkeit wird durch die Geburt eines Bruders oder einer Schwester noch reduziert. Die Abwehr dieses Kindes zeigt sich symptomatisch in Form von Erkrankungen im Zeitraum der Niederkunft der Mutter. Später tritt die Ablehnung in Form scheinbarer Unachtsamkeit auf. Das Geschwisterchen wird »aus Versehen« fallengelassen, der Kinderwagen stürzt »zufällig« um etc.

in Frage zu stellen. Verdächtig häufig kommt die Äußerung: »So schlimm war es ja gar nicht.« Im Extremfall – insbesondere bei früher Trennung der Eltern – wird der Vater glorifiziert, jede (astrologisch angedeutete) Kritik an ihm entrüstet zurückgewiesen. Derartige Erinnerungskorrekturen haben Schutzfunktion, es liegt nicht in der Verantwortlichkeit des Astrologen, diese zu demontieren.

5. *Inzucht*

In Verbindung mit weiteren Aspekten (insbesondere Ve/Pl) sind Ma/Pl-Konstellationen (Bezug erster Quadrant) ein deutlicher Hinweis auf Inzucht, wie sie vor allem in ländlichen Gebieten keine Seltenheit ist. Sie ist eine biologische Erklärung für die Verdichtung und Überspitzung von körperlichen und psychischen Eigenschaften*. So zeigen sich hier außergewöhnlich häufig Abweichungen vom Normalen. Dies gilt sowohl für körperliche und geistige Behinderungen als auch für (meist einseitige) Sonderbegabungen**.
Mehrfach konnten Irritationen in der Blutbildung festgestellt werden. Bei Männern zeigt sich eine signifikante Tendenz zu Hodenanomalien (Bezug erster und zweiter Quadrant). Der Begriff der Inzucht kann und sollte auch in einem übertragenen karmischen Sinne verstanden werden. Analog dem Bibelwort: »Ich werde euch heimsuchen bis ins siebte Glied« werden Verfehlungen, Fehler, »Schuld«, aber auch außergewöhnliche Fähigkeiten, die gleichsam ein Destillat des Sippenkarmas darstellen, in den Nativen konkret, damit begreifbar und bewältigbar. Die Geborenen tragen somit die Schuld ihrer Vorfahren und damit die Verantwortung, diese abzutragen

* Exemplarisch kann dies am Horoskop Hitlers aufgezeigt werden, in dem eine dominante Mars/Venus/Pluto-Verbindung (Venus/Mars als Herrscher von 1 und 7 in exakter Konjunktion mit Spitze 8) u. a. prägnant auf die über Generationen äußerst enge Inzucht in seiner Familie hinweist.
** So weisen z. B. überzufällig viele Personen mit eidetischem (fotografischem) Gedächtnis (z. B. Schachspieler) dominante Ma/Pl-Entsprechungen auf.

oder »endgültig« werden zu lassen. Über Generationen gewachsene, uneindeutige, unentschiedene Konstellationen spitzen sich zu, kristallisieren in unübersehbaren Eigenschaften und Ereignissen, so daß über Gut und Böse, Falsch und Richtig entschieden werden kann. In dieser Hinsicht nehmen die Nativen eine Schlüsselstellung in ihrer Sippe ein, sie »bestimmen« gleichsam darüber, welche Gene, d. h. welche Anlagen in Persönlichkeit und Schicksal weitergetragen werden oder nicht*.

Auch wenn keine auffälligen, genetisch bedingten Eigenheiten zu beobachten sein sollten, so sind Ma/Pl-Konstellationen doch ein deutlicher Hinweis auf Defekte im Erbgut, die an die Nachkommen weitergegeben werden.

* Hier liegt mit ein Hinweis auf den häufig mit dieser Konstellation in Verbindung zu bringenden gewaltsamen Tod, der insbesondere Politiker sowie Personen des öffentlichen Interesses im allgemeinen betrifft. Die Macht, die »Schuld der Sippe« abzutragen, wurde im Sinne egozentrischer Interessen mißbraucht. Diese Aussage sollte jedoch als eine (wenn auch häufige) Möglichkeit, keinesfalls aber als wertende Gewißheit betrachtet werden.

Allgemeine Charakterstruktur

Die Erfahrungen der Kindheit machen die Nativen eigenständig, vom common sense unabhängig. Im Negativen äußert sich dies in Defekten, welche normale Interaktionsmuster von vornherein ausschließen. Im Positivfall zeigt sich dies in Form von Ausnahmebegabungen. Hierzu gehören vor allem außergewöhnliche Merkfähigkeit sowie musisches, gelegentlich auch technisches Talent. Nahezu immer ist eine gewisse rhetorische Begabung vorhanden (Einschränkung: Me/Sa), zumindest aber eine bemerkenswerte Überzeugungs- und Überredungskunst. Signifikant häufig zeigen sich überdurchschnittliche Fähigkeiten im (vor allem technischen) Zeichnen (zusätzlich Me/Pl). Dementsprechend hoch ist der Anteil an Graphikern, technischen Zeichnern und Architekten unter den Nativen.

Ihr ungewöhnlich großes Energiereservoir sowie die Fähigkeit, an einmal getroffenen Entscheidungen unerbittlich festzuhalten, ermöglicht es ihnen, auch hochgesteckte Ziele zu erreichen. Fast immer vorhandenes Durchsetzungsvermögen, Selbstbewußtsein und ausgeprägter Ehrgeiz unterstützen diese Tendenz. Die Stärke, an einmal für richtig Erkanntem festzuhalten, impliziert gleichzeitig die Schwäche, anderen Einsichten und neuen Gesichtspunkten nur eingeschränkt zugänglich zu sein. So ergibt sich häufig eine mangelnde Flexibilität, eine unzureichende Anpassung an veränderte Bedingungen.

Unsicherheit im Umgang mit anderen wird vielfach durch die Fähigkeit überspielt, beim Gegenüber Unsicherheit ebenfalls zu erzeugen. Sehr häufig vorhandene suggestive Fähigkeiten (zusätzlich Ve/Pl) können sowohl zu therapeutischen Zwekken als auch zur Manipulation des Publikums genutzt werden. Wobei viele Native die Fähigkeit zu besitzen scheinen, aus ihrem Umfeld Energie zu ziehen, das ihnen in der Gesellschaft anderer ein Gefühl der Stärke oder gar der Überlegenheit gibt, das jedoch, sobald sie mit sich alleine sind, in sich zusammenbrechen kann.

Auffällig ist der Charakterzug, keine Schwäche preiszugeben, sich stark zu zeigen. Werden Unzulänglichkeiten eingestanden, so ist dies eher Kalkül als ein Zeichen von Offenheit. Ausgeprägtes Mißtrauen steht einem unproblematischen Umgang mit anderen entgegen. Man rechnet ständig damit, daß einem jemand in den Rücken fällt. Im Extrem kann dies bis hin zu Zwangsvorstellungen und Verfolgungswahn führen. Die intensive Vorstellungswelt, die Weigerung, Unerwünschtes zu akzeptieren, und die Fähigkeit, Realität folgerichtig in das paranoide Denken einzubauen, erschweren eine Therapie erheblich.

Im persönlichen Auftreten ist ein Hang zum Dogmatismus und Despotismus unübersehbar, häufig durch die »Toleranz als Denkhaltung« kaschiert. Zumindest latent bestehen Machtphantasien. Man wünscht sich, andere nach seiner Pfeife tanzen lassen zu können*.

Bei einer zusätzlichen Schwächung der Verhaltens- und Begegnungsebene (So/Ur, So/Ne, Ve/Ne) kann es hingegen zu massiv autodestruktiven Tendenzen kommen: Angstvisionen, Verfolgungswahn und Hysterie gehen oft mit einem ausgeprägten Bußwunsch, der in selbstquälerisches Verhalten mündet, einher**.

Der überzufällig häufig nachweisbare Waschzwang kann mit (uneingestandenen) Schuldgefühlen erklärt werden: Man möchte die Schuld abwaschen. Grundsätzlich besteht eine weit über das Normale hinausgehende Disposition zu psychosomatischen Erkrankungen. Im folgenden werden die häufigsten Formen mit ihren psychischen Korrelaten genannt:

Bluthochdruck: Angst, eigenen hochgesteckten Zielen nicht

* Anschaulich wird dies an den (selbstgewählten) Rollen von Orson Welles, in denen er nahezu ausschließlich Könige und andere Mächtige spielte. Berühmt wurde er als Regisseur, ein Beruf, der insgeheimen diktatorischen Gelüsten und Machtphantasien durchaus zupaß kommt.

** So hielt beispielsweise ein stark neurotischer Klient an der regelmäßigen Ausübung einer exotischen Meditationsmethode fest, während er gleichzeitig darüber klagte, daß sich hierdurch seine unkontrollierbaren Ängste noch massiv gesteigert hätten.

zu genügen, Angst, eine Niederlage zuzugeben, übertriebener Hunger nach Selbstbestätigung durch Leistung, Angst nachzudenken und zur Ruhe zu kommen.
Blähsucht, Meteorismus, auffallende Blässe, Ringe unter den Augen (»Waschbäreffekt«): Stoffwechselstörungen als Entsprechung einer unzureichenden seelischen Eindrucksbewältigung. Unerwünschtes wird rigoros ins Unbewußte abgedrängt, bleibt unverdaut.
Durchfall, Ruhr: Seelische Überforderung, Weigerung, sich eine dringend notwendige Erholungsphase zuzugestehen; Belastungen nicht gewachsen sein.
Die Tendenz zu psychosomatischen Erkrankungen ist auf zwei Ursachen zurückzuführen: Zum einen die häufig vorhandene Weigerung und Angst, sich mit Unliebsamem (wie eigenen Fehlern und Schwächen, unangenehmen oder peinlichen Ereignissen) auseinanderzusetzen. In der Folge werden die unbewältigten Konflikte von der psychischen auf die somatische Ebene verlagert, um sich letztendlich im Schicksal zu manifestieren. Zum anderen entspricht Ma/Pl dem »Stachel im Herzen«, der unverheilten seelischen Wunde. In der Tat finden sich in der Praxis häufig Fälle, in denen traumatische Ereignisse scheinbar ungewöhnlich schnell und robust bewältigt wurden, während in Wirklichkeit der Schmerz nur nicht zugelassen und deshalb durch demonstratives Verhalten kaschiert werden mußte. Diese ignorierte Wunde schwelt weiter. Vielfach führt sie zu rituellen Handlungen, welche die Funktion einer Katharsis haben sollen und die oft ein Leben lang beibehalten wird, ohne daß ihr Sinn von der Umgebung begriffen werden könnte*.
Selbstbewußtsein und Geltungsbedürfnis treibt viele Native in die Öffentlichkeit, wobei die Schwerpunkte in der Politik und beim Film liegen.

* So wurde Hitler, der gerne Fleisch aß und Bier trank, nach dem Selbstmord seiner Jugendliebe Geli, an dem er sich schuldig fühlte, zum Vegetarier. Diese Ernährungsform behielt er, trotz hierdurch verursachter gesundheitlicher Beschwerden (Verdauungsstörungen, Darmkoliken, Eiweißmangel), bis zu seinem eigenen Suizid bei.

Auffällig ist die Tendenz, aus der eigenen Person und ihrer Geschichte einen Mythos zu machen, es mit der Wahrheit nicht so genau zu nehmen. Symptomatisch zeigt sich dies in der häufig vorhandenen Vorliebe für Verkleidungen sowie in der Neigung, Pseudonyme zu benutzen (zusätzlich Mond/Stier; Ve/Ne etc.).

Partnerschaften

Symptomatisch für das Partnerschaftsverhalten im Sinne der Mars/Pluto-Analogien ist eine »scharfe Vorstellungsbezogenheit«, die aggressive Identifikation mit überindividuellen Triebmustern. Dies zeigt sich grundsätzlich und inhaltlich in der Problematik, den anderen als einzelnen, Eigenständigen und von persönlichen Wertmaßstäben Unabhängigen zu erleben. Der harmonische Austausch individueller Wirklichkeiten, welcher die Basis einer gemeinsamen Identität bildet, ist massiv gestört bis zerstört. Das Prinzipielle, das im anderen zur Begegnung wird, läßt dies nicht zu. So zeigt sich hier die deutliche Gefahr, zwischenmenschliche Beziehungen nicht entwicklungsorientiert, sondern statisch zu erleben. Der Native verfügt über klar umrissene Schablonen, die mit dem Partner zur Deckung gebracht werden sollen*.
Selbst wenn der Partner mit der Schablone weitgehend übereinstimmt, so besteht doch kein Spielraum für mögliche und unvermeidliche Veränderungen. Die fixierte Vorstellung wird so lange aufrechterhalten, bis die Realität eine Korrektur erzwingt. Diese ist häufig gleichbedeutend mit einer Trennung. Vorstellung und Wirklichkeit haben sich bis zum Stadium der Bewußtwerdung schon zu weit voneinander entfernt, als daß eine »Nachbesserung« noch möglich wäre.
»Ursächlich« sind auch hier vielfach die Erfahrungen der Kindheit. Der Native hat gelernt, rigoros im Denken zu sein, sich an sich selbst festzuhalten. Die Notwendigkeit, unliebsame Realität zu ignorieren, um sich nicht äußerem Druck beugen zu müssen, führte zur Verselbständigung bzw. Inflation (zusätzlich Ju/Pl) subjektiver Wirklichkeit. »Scheuklappen« machen für die notwendige Auseinandersetzung unempfindlich. So müssen Unvereinbarkeiten, die emotional nicht zugelassen werden können, im Schicksal, d. h. in Form kon-

* Hier ergibt sich die Analogie zu Prokrustes, der Gäste gewaltsam der Größe seiner Betten anpaßte.

kreter, meist destruktiver Ereignisse, erlebt und bewältigt werden.
Ein weiteres wesentliches und grundsätzliches Kriterium ist häufig eine ausgeprägte, eklatant überkompensierte Triebschwäche der Nativen. Die Durchsetzung subjektiver Bedürfnisse kann nicht zugelassen werden, sie muß durch das Prinzipielle legitimiert werden. So werden ideologische Wertmaßstäbe zur Rechtfertigung individuellen Verlangens herangezogen. Da diese Wertmaßstäbe nicht aus der Erfahrung, sondern eben aus der Vorstellung geboren sind, erzwingen sie die Anpassung der Wirklichkeit. Konkret äußert sich dies zum Beispiel in der rigorosen Identifikation mit der Weltanschauung und den Moralvorstellungen einer gesellschaftlichen, politischen oder religiösen Gruppe. Solange man sich an die Spielregeln hält, ist man unangreifbar, »die anderen tun es ja auch«. Dieser Gruppenbezug muß jedoch keinesfalls konkret – etwa im Sinne einer Vereins- oder Parteizugehörigkeit – existieren. Es ist völlig ausreichend, wenn eine derartige Gruppenbindung im Denken besteht. In der Tat ist hier die Legitimation durch das Prinzipielle, d. h. durch den Anspruch, allgemeinverbindlich zu sein, wesentlich. Die maßgeblichen Vorstellungsbilder können durchaus subjektiver, im Extremfall sogar psychotischer Natur sein. Sie begnügen sich jedoch niemals mit einem »nur« individuellen Anspruch*.
»Ursache« dieser überkompensierten Triebschwäche ist die Angst, abgelehnt zu werden. Das rigorose Festhalten am Dogmatischen gewährt Schutz, setzt den anderen (im Falle der Ablehnung) ins ideologische Unrecht, so daß man selbst nicht mehr betroffen, verwundbar ist.
Es ergeben sich folgende konkrete Entsprechungen im Partnerschaftsverhalten:

* Hier dürfen keinesfalls Form und Inhalt verwechselt werden. Auch Einstellungen wie »jeder soll/muß tun, was er für richtig hält« oder »man ist nur sich und seinem Gewissen verpflichtet« etc. haben einen prinzipiellen, überindividuellen Anspruch. Es wird lediglich die Individualität zum allgemeingültigen Maßstab erhoben.

1. Das kollektive Triebmuster
2. Die Autoritätssehnsucht
3. Die Opferhaltung
4. Die demonstrative Stärke

1. Das kollektive Triebmuster

Hier besteht vornehmlich eine Anziehung zu Partnern, welche im eigenen sozialen Milieu allgemein als besonders attraktiv empfunden werden. Maßgeblich ist hier nicht die gesellschaftliche Position, sondern die sexuelle, d. h. geschlechtsspezifische, polare Ausstrahlung. Häufig hat der Partner einen schlechten Ruf, er gilt als unzuverlässiger, rücksichtsloser Frauenheld (bei Männern: der männermordende Vamp), als arbeitsscheu, dubioser Geschäftemacher oder gar als kriminell. Dies alles tut seiner Attraktivität keinen Abbruch, im Gegenteil. Die Beschreibung muß entsprechend der eigenen gesellschaftlichen Geschichte und abhängig vom Geschlecht ein wenig variiert werden. Folgende inhaltliche Gemeinsamkeiten können jedoch nachgewiesen werden:
Es zeigt sich eine Präferenz für Partner, welche die (der eigenen Gesellschaftsschicht entsprechenden) Kriterien sexueller/erotischer Attraktivität in einem bereits ins »Verbotene« hineinreichenden Maße verkörpern. Der potentielle Partner befindet sich somit in einer sozialen Randposition, ist häufig von seinem Geschlechtsgenossen geächtet.
Solange derartige Beziehungen den Charakter eines Abenteuers haben, bleiben sie relativ unproblematisch. Der Native weiß, daß er nicht der »einzige« ist, er möchte sich lediglich ein »Stück vom Kuchen abschneiden«. Der recht häufige Versuch, eine dauerhafte, beständige Verbindung aufzubauen, erweist sich jedoch in aller Regel als äußerst problematisch: »Die Katze läßt das Mausen nicht«, der Partner bricht aus der Beziehung immer wieder aus, hat ständig Zweit- und Drittbeziehungen nebenher. Die Neigung, bei sich selbst die Schuld zu suchen (»ich wußte ja, auf wen ich mich einließ«), sowie die

Angst, den anderen vollständig zu verlieren, ermuntern den Partner zu immer deutlicheren Demütigungen*.
Kommen partnerschaftsbezügliche Saturnkonstellationen hinzu (Ve/Sa; Ma/Sa/Pl), so gewinnen derartige Prozesse eine für Außenstehende oft kaum nachvollziehbare, chronische Dimension, die vielfach in einer dramatischen, gewalttätigen Trennung gipfeln. Die Partnerschaft entwickelt sich immer mehr zu einer Haß-Liebe. Der dominante Partner erniedrigt den Nativen immer mehr, um ihn (unbewußt) zum Widerspruch, zur Trennung zu zwingen. Sobald der Native einen Abbruch der Beziehung ernsthaft in Erwägung zieht, setzt der dominante Partner jedoch alle Hebel in Bewegung, um ihn zu halten. So wird das Netz gegenseitiger, destruktiver Abhängigkeit immer dichter gesponnen. Nahezu immer ist es der Native, welcher schließlich, allen Widerständen zum Trotz, die Trennung herbeiführt. Hierbei kann als Regel gelten: Je länger die Partnerschaft bestanden hat, um so wahrscheinlicher wird eine gewaltsame Trennung**.

2. *Die Autoritätssehnsucht*

Die Sehnsucht nach Geborgenheit wird mit dem Wunsch nach Dominanz des anderen gleichgesetzt bzw. vertauscht. Man möchte sich der kraftvollen Führung des Partners unterordnen. Übergriffe und Einschränkungen werden in gewisser Weise genossen, sind sie doch Ausdruck der Stärke und Überlegenheit des Partners. Im Extremfall kann sich hier ein masochistisches Vergnügen an erniedrigenden Maßregelungen

* So ließ sich der Ehemann einer Klientin (zus. Ma/Ne), nachdem diese sich mit seinen permanenten Seitensprüngen abgefunden hatte, von dieser das Frühstück für sich und seine wechselnden Geliebten ans Bett bringen.

** Unter »gewaltsamer Trennung« ist in der Regel lediglich ein von extremer psychischer Belastung und gegenseitigen (emotionalen) Verletzungen gekennzeichneter Vorgang gemeint. Allerdings kann für Partnerschaften, die mit der »Tötung des Tyrannen« enden, nahezu zwingend eine dominante, für das Geschehen maßgebliche Ma/Pl-Verbindung gefordert werden. (Der Umkehrschluß gilt natürlich nicht, wie bereits verschiedentlich deutlich betont.)

durch den Partner einstellen. Derartige Beziehungen sind so lange stabil, wie der Native nicht eine Veränderung der Machtverhältnisse anstrebt. Befriedigende, echte Partnerschaften ergeben sich hieraus kaum.

3. *Die Opferhaltung*

Dies ist gewissermaßen eine Variante der vorhergehenden Entsprechung. Der Native interpretiert die Notwendigkeit, auf individuelle Bedürfnisse dem anderen zuliebe verzichten zu müssen, als Liebesbeweis. So ergeben sich Partnerschaften, welche die Unterordnung eigener, elementarer Interessen erzwingen. Dies entspricht sowohl der Fütterung der Machtposition eines dominanten Partners* als auch z. B. der Fürsorge für einen abhängigen, unselbständigen, hilflosen oder behinderten Partner (zusätzlich Ve/Sa, Ve/Ne).
»Ursächlich« ist hier (wie bei vielen anderen Entsprechungen auch) mangelndes Selbstwertgefühl. Man glaubt, allein nicht zu genügen und keinen Anspruch auf Zuwendung zu haben. Man muß sich die Aufmerksamkeit des anderen erst verdienen. Diese Entsprechung ergibt sich vor allem bei der Aufopferung für einen dominanten Partner, den man als wesentlich wertvoller als die eigene Person einschätzt.
In Beziehungen zu abhängigen Partnern treten häufig (uneingestandene) Schuldgefühle in den Vordergrund. Man möchte am anderen etwas gutmachen. In der Tat scheinen hier karmische Gesichtspunkte häufig eine Rolle zu spielen.

4. *Die demonstrative Stärke*

Hier handelt es sich gewissermaßen um die Umkehrung der bisherigen Entsprechungen. Man sucht sich den Unterdrücker

* Derartige Konstellationen ergeben sich vor allem in Karrierepartnerschaften. Die Frau opfert sich für das berufliche Vorwärtskommen des Mannes auf, schluckt alles, um ihn nicht noch zusätzlich zu belasten, und verzichtet darauf, irgendwelche angemessenen Gegenleistungen zu fordern.

nicht im Partner, sondern gibt sich selbst den Nimbus rücksichtsloser Stärke. Männer, die diese Verwirklichungsebene wählen, ergreifen mit Vorliebe Berufe, welche ihnen Macht, Aggressivität, Durchsetzungsfähigkeit, Rigorosität etc. bescheinigen (Beispiele: Politiker, Polizei, Militär etc.). Rigide Prinzipienreiterei, der sich der Partner zu fügen hat, wird zum Kriterium. Der Native duldet in der Partnerschaft keine Diskussion, Anweisungen sind widerspruchslos zu befolgen.
Bei höher entwickelten Persönlichkeiten sublimiert sich diese Tendenz zum Anspruch, vorbildlich und pflichtbewußt zu sein. Diesem Bild muß, wenn die Beziehung Bestand haben soll, auch der Partner genügen. Es muß wahrscheinlich nicht besonders betont werden, daß derartig starre Verhaltensmuster das Abdrängen der Emotionen zwingend erfordern. Gefühle sind unberechenbar, labil und werden damit als ein Ausdruck von Schwäche gewertet.

Sexualität

In der Sexualität Ma/Pl-Geborener können zwei gegensätzliche Potentiale eines Prinzips unterschieden werden; es handelt sich um aktive und passive Entsprechungen. Vereinfachend werden die passiven Analogien der weiblichen, die aktiven Analogien der männlichen Sexualität zugeordnet. Obwohl diese Klassifizierung in der Praxis weitgehend zutrifft, darf ihr keine eigenständige Bedeutung zugemessen werden. Vielmehr handelt es sich um Analogien des männlichen und weiblichen *Prinzips*, die mit dem tatsächlichen Geschlecht des Nativen nur begrenzt korrespondieren.
Es gibt Anzeichen, die darauf hindeuten, daß die passiven Entsprechungen bei dominantem gegengeschlechtlichen Elternteil, die aktiven Entsprechungen hingegen bei dominantem gleichgeschlechtlichen Elternteil maßgeblich sind.
In der männlichen Sexualität kann von einem deutlich gesteigerten Trieb (organische Entsprechung: Bezug erster bzw. zweiter Quadrant – Überproduktion der Keimdrüsen) ausgegangen werden. Die gelegentlich vorhandene promiskuitive Hypersexualität trägt zugleich unpersönliche Züge. Die Häufigkeit und Intensität sexueller Kontakte steht im Gegensatz zur reduzierten emotionalen Befriedigung. Das Sexualverhalten zeigt häufig aggressive, vielfach sadomasochistisch gefärbte Tendenzen. Die Nativen gelten als insensible, rabiate Liebhaber (»ein Mann fürs Grobe«). Auch in weniger drastischen Fällen zeigt sich die Neigung, möglichst schnell »zur Sache« zu kommen. Zärtlichkeit und Emotionen bleiben weitgehend ausgeklammert. Emotionale Unsicherheit, die gerade im Sexualverhalten zutage tritt, erscheint vor allem in der Neigung zu ritualisiertem (im Extremfall: zwanghaftem) Vorgehen. Im sexuellen Beisammensein wird nichts dem Zufall überlassen, bleibt kein Platz für Spontanität. Jeder »Handgriff«, jede Bewegung ist genau festgelegt. Bricht die Partnerin aus dem Schema aus (z. B. indem sie eigene Wünsche durchzusetzen sucht), so hat dies vielfach eine aggressive Reaktion zur Folge.

In der weiblichen Sexualität ist die Tendenz überdeutlich, sich von den Wünschen des Partners abhängig zu machen. Trotz hoher Erregungsfähigkeit bleibt die emotionale Befriedigung meist aus, da Sexualität hier eine Form der Unterwerfung darstellt. Auffällig ist hier vielfach die Unkenntnis eigener Neigungen (zusätzlich Ma/Ne). Die Aufmerksamkeit ist ausschließlich auf die Interessen des Partners gerichtet*. So ergeben sich hier symptomatische Erkrankungen der Geschlechtsorgane, vornehmlich Entzündungen (Muttermund, Eierstöcke) sowie Kondylome (Feigwarzen).
Bei zusätzlicher Saturndominanz (Ve/Sa etc.) kann es zu einer völligen Erregungsblockade kommen. Dem Partner wird Erregung und Befriedigung schließlich nur noch vorgespielt, was die emotionale Verspannung nur noch steigert. In derartigen Situationen entsteht häufig der Wunsch nach dem symbolischen Übergriff. Konkret äußert sich dies z. B. in Fesselungsphantasien (zusätzlich Ma/Sa).
Die Instinktunsicherheit gegenüber den eigenen Empfindungen in Verbindung mit der Tendenz, Übergriffe zu entschuldigen, ist die psychologische Erklärung für die häufig vorhandene Gefahr, Opfer von Nötigungen zu werden**.
Der eindeutige Bezug zu (bösartigen) Erkrankungen der Geschlechtsorgane läßt spekulativ eine Beziehung zu Aids (zusätzlich Ma/Ne) vermuten. Dieser Zusammenhang ist jedoch vorläufig nur von theoretischem Interesse – z. B. für die Untersuchung von Zeit- bzw. Mundanhoroskopen, um Anhaltspunkte für die Ausbreitung der Seuche, mögliche Entdeckung von Heilmitteln etc. zu gewinnen. Für das individuelle Horoskop ist dieser Gesichtspunkt bedeutungslos!

* Dies heißt keineswegs, daß diese grundsätzlich befriedigt werden, sie finden jedoch Beachtung.

** Ma/Pl-Verbindungen sind besonders in Ereignishoroskopen eine deutliche Analogie für Vergewaltigungen. Im Radix ist die potentielle Vergewaltigungsgefahr nur bei Bezug zum zweiten Quadranten (vornehmlich fünftes Haus) gegeben. Auch dann ist die Entsprechung keineswegs zwingend, zudem müssen weitere, bestätigende Konstellationen hinzukommen.

WEIBL. NATIVITÄT

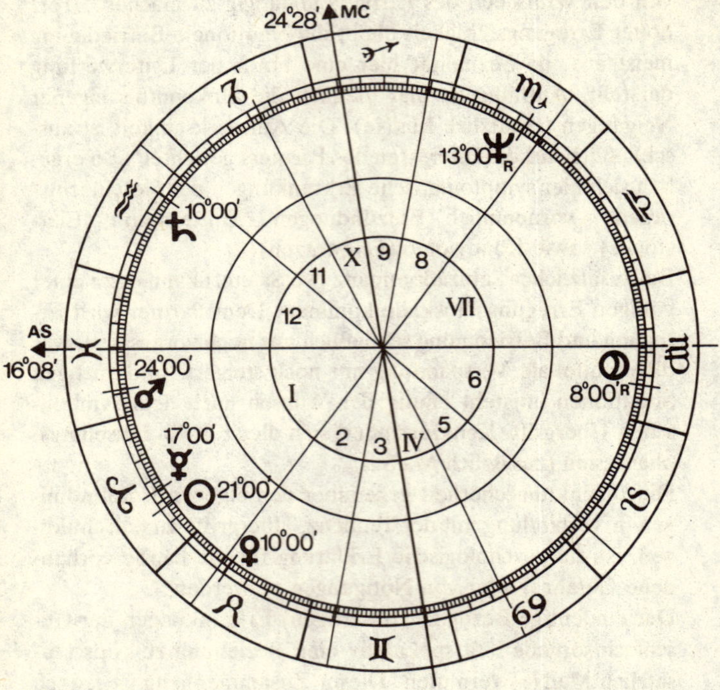

Planeten		
☉	21°00'	♈
☿	17°00'	♈
♀	10°00'	♉
♂	24°00'	♓
♄	10°00'	♒
♆	13°00'	♏ R
♅	08°00'	♍ R

Häuser			
AS	=	16°00'	♓
MC	=	25°00'	♐

Beispielhoroskop: Weibliche Nativität

Venuskonstellationen
Venus/Mars (Merkur als Herrscher von 7 in 1)
Venus/Saturn (Venus Quadrat Saturn)
Venus/Saturn (Mc = Ve/Sa)
Venus/Neptun (Venus Opposition Neptun)

Marskonstellationen
Mars/Pluto (Neptun als Herrscher von 1 in 8)
Mars/Pluto (As = Ma/Pl)

Zusätzlich
Sonne/Mars (Sonne Haus 1)

Bei diesem Konstellationsbild ergeben sich zwei offensichtliche Schwerpunkte: Zum einen die Venus/Saturn-Verbindungen, zum anderen die Mars/Pluto-Konstellationen. Dies entspricht einer extremen Vorstellungsbezogenheit im instinktiven Handeln sowie widerstandsorientierten Partnerschaften und Ablöse- bzw. Trennungsschwierigkeiten.
Nach dem frühen Tod des Vaters (Ma/Pl), zu dem sie eine besonders intensive Beziehung hatte, wuchs die Native bei ihrer Mutter, später in der Familie ihres Stiefvaters auf.
Die erste flüchtige sexuelle Erfahrung ergab sich mit 13 Jahren. Obwohl das Verhältnis zu dem damaligen Partner nur wenige Tage dauerte, konnte es lange Zeit nicht überwunden und bewältigt werden (Ve/Sa).
Etwa drei Jahre später wurde allein aufgrund einer äußeren Ähnlichkeit zum ersten Freund eine erneute, intensivere Partnerschaft eingegangen (Ma/Pl).
Seit dem 17. Lebensjahr besteht eine »karmische Verbindung«; bereits im Augenblick der ersten Begegnung bestand die absolute subjektive Gewißheit: »Dies ist der Mann meines Lebens.« Es handelte sich um einen psychisch labilen, drogensüchtigen Maler. Die Native wurde zeitweilig selbst heroinab-

hängig, »weil sonst eine Beziehung nicht möglich gewesen wäre«.
Bereits wenige Wochen nach der Heirat führten tätliche Auseinandersetzungen zur Trennung, die Scheidung wurde von der Nativen eingereicht. Kurz vor dem Gerichtstermin kam es zur Versöhnung. Seitdem dauert die Beziehung an. Aufgrund der Drogensucht des Partners (Ve/Ne) kommt es zu permanenten, erniedrigenden Kontroversen, in denen die masochistische Komponente dieses Konstellationskomplexes (Ve/Sa; Ma/Pl) offen zutage tritt. Phasenweise besteht ein expliziter Vergewaltigungswunsch, »um zu spüren, daß er mich wirklich liebt«.
Daß die Native eine derartig destruktive Beziehung bis jetzt ohne irreparable psychische und physische Schäden überstanden hat, ist wohl auf die dominante Sonne/Mars-Komponente (Sonne in 1 in Widder, Anderthalbquadrat Pluto; Mars als Mitherrscher von 1 in 1) zurückzuführen.

Die Venuskonstellationen

Venus/Merkur

Bekannte Persönlichkeiten / wichtige Ereignisse

Venus in 6

Alice Cooper, Musiker; Attentat auf von Braunmühl; Bob Dylan, Musiker; C. G. Jung, Tiefenpsychologe; Dustin Hoffman, Schauspieler; Giuseppe Verdi, Komponist; Hassan II. von Marokko; Jochen Rindt, Formel-1-Rennfahrer; John Denver, Musiker; Kronprinz Rudolf; Leonardo da Vinci, Universalgenie; Liberace, Pianist, Entertainer; Marcel Proust, Autor; Marlon Brando, Schauspieler; Prince Andrew, engl. Königshaus; Prince, Musiker; Richard Nixon, Politiker; Robert Redford, Schauspieler; Romy Schneider, Schauspielerin; Sidney Poitier, Schauspieler; Sigmund Freud, Tiefenpsychologe; Susanne Albrecht, Terroristin; Wilhelm II.; Wolfgang A. Mozart, Komponist

Venus in 3

Agatha Christie, Krimiautorin; Christopher Reeves, Schauspieler; Emile Zola, Schriftsteller; Franz Beckenbauer, Fußballspieler, Manager; George B. Shaw, Autor; Gregg Allman, Musiker; H. Chr. Andersen, Autor; James Dean, Schauspieler; Jim Jones, Sektenchef; Jörg Lang, Terrorist; Karl Marx, Philosoph; Louis Pasteur, Biologe; Martin Held, Schauspieler; Martin Luther, Reformator; Maurice Ravel, Komponist; Mick Jagger, Popstar; Montgomery Clift, Schauspieler; Nikola Tesla, Physiker; P. J. Goebbels, Nationalsozialist; Paul Cezanne, Maler; Rudi Carrell, Showmaster; Rudolf Steiner, Begründer der Anthroposophie; Simon Wiesenthal, Nazijäger; Simone de Beauvoir, Schriftstellerin; William B. Yeats, Autor

Merkur in 7
Bertrand Russell, Philosoph; C. G. Jung, Tiefenpsychologe; Christian Klar, Terrorist; Emanuel Lasker, Schach-Großmeister; Enrico Fermi, Atomphysiker; Jack Kerouac, Schriftsteller; Johnny Weissmüller, Schauspieler, Schwimmer; Marie Antoinette; Mark Spitz, Schwimmer; Muhammad Ali, Schwergewichtsboxer; Robert Redford, Schauspieler; Sidney Poitier, Schauspieler; Wilhelm II.

Merkur in 2
George B. Shaw, Autor; Gregg Allman, Musiker; Hugo v. Hoffmannsthal; Ingrid Bergman, Schauspielerin; Manfred Köhnlechner, Manager, Heilpraktiker; Michelangelo, Maler; Rudi Carrell, Showmaster; Simone de Beauvoir, Schriftstellerin; Sir W. Churchill, Politiker; Uri Geller, Medium, Entertainer

Venus/Merkur

Diese Konstellation gilt für: Venus in 3, Venus in 6, Merkur in 2, Merkur in 7, As = Me/Ve, Mc = Me/Ve, Venus/Merkur-Konjunktion, Venus/Merkur-Spiegelpunkt, As 0° Waage, As 0° Zwillinge, Mc 0° Waage, Mc 0° Zwillinge, Venus auf 13° Stier, Venus auf 18° Skorpion, Merkur auf 16,5° Zwillinge, Merkur auf 16,5° Schütze.

Venus/Merkur symbolisiert die Darstellung der Begegnung (Venus in 3), die vernünftige Hingabe (Venus in 6), die Sicherheit im Veränderlichen (Merkur in 2) und Zwischenphasen in der Partnerschaft (Merkur in 7).
All diesen Entsprechungen ist das Prinzip des Vermittelnden, Übergangsmäßigen, gemeinsam. Das Instinktive, eindeutig Polare des Venusprinzips wird entkörperlicht, intellektualisiert, seiner unbedingten Sinnlichkeit beraubt und dafür beweglicher, ungebundener in der Form.
Venus/Merkur-Verbindungen werden in ihrer Bedeutsamkeit nahezu vollständig unterschätzt, man hält sie in aller Regel für »harmlos«. Eine Bewertung, die offensichtlich den Tatsachen widerspricht.
Venus/Merkur-Aspekte verfügen über eine ungewöhnliche Bandbreite an Entsprechungen, was zunächst irritierend wirken mag. Die grundsätzliche Regel, daß eine Bestimmung der letztendlichen Verwirklichungsebene nicht möglich ist, hat hier in besonderem Maße Gültigkeit. In der Praxis konnten allerdings relativ genau umrissene Charakter- und Schicksalsstrukturen gefunden werden.

Analogien der vier Verwirklichungsebenen

Materielle Ebene

Jugend, junge Frau, Osmose, Gefäßpermeabilität, öffentliche Fahrzeuge (Busse und Bahn), »Volkes Stimme«, Gehirn, Versicherungen, Zeitungen, Geschwister, Frühling, Blütenpollen, Reisebüro, Eheanbahnungsinstitut, Postillon d'amour, Liebesbrief, Kunst- und Kosmetikhandel, angenehme Nachricht.

Vitale Ebene

Intelligenz, Beziehungen, Verkehrswege (Straßen und Schienen), Gespräch unter Frauen, Gespräch mit einer Frau, Kosmetik, Reinlichkeit, nüchterne Emotionalität, psychosomatisches (im Gegensatz zum allergischen) Asthma, Aerophagie, nach Luft schnappen, Heuschnupfen.

Mentale Ebene

An eine Frau denken, die Gedanken einer Frau, emotionales Denken, Wahlverwandtschaften, Freundschaft, Rationalisieren, Verdrängung, intellektuelle Kompensation, das Verhältnis zur Verwandtschaft, Fremdsprachen (Romanistik).

Transpersonale Ebene

Öffentliche Rede, Diskussion in der Öffentlichkeit, Bürgerinitiative, zwischen den Fronten stehen, Dolmetscher, Korrespondent, Diplomat, Umbruchsituation im Zeitraum von Schwangerschaft und Geburt, Umsiedlerlager.

Kindheit und Elternbezug

Maßgeblich ist hier die Unruhe im Heim, das Aufwachsen im Ungeborgenen. Das Kind lernt früh – zu früh –, vernünftig zu sein, sich so gut wie möglich zu arrangieren. Es wird in Erscheinung und Verhalten »tadellos« – eine Disposition, die in der späteren Entwicklung »keimfreier« Attraktivität entspricht.

Folgende konkrete Entsprechungen bieten sich an:

1. Gesellschaftliche Mittelpunktstellung des Vaters
2. Unvereinbarkeit der Eltern
3. Ungesicherte soziale Stellung der Familie
4. Häufiger Wechsel des Wohnortes
5. Wechsel der Bezugspersonen

1. Gesellschaftliche Mittelpunktstellung des Vaters

Diese Konstellation kann sich auch auf die Mutter sowie auf beide Elternteile beziehen. Wesentliches Kriterium ist, daß die Familie zur Repräsentation verpflichtet ist. Das Kind macht schon sehr frühzeitig die Erfahrung, daß es nicht »aus der Rolle fallen« darf, da die Familie dem Urteil anderer ausgeliefert und von diesem abhängig ist.

2. Unvereinbarkeit der Eltern

Der Native erhält hier nicht wie bei Ve/Ur den Auftrag, die Unvereinbarkeit der Eltern lebbar zu machen, vielmehr bringen die elterlichen Auseinandersetzungen ein Desinteresse am Kind mit sich. Es erlebt sich als unerwünscht, ihm wird nicht annähernd soviel Aufmerksamkeit entgegengebracht, wie es bräuchte. Der Geborene sucht diesen Mangel auszugleichen, indem er sich die Beachtung der Eltern verdient: Er sucht sich nützlich zu machen, hilft im Haushalt, ist besonders

lieb und artig etc. Diese Neigung kann in der späteren Entwicklung zum »Helfersyndrom« (zusätzlich dominante Neptunkonstellationen) werden. Man bezieht sein Selbstwertgefühl in Freundschaft und Partnerschaft aus der Unterstützung, Beachtung, Aufmerksamkeit etc., die man dem anderen gewährt. Je mehr der andere Boden unter den Füßen gewinnt, um so stärker wird die Angst, nicht mehr gebraucht zu werden*.
Oft ergeben sich hier Entsprechungen in den Träumen. Das Kind träumt, das Haus brennt, und es muß die schlafenden Eltern retten etc.

3. *Ungesicherte soziale Stellung der Familie*

Die Familie befindet sich zumindest im Zeitraum von Schwangerschaft und Geburt in einer labilen wirtschaftlichen und/oder sozialen Situation. Das Bedürfnis nach Sicherheit im Unbeständigen (Ve/Ne), Labilen wird zur Grunderfahrung. Die Fähigkeit zur Anpassung an permanent wechselnde Umweltsituationen ist überlebensnotwendig. In Extremfällen fühlt sich das Kind schon frühzeitig verpflichtet, die Schwäche der Eltern auszugleichen, z. B. indem es hinzuverdient, den Haushalt übernimmt oder für den eigenen Lebensunterhalt sorgt.

4. *Häufiger Wechsel des Wohnortes*

Die Familie und mit ihr das Kind sind gezwungen, sich ständig wechselnden sozialen Umfeldern anzupassen. Es geht weniger darum, sich die Eigenständigkeit zu bewahren, als zu verhindern, daß man geächtet wird. Es entsteht die Fähigkeit zu unverbindlicher Freundlichkeit (das »Schutzlächeln«). Man

* Die konkrete Entsprechung des artigen Kindes wird durch zusätzliche Ve/Sa-Konstellationen eher ausgeschlossen (hier ergibt sich mehr die Tendenz zum Rückzug). Das Helfersyndrom tritt hier jedoch im Partnerschaftsbereich besonders deutlich zutage.

sucht sich zu tarnen, um nicht als Fremdkörper (Ve/Sa) erkannt und ausgestoßen zu werden.

5. *Wechsel der Bezugspersonen*

Diese Entsprechung ergibt sich, wenn das Kind nicht (ausschließlich) bei den Eltern aufwächst, sondern in der Verwandtschaft herumgereicht wird.
All diesen Entsprechungen ist der Zwang zur Anpassung an das Unbeständige, der auf Kosten des Emotionalen und der Begegnungsfähigkeit geht, gemeinsam. Vernunft und Intellekt werden allzufrüh notwendig und im Sinne der Tarnung der Eigenart entwickelt.

Allgemeine Charakterstruktur

Die in der Kindheit erworbene Fähigkeit, sich in jeder Umwelt zurechtzufinden, niemals aufzufallen und anzuecken, macht die Nativen im persönlichen Umgang sehr angenehm. Sie haben kaum Feinde, gehen Auseinandersetzungen aus dem Weg und sind allgemein beliebt. Durch die Opferung der Eigenart wirken sie gelegentlich etwas farblos, was sie aber durch zahlreiche Interessen und (in der Regel) gute Allgemeinbildung ausgleichen. Es gibt kaum ein Thema, bei dem sie nicht mitreden könnten. In dieser Hinsicht sind sie perfekte Gastgeber. Es gelingt ihnen problemlos, die unterschiedlichsten Charaktere unter einen Hut zu bringen. Grundsätzlich besitzen sie Talent im organisatorischen Bereich. Hier fühlen sie sich auch wohl, da sie eine Vermittlerrolle »zwischen sämtlichen Stühlen« einnehmen können, somit überall beteiligt sind und doch unangreifbar bleiben.
Bei dominanter Ve/Me-Konstellation ergeben sich grundsätzlich Berufe, die dem vermittelnden Prinzip zuzuordnen sind. Frauen mit dieser Konstellation üben überzufällig häufig Berufe im sprachlichen Bereich aus (insbesondere Dolmetscherin und Fremdsprachenkorrespondentin), an zweiter Stelle folgen Tätigkeiten in der Kosmetik- und Touristikbranche.
Die antrainierte Fähigkeit, es allen recht zu machen und zwischen den Fronten zu vermitteln, geht jedoch auf Kosten echter Begegnungsfähigkeit. Das polare und damit angreifbare Bedürfnis nach Hingabe konnte in der Kindheit nicht zugelassen werden. In der späteren Entwicklung hat diese Tarnung meist eine derartige Eigendynamik erlangt, daß der Zugang zum Individuellen im Begegnungsbereich verlorengeht. Man hat vergessen, in welchen Umweltbedingungen man sich wohl fühlt und in welchen nicht. Als Ersatz bieten sich rationale Erklärungen an: »ich werde gut bezahlt«, »man ist freundlich zu mir«, »er hat mir nichts getan« etc. Diese können jedoch aufgrund der neutralen und damit problemlos

austauschbaren Qualität des Intellekts keine wirkliche Gewißheit geben.

Als Regulativ zeigen sich hier vielfach psychosomatische Erkrankungen. Hierzu gehören vor allem Affektionen der Atemwege (Bronchitis, Asthma, Nasennebenhöhlenvereiterung) und der Haut (Allergien). Wird die eigene Identität zu sehr verleugnet, »bleibt einem die Luft weg«.

Die Notwendigkeit, »mit jedem zu können«, erzwingt Oberflächlichkeit. Empfindungen dürfen nicht zu tief gehen, keinen unbedingten Charakter gewinnen. Die Atmung bestimmt jedoch zu wesentlichen Teilen die Eindruckstiefe*. So läuft hier die Atmung meist flach und schnell über die oberen Lungenspitzen, ohne den Bauch zu erreichen**.

Ein wesentliches Kriterium aller Ve/Me-Verbindungen ist die Unlust (im Extremfall die Weigerung), das Unabwendbare, Ungerechte der Realität zu akzeptieren. Dies äußert sich, wie bereits beschrieben, in massiven Verdrängungsmechanismen. Häufig zeigt sich jedoch auch der Versuch einer »Aufwertung«, Erhöhung oder Überwindung der Wirklichkeit mittels der Kunst. Native, die literarisch tätig sind, versuchen in ihrem Werk der Wirklichkeit eine höhere Gerechtigkeit abzugewinnen (Beispiele: H. C. Andersen und Emile Zola).

Häufig findet sich diese Konstellation auch bei Entertainern oder Komikern (Beispiel: Rudi Carrell), die letztlich – oft unbewußt – nichts anderes versuchen, als eine ungerechte und oft unerträgliche Realität durch den Humor, zumindest für einen Augenblick, zu überwinden.

* Dies erklärt, warum z. B. Kinder in Angstsituationen die Luft anhalten: Die Furcht soll gemildert werden.

** Diese Atemtechnik ist eine fast notwendige Voraussetzung, um Asthma zu entwickeln.

Partnerschaft

Auf der Partnerschaftsebene weisen Ve/Me-Verbindungen auf eine mangelnde Polarisierung hin. D. h., Beziehungen im Sinne einer Herausforderung der Eigenart sind kaum möglich. »Ursächlich« ist auch hier die antrainierte Unverbindlichkeit und Neutralität, die Unangreifbarkeit garantieren soll. Hingabe ist jedoch nur an Partner möglich, zu denen spannungsgeladene, egoergänzende Beziehungen bestehen*. So werden Beziehungen beständiger (ungefährdeter), gleichzeitig jedoch auch austauschbarer.
Es ergeben sich folgende konkrete Entsprechungen:

1. Die schöne Fassade
2. Die Geschwisterehe
3. Der bedeutsame Partner
4. Die Entscheidungsverweigerung
5. Die intellektuelle Absicherung

1. Die schöne Fassade

Hierzu gehören z. B. Partnerschaften, die Familienpakten im Sinne wirtschaftlicher oder politischer Abkommen entsprechen. Persönliche Zuneigung spielt naturgemäß bei derartigen Verbindungen nur eine untergeordnete Rolle. Im Extremfall werden schon vor der Heirat Abkommen getroffen, welche die Ehe zur Farce machen. Wesentlich in derartigen Beziehungen ist jedoch immer ein demonstratives und repräsentatives Element: Das Paar muß »schön« sein, wenn es sich der Öffentlichkeit zeigt; die Beziehung muß nach außen harmonisch und glücklich wirken, die private Realität ist hierbei völlig sekundär. D. h., in letzter Konsequenz wird der Schein wichtiger als die Wirklichkeit, und es gilt an ihm festzuhalten.

* In der astrologischen Symbolik läßt sich dies mit einer Umwandlung der Opposition (man denke an die As/Ds/Achse) in ein neutrales Sextil vergleichen.

Im weniger elitären Normalfall ergeben sich – im verkleinerten Maßstab – formal und inhaltlich ähnliche Entsprechungen, häufig jedoch mit anderen Ursachen. Auch in diesen Partnerschaften ist es von elementarer Bedeutung, den Schein zu wahren, sich nicht nur keine Blöße zu geben, sondern die perfekte Ehe zu demonstrieren. Während in der sozialen Oberschicht hier fast ausschließlich das wirtschaftliche und machtpolitische Kalkül den Ausschlag gibt, kommen hier persönlichere, weniger bewußte und weniger berechnende Momente zum Tragen.
Folgende »Ursachen« kommen in Betracht:

a) Die Angst vor der Wirklichkeit
b) Mangelndes Selbstwertgefühl und Gruppenabhängigkeit

a) Die Angst vor der Wirklichkeit

Hier wurde im Verlauf der Persönlichkeitsentwicklung die Erfahrung maßgeblich, daß eine echte Selbstverwirklichung unmöglich ist. D. h., der Native hat es in der Regel schon sehr frühzeitig aufgegeben, Hoffnung in die Realisation seiner Wünsche zu setzen. Das Empfinden, sich bescheiden zu müssen, nicht nach den Sternen greifen zu dürfen, um nicht auch noch das wenige, was man erreichen konnte, zu verlieren, geht mit einer nur oberflächlich zu kaschierenden, elementaren Unzufriedenheit einher. Diese Unzufriedenheit kann nicht eingestanden werden, da sie mit der Angst vor Strafe verknüpft ist: »Man muß dankbar sein*.«
Als Ersatz für eine unbefriedigende Wirklichkeit soll wenigstens die Fassade glänzen, man berauscht sich am selbstgeschaffenen Straß des Beziehungsglücks. Dabei kommt es in Phasen, in denen die Wirklichkeit massiv an die Oberfläche

* So wie despotische Eltern einem Kind, das mit einem Spielzeug nicht vollauf zufrieden ist, ihm dieses ersatzlos wegnehmen, so fürchten die Nativen unbewußt die Strafe für die »Vermessenheit« ihrer Unzufriedenheit.

drängt, zu erhöhter motorischer Unruhe. Hektische Betriebsamkeit soll die unerwünschte Wahrheit zudecken helfen (Me/Sa; Ma/Ur; So/Ur). Als chronische Folge derartiger Situationen ergeben sich vornehmlich Zwölffingerdarmgeschwüre (Mo/Ur) sowie Darmerkrankungen im allgemeinen. An zweiter Stelle stehen Erkrankungen der Atmungsorgane, Lungen und Bronchien, sowie solche der Haut (Allergien, nervöse Ausschläge)*.

b) Mangelndes Selbstwertgefühl und Gruppenabhängigkeit

Beide Entsprechungen können als die eigentlichen »Ursachen« der Angst vor der Wirklichkeit gelten. Fehlendes Vertrauen in die eigenen Fähigkeiten und Chancen, die Furcht, »es doch nicht zu schaffen«, führen schnell zu Resignation und Scheinvernunft. Nüchternheit und zur Schau gestellter Realitätssinn sollen den mangelnden Mut, für die Verwirklichung eigener Träume zu kämpfen, rechtfertigen und entschuldigen. So ist eine schöne Fassade besser als nichts. Vor allem erfordert sie weniger Engagement und Risiko.
Gruppenabhängigkeit, im Sinne von Venus/Merkur-Verbindungen, entspricht der mehr oder weniger bewußten Furcht, dem Urteil der persönlichen Umwelt auf Gedeih und Verderb ausgeliefert zu sein. In der Kompensation wird so die Zustimmung anderer zu einem der Eigenart übergeordneten Wert: Es ist wichtiger, daß die Beziehung vom Umfeld gebilligt und gutgeheißen wird, als daß in ihr persönliche Befriedigung gefunden wird.

2. *Die Geschwisterehe*

Mangelnde Polarität führt hier zu einer neutralen, d. h. unerotischen Harmonie. Die allgemeine Charakterstruktur der

* Bei Venus/Merkur-Verbindungen unter Jungfraudominanz (Beispiel: Venus in 6) wäre eher mit Erkrankungen des Verdauungstraktes, bei Zwillingedominanz mit solchen der Atmungsorgane zu rechnen.

Partner weist starke Übereinstimmungen auf, das Zusammenleben im Alltag funktioniert meist ohne größere Konflikte. Häufig üben beide den gleichen Beruf aus und/oder arbeiten zusammen. Hobbies, Bildungsgrad, Weltanschauung etc. sind sich ähnlich.
Derartige Beziehungen sind, ihrer Anlage nach, meist außerordentlich tragfähig. Es gibt kaum echte Reibungspunkte, aber eine Vielzahl gemeinsamer Interessen. Allerdings fehlt auch der überspringende Funke. Wesentliche Kriterien einer erfüllten Partnerschaft – Leidenschaft und emotionale Intensität – entfallen. Die Beziehung besitzt kaum Höhen und Tiefen.
So hat die Verbindung eher freundschaftlichen als partnerschaftlichen Charakter. Dies schließt die Möglichkeit einer erfüllten Sexualität innerhalb der Beziehung aus. Sie wird entweder zugunsten eines harmonischen Zusammenlebens geopfert (meist Jungfrau- bzw. Haus-6-Bezug) oder nach außen, im Sinne einer offenen Ehe (meist Zwillinge- bzw. Haus-3-Bezug), verlagert.

3. *Der bedeutende Partner*

Bei dieser Entsprechung ist meist ein Venus/Saturn- oder Venus/Haus-6-Bezug gegeben. Sie trifft in der überwiegenden Mehrzahl der Fälle (noch) auf Frauen zu; eine zunehmende Egalisierung der Geschlechter ist jedoch absehbar.
Der Partner nimmt eine gesellschaftlich herausgehobene Position ein, in der jegliche private Krise, der Öffentlichkeit oder der Gegenseite zur Kenntnis gebracht, berufliche Konsequenzen hätte. Das Ausbrechen aus der Beziehung ist deshalb ohne Gefährdung der materiellen Absicherung nicht möglich, jegliche problemorientierte Auseinandersetzung unerwünscht. Die Rolle der Frau beschränkt sich darauf, zu repräsentieren und dem Partner Rückendeckung zu geben.

4. Die Entscheidungsverweigerung

Ähnlich den Ve/Ur- und Ve/Ne-Entsprechungen besteht hier die Angst einer verbindlichen Beziehung, d. h., den Forderungen des Partners ausgeliefert zu sein. Man vermeidet, »dem Kind einen Namen zu geben«, um nicht an das eigene Wort gebunden zu sein. Als Kompensation können sich häufigere Flirts und Affären ergeben, die meist dann auftreten, wenn die eigentliche Beziehung emotional verbindlich zu werden droht.

5. Die intellektuelle Absicherung

Hier ist meistens ein deutlicher Stier/Venus- bzw. Haus-2-Bezug gegeben (z. B. Merkur in 2). Das individuelle Sicherheitsgefühl wird aus intellektueller (Schein-)Überlegenheit gezogen. Der Intellekt soll das Risiko emotionaler Verwicklungen ausschalten, die Ratio das Durchbrechen unwägbarer und unkontrollierbarer Empfindungen verhindern. Konkret äußert sich dies in der Angst vor emotionalen Ausbrüchen des Partners, denen man sich hilflos ausgeliefert fühlt, sowie in der Furcht vor der eigenen Schwäche.
Das Ausweichen auf die intellektuelle Überlegenheit kann jedoch nur auf Kosten des konkreten Erlebens geschehen. Das Selbstgefühl in der Verbindung wird blutleer.

Sexualität

Die Analogien verweisen hier auf »neutralisierte Hingabefähigkeit« und mangelnde emotionale Polarität. Da man sich in der Sexualität immer auf unsicherem Boden bewegt (d.h. dem anderen ausgeliefert ist), Venus/Merkur-Konstellationen jedoch jedes emotionale Wagnis im Begegnungsbereich ausschließen sollen, ist die Schwierigkeit echter Befriedigung schon vorgezeichnet.
Folgende Entsprechungen können unterschieden werden:

1. Nervöse Irritierbarkeit
2. Sex unter Freunden
3. Die optische Orientierung
4. Die Selbstbespiegelung
5. Die ästhetisierende Erotik
6. Ausweichen auf das Formale
7. Dienen als Rechtfertigung
8. Die Präferenz für Übergangssituationen

1. Nervöse Irritierbarkeit

Diese Entsprechung manifestiert die Schwierigkeit, »bei der Sache« zu bleiben; eine Problematik, die nicht auf die Sexualität beschränkt sein muß, sich dort jedoch besonders offensichtlich und störend zeigt. Man kann nicht abschalten, ständig drängen durchaus unerotische Gedanken aus dem Alltagsgeschehen ins Bewußtsein, so daß sich die Erregung in derartigen Phasen sehr in Grenzen hält.
Symptomatisch ist hier auch eine gesteigerte Geräusch-, Berührungs- und Geruchsempfindlichkeit. D.h., während im Normalfall die Reizempfindlichkeit gesenkt wird, steigert sie sich bei den Nativen. Im Extremfall kommt es in der Sexualität gehäuft zu allergisch bzw. asthmatisch bedingten Atembeschwerden. Die unerwünschte und deshalb ins Körperliche abgedrängte Aussage des Unbewußten ist eindeutig: Der Na-

tive fühlt sich bedrängt, die Situation und/oder der Partner nimmt ihm die »Luft zum Atmen«. Er ist gezwungen, Farbe zu bekennen, sich dem anderen auszuliefern. Dieses notwendige und an sich auch ersehnte Empfinden ist jedoch angstbesetzt. Die Kontrolle darf nicht aufgegeben werden. Aus dem Widerspruch zwischen bewußtem Wollen und unbewußter Angst ergibt sich notwendig die Verschiebung ins Psychosomatische. Die sexuelle Hingabe wird verhindert, ohne sich eine Ablehnung eingestehen zu müssen.
Den vorab beschriebenen Konzentrationsschwierigkeiten liegt inhaltlich die gleiche Problematik zugrunde. Auch hier geht es darum, der direkten Konfrontation auszuweichen, sich dem anderen nicht hingeben zu müssen. Die Auswirkungen sind lediglich weniger offensichtlich und spektakulär. Dies macht eine bewußte Bewältigung jedoch eher schwieriger als leichter.

2. *Sex unter Freunden*

Diese Entsprechung bezieht sich auf die Neigung der Nativen, Sexualpartner zu wählen, die eine ähnliche psychische und energetische Struktur besitzen. Sexualität wird so zu einer Fortsetzung von Freundschaft mit anderen Mitteln; der Native vermeidet es, sich in den Sog polarer Leidenschaft hineinziehen zu lassen. Auch hier wird somit die Möglichkeit echter Befriedigung zugunsten emotionaler Scheinstabilität vergeben.

3. *Die optische Orientierung*

Als Kompensation der mangelnden emotionalen Polarität ergibt sich häufig eine Eindrucksübersteuerung. Die Nativen verwenden optische Stimulanzien, z. B. pornographische Filme, Reizwäsche und Spiegel, in reichlichem Maße. Für viele stellt dies sogar die einzige Möglichkeit dar, zur Befriedigung zu gelangen (zusätzlich Me/Ma, Mo/Me).

Als psychologische Ursache kommt hier die Chance unverbindlicher Erregung zum Tragen. Das Stimulans ist vom Partner unabhängig und damit ungefährlich.

4. Die Selbstbespiegelung

Statt sich im Partner zu verlieren und sich diesem damit auszuliefern, berauscht sich der Native narzißtisch an sich selbst. Die Aufmerksamkeit ist auf den eigenen Körper gerichtet, die Vorstellung der eigenen Attraktivität wird zur Erregung. Der Partner wird zum Bewunderer degradiert und somit austauschbar. Diese Entsprechung ergibt sich häufig bei Frauen, die Bedeutung und Selbstbewußtsein aus ihrer Körperlichkeit ziehen (z. B. Fotomodelle und Mannequins). Hier ist im Extremfall nur eine unspezifische Erregung möglich, die in letzter Konsequenz asexuellen Charakter hat (dominanter Bezug zum ersten und zweiten Quadranten).

5. Die ästhetisierende Erotik

Hier ergibt sich die Tendenz, erotisch-sexuelle Triebmomente durch ihre kulturelle Überhöhung zu entschärfen: Stil, Schönheit, Kunst, Bildung etc. fließen in das erotische Verhalten ein, werden zum Kriterium für Sexualität, d. h. zum notwendigen Stimulans. Sie schaffen die Gewißheit, daß der Partner nicht aus der Rolle fallen wird, keinen Unbedingtheitsanspruch stellt, sondern jederzeit zur Sublimation bereit ist.

6. Ausweichen auf das Formale

Hier handelt es sich um eine grundsätzliche Entsprechung, die in sämtlichen Analogien enthalten ist. Die Form bzw. das Funktionelle wird über den Inhalt gestellt. Wenn die Fassade stimmt, gibt es keinen Grund zur Beanstandung, keine Möglichkeit der Kritik. Im Extremfall soll die äußere Form den Inhalt – also echte sexuelle Befriedigung – ersetzen. Bei Män-

nern äußert sich dies vorzugsweise in der berühmten Strichliste, die man über die Anzahl seiner Eroberungen führt. Des weiteren besteht die Tendenz, echte Erotik durch Literatur und Verbalerotik auszutauschen.
Bei vermeintlich fortschrittlichen Paaren wird gelegentlich versucht, mangelnde emotionale Tiefe durch Experimentierfreude auszugleichen. Hierzu gehören Partnertausch, Gruppensex, die Verwendung mechanischer Hilfsmittel etc.

7. *Dienen als Rechtfertigung*

Durch die Einnahme einer Demuts- und Verzichtposition soll emotionale Untreue legitimiert werden. Der Native ist dem Partner zu Willen, hat somit die »Rechnung bezahlt«. Im Extremfall kann hier ein Scheinmasochismus entstehen, in dem die eigene Erniedrigung zur Rache am Partner wird. Die Unterwerfung stellt den anderen auf eine subtile Weise bloß, macht ihn schuldig. Er hat somit das Recht verloren, emotionale Ansprüche zu stellen (Venus in Haus sechs).

8. *Die Präferenz für Übergangssituationen*

Hier gewinnen sexuelle Kontakte in Umbruch- und Übergangssituationen eine besondere Attraktivität. Dies kann sich innerhalb fester Bindungen dergestalt äußern, daß das sexuelle Interesse dann am größten ist, wenn man gerade dabei ist, aus dem Haus zu gehen, oder wenn man Gäste erwartet.
Eine weitere Entsprechung ist die Neigung zu flüchtigen sexuellen Abenteuern, bei zufälligen Treffen unterwegs, also in Situationen, die außerhalb der gewohnten, verbindlichen Lebensumstände liegen (z. B. auf Reisen). Ein wesentliches Kriterium ist hier die Bedingungslosigkeit, die Gewißheit, daß der andere keine Forderungen stellen kann und die Begegnung ohne Konsequenzen bleiben wird (Ve/Ur).

WEIBL. NATIVITÄT

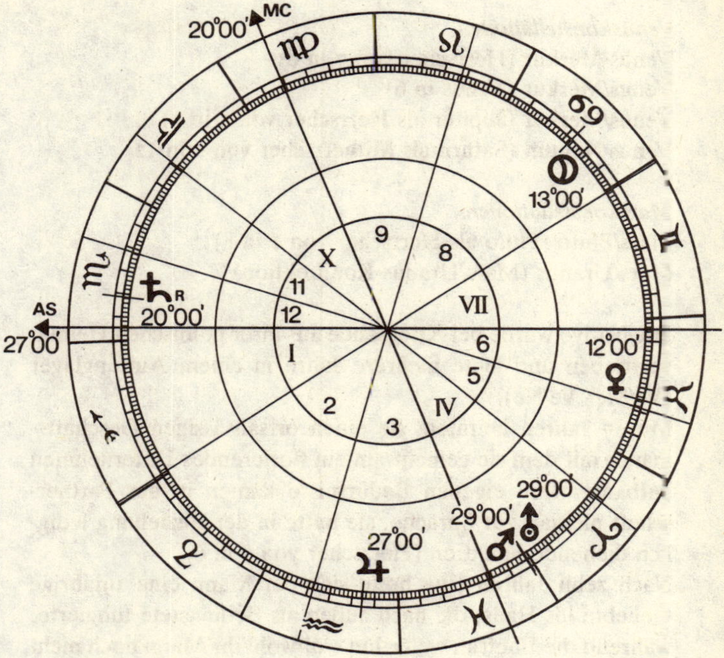

Planeten

♀ 12°00′ ♉
♂ 29°00′ ♓
♃ 27°00′ ♒
♄ 20°00′ ♏ R
♅ 29°00′ ♓
☊ 13°00′ ♋

Häuser

AS = 27°00′ ♏
MC = 20°00′ ♍
(Beschreibung siehe Seite 206)

Beispielhoroskop: Weibliche Nativität

Venuskonstellationen
Venus/Merkur (Herrscher von 7 in 6)
Venus/Merkur (Venus in 6)
Venus/Merkur (Jupiter als Herrscher von 2 in 3)
Venus/Neptun (Saturn als Mitherrscher von 2 in 12)

Marskonstellationen
Mars/Pluto (Pluto als Herrscher von 1 in 8)
Mars/Uranus (Mars/Uranus-Konjunktion)

Die Native wurde bei Kriegsende aus ihrer polnischen Heimat vertrieben und lebte mehrere Jahre in einem Auffanglager (Ve/Me; Ve/Ne).
Mit 17 Jahren heiratete sie einen ortsansässigen Geschäftsmann, mit dem sie gemeinsam ein florierendes Unternehmen aufbaute. Ihre eigenen Bedürfnisse kamen in der Partnerschaft niemals zur Sprache, sie hatte in der Beziehung lediglich dienende Funktion (Herrscher von 7 in 6).
Nach zehn Jahren Ehe holte sich der Mann eine 19jährige Geliebte ins Haus, die nach außen als Bedienstete fungierte, während die Ehefrau weiterhin – obwohl ihr Mann noch nicht einmal versuchte, die Situation zu verheimlichen – den Haushalt führte (Ve/Me).
Erst 20 Jahre später, in denen ihr Mann sie bis zur Unerträglichkeit erniedrigt hatte, ließ sie sich schließlich scheiden. Sie verzichtete auf ihre Unterhalts- und Besitzansprüche (u. a. ein Einfamilienhaus), so daß sie nach 30 Jahren »Knechtschaft« völlig mittellos dastand (Ve/Me, insbesondere Ve/Ne).

Venus/Saturn

Bekannte Persönlichkeiten / wichtige Ereignisse

Saturn in 7

Aleister Crowly, Magier; Benito Mussolini, Faschist; Christian Klar, Terrorist; Edgar Degas, Maler; Enrico Caruso, Sänger; George Sand, enfant terrible; Graham Nash, Musiker; Herb Alpert, Musiker; Jerry Rubin, Aktivist; Joachim v. Ribbentrop, Nationalsozialist; John Lennon, Musiker; Louis Pasteur, Biologe; Michelangelo, Maler; Norman Mailer, Schriftsteller; Ram Dass, spritiueller Lehrer, Autor; Sophia Loren, Schauspielerin; Thorwald Dethlefsen, Autor, Psychologe; Vanessa Redgrave, Schauspielerin

Venus in 10

Albert Einstein, Physiker; Albrecht Dürer, Maler; Aldo Moro, Politiker; Alois Treindl, Medium; Arlo Guthrie, Musiker; Attentat auf John F. Kennedy; Brooke Shields, Schauspielerin; Deutsches Reich; Enrico Caruso, Sänger; Erwin Rommel, Militär; Evil Knievel, Stuntman; Hans Albers, Schauspieler; Henry Miller, Schriftsteller; Ivan Rebroff, Sänger; Jack London, Schriftsteller; Johann Wolfgang v. Goethe; John Lennon, Musiker; Jose Feliciano, Musiker; Käthe Kollwitz, Künstlerin; Otto von Bismarck, Politiker; Papst Johannes XXIII.; Paul Gauguin, Maler; Robert Fischer, Schachgroßmeister; Thorwald Dethlefsen, Autor, Psychologe; Wernher v. Braun, Raketenphysiker

Saturn in 2

Alfred Adler, Tiefenpsychologe; Barbara Hutton, Millionenerbin; Dustin Hoffman, Schauspieler; Emanuel Lasker, Schach-Großmeister; Franz Beckenbauer, Fußballspieler und Manager; Franz Josef Strauß, Politiker; Hugo v. Hofmannsthal; Jean Paul Sartre, Philosoph; Prince, Musiker; Valéry Giscard d'Estaing, Politiker

Venus/Saturn

Diese Konstellation entspricht: Venus in 10, Saturn in 7 und 2, Venus/Saturn-Konjunktion, Venus/Saturn-Opposition, Venus/Saturn-Quadrat, As = Ve/Sa, Mc = Ve/Sa, Venus/Saturn-Spiegelpunkt, Saturn auf 16,5° Zwillinge, Saturn auf 16,5° Schütze, Venus auf 23,5° Krebs, Venus auf 23,5° Steinbock.

Sichtbar wird das Ve/Sa-Prinzip in der Trennung von Verbindungen, in der Begegnung mit dem Formativen, Regelnden – wie auch im Gegenzug die Begegnung »ge- bis zerregelt« wird; in der »Liebe als Strafe«, dem Empfinden, zur »Liebe verpflichtet« zu sein.
Während bei Saturn in 7 die Begegnung von genau definierten Spielregeln abhängig ist, zeigt sich bei Ve in 10 eine Begegnungsorientierung an der gesellschaftlichen Norm. Es ergeben sich Kontaktangst (Sa in 7) und Verlustangst (Sa in 2).
Die Furcht vor der Umwelt führt zur Vermeidung. Ursächlich tritt hier die Unfähigkeit, das Bedürfnis nach Hingabe auszudrücken bzw. zuzulassen, in Erscheinung. Offensichtlich ist die Affinität zu Isolation, Rückzug und Einsamkeit – auch und gerade in Bindungen. Als Hauptkompensation ergibt sich die Übernahme von Pflege- und Beschützerrollen.

Analogien der vier Verwirklichungsebenen

Materielle Ebene

Erstarrung der Bewegung, zusammendrücken und Beengung, Massenkarambolage von Fahrzeugen, Flüssigkeitsentzug, Austrocknung, Konservierung, Mumifizierung, »Buchstabengerechtigkeit«, das Brüchige, Abgrenzungsbedürfnis einer Gruppe, Nichtzustandekommen einer Verbindung, Unauflöslichkeit einer Verbindung, Mauer, Salz, Tee, Myrrhe, geruch- und geschmacklos, schlichte und strenge Kleidung, ungewürzte Nahrungsmittel, Diätküche, Rohkost, Nierensteine.

Vitale Ebene

Arteriosklerose, Erkrankungen aus dem rheumatischen Formenkreis, niedriger Blutdruck, Mangeldurchblutung der Haut, auffallende Blässe, Kupfermangel, eingeschränkte, mangelhafte Nierentätigkeit, Kontaktscheu, cooles Auftreten, sich ungeliebt fühlen, Askese.

Mentale Ebene

Inflexibles Denken, Sturheit, langsames Denken, Prinzipenabhängigkeit, Furcht, abgelehnt zu werden, Rückzug auf Formalismen, Gemeinplätze schützen vor eigenständiger Haltung; aber auch: die Fähigkeit, an einmal für richtig Befundenem festzuhalten; Unbestechlichkeit, Gerechtigkeitssinn, Lehrtätigkeit, Konsequenz im Denken, strukturiertes Denken.

Transpersonale Ebene

Karmische Beziehungen, die nicht aufgelöst werden können; Verantwortung für den Partner, die Fähigkeit zu Treue und Verbindlichkeit, Verlust von Nahestehenden, getrennt sein vom Partner, zwischenmenschliche Kontakte als »kosmischer Auftrag«.

Kindheit und Elternbezug

Von »ursächlicher« Bedeutung sind hier die Irritationen im Kontaktbereich. Die folgenden Entsprechungen treten überzufällig häufig in Erscheinung:

1. Ablehnung durch die Gruppe
   bei extremer Ve/Sa-Dominanz (Ve/Sa ist auf mehreren Ebenen gleichzeitig)
2. Isolation in der Familie
3. Verlust der Eltern (Heimkind)
4. Strenge, »preußische« Erziehung (»hart, aber gerecht«)
5. Liebesunfähigkeit der Mutter

1. Ablehnung durch die Gruppe

Dies ist mit Sicherheit die häufigste Entsprechung dieser Konstellation. Unabhängig davon, welche Analogien zusätzlich zum Tragen kommen, ist die Ablehnung durch die Gruppe in einer ihrer Verwirklichungsebenen nahezu zwingend.
Gemäß der Theorie der Transpersonalen Astrologie werden bei Bezug zum ersten Quadranten eher körperliche Entsprechungen zu erwarten sein. Verbindungen zum zweiten Quadranten verweisen auf die Handlungsebene, während bei Bezug zum dritten Quadranten mentale und/oder soziale Faktoren den Ausschlag geben. Bei Verbindungen zum vierten Quadranten hingegen wird das Schicksalhafte in Form des gesellschaftlichen Umfelds bedeutsam. Dies wird sich z. B. in prägenden Inhalten des Zeitgeists, der der eigenen Identität zuwiderläuft, äußern. Bestimmend kann hier auch die Ausformung eines extremen, maßregelnden Über-Ichs sein, wie es immer dann entsteht, wenn Eltern ihre Kinder zu sehr mit den gesellschaftlichen Notwendigkeiten in Einklang bringen wollen. Das Kind soll für das Leben gerüstet sein, es zu etwas bringen. Übersehen wird hierbei, daß Schwierigkeiten, Reibungsflächen, die man aus dem Weg geräumt zu haben meint,

aus der Umwelt in die Persönlichkeit des Kindes verlagert werden. Es entsteht eine Fassade ohne Kanten, die einer ungelebten und damit notwendigerweise unbewältigten Identität entgegensteht (primär Ve in 10).
Für die Ablehnung durch die Gruppe können folgende »Ursachen« verantwortlich sein:

a) Häufige Umzüge der Eltern
b) Die Familie ist geächtet
c) Körperliche Auffälligkeiten
d) Schüchternheit
e) »Wir gegen die anderen« (der Clan)

a) Häufige Umzüge der Eltern

Diese Konstellation ergibt sich z. B. bei Soldatenkindern, deren Väter alle 2–4 Jahre an einen anderen Standort versetzt werden. Der Native wird, sobald er sich an eine Umgebung gewöhnt hat, von dieser getrennt. Er ist gezwungen, sich immer wieder auf eine neue, ihm fremde Umgebung einzustellen, sich dieser anzupassen. Bis neue Freundschaften und soziale Kontakte gewachsen sind, vergehen notwendigerweise mehrere Monate bis ein Jahr, und bevor das Kind die Erfahrung machen kann, daß es nun wirklich dazugehört, wird der Vater wieder versetzt, und das grausame Spiel beginnt von neuem. Hinzu kommt, daß der Native nicht nur die Zeit der Trennung und relativer Isolation verschmerzen muß, er ist zudem gezwungen, den Gruppenzusammenhalt, der alles Fremde abdrängen und eliminieren will, zu überwinden.

b) Die Familie ist geächtet

Aus welchen Gründen auch immer, die Familie wird von der Umgebung abgelehnt, sie ist sozial isoliert. Diese Ächtung wird auf das Kind übertragen. Andere Kinder dürfen nicht mit ihm spielen, es wird verspottet. So kommt es schnell zum

Empfinden, minderwertig zu sein. Der Native schwankt zwischen Trotz und Resignation.

c) *Körperliche Auffälligkeiten*

Bei dieser Entsprechung muß ein Bezug zum ersten (chronische Veränderungen) oder zweiten (entwicklungsbezogene Irritationen) Quadranten gegeben sein. Eine Ausnahme bilden hier die Halbsummen und Aspekte zum Mc, die ebenfalls Entsprechungen im Körperlichen haben können. Die Analogie verweist hier auf Stoffwechselerkrankungen, die insbesondere mit einer mangelhaften bzw. inadäquaten Nierentätigkeit zusammenhängen. Des weiteren ergeben sich Irritationen in der Enzymbildung (Bezug Haus 2 und 8: genetisch bedingte Stoffwechselstörungen*) sowie ein phasischer oder chronischer Fermentmangel aufgrund gedrosselter Eiweißsynthese. In harmloseren Fällen ergeben sich Entwicklungsstörungen, die vornehmlich in einem unorthodoxen Längenwachstum deutlich werden (zusätzlich Me/Ur). Entgegen der astrologischen Analogie kommt es hier häufig zu extremen pubertären Wachstumsschüben. Der Native überragt seine Altersgenossen und zieht somit Spott und Hänseleien auf sich. Die Körpergröße verlangt physische und psychische Überlegenheit, um gerechtfertigt werden zu können. Genau das Gegenteil ist jedoch der Fall: Der Native ist eine »dürre Bohnenstange«, seine Organe hinken dem äußeren Wachstum hinterher, es können Kreislauflabilität und Schwächeanfälle auftreten (Bezug erster und dritter Quadrant). Des weiteren können sich Hormonstörungen ergeben, die zusammen mit der unzureichenden Körperentgiftung (reduzierte Nierentätigkeit) die Disposition zur chronischen Akne mit sich bringen. Diese Akneformen erhalten sich grundsätzlich bis ins dritte Lebensjahrzehnt, in schweren Fällen noch weit darüber hinaus.

* Am häufigsten, gemessen an der statistischen Seltenheit dieses Krankheitsbildes, ist hier mit der Phenylkentonurie zu rechnen; kommt Ma/Sa, Ma/Ur oder Ma/Ne hinzu, so ergibt sich die Disposition zur Sichelzellenanämie.

Der »Sinn« dieser Entsprechung liegt auch hier in der Unterwerfung. Der Native akzeptiert die soziale Brandmarkung, er bekennt sich unbewußt schuldig, den Spielregeln der Gruppe nicht zu entsprechen. Der Archetypus des »Gezeichneten« tritt hier in Erscheinung.
Kommt eine Merkurverletzung hinzu, so ergibt sich die symptomatische Disposition zu Sprachfehlern wie Stottern oder Lispeln.

d) Schüchternheit

Diese Konstellation muß auf den zweiten oder dritten Quadranten bezogen sein. Zusätzlich sind meist So/Ne und/oder Ma/Ne gegeben. Der Native ist nicht in der Lage, seine Interessen durchzusetzen. Er wird von den anderen überrollt, kommt folglich immer zu kurz. Der einzige Vorteil dieser Konstellation liegt im Schutz des Unauffälligen. Der Native wird weitgehend in Ruhe gelassen.

e) »Wir gegen die anderen«

Hier muß zusätzlich eine deutliche Marsdominanz (Ma/Sa, Ma/Pl) gegeben sein. Diese Konstellation ist unter den bisher angeführten die harmloseste. Isolation nach außen wird durch besonderen Zusammenhalt in der Familie kompensiert. Der Native wächst in einem Elitebewußtsein auf, das ihn vielleicht zwingt, sich in besonderem Maße den Spielregeln der Sippe zu unterwerfen, ihn jedoch gleichzeitig vom Konformationsdruck der Umwelt unabhängig macht (insbesondere: gut gestellter Saturn in 2). Dies ist die einzige Analogie, welche die Erfahrung, integrierter Bestandteil einer Gruppe zu sein, ermöglicht. Dennoch können sich auch hier einige problematische Entsprechungen ergeben:
Bei starker Verletzung kann dem Nativen durch die intoleranten Gesetze der Gruppe das Rückgrat gebrochen werden. Verhaltenspotentiale und Begegnungsorientierung werden in

eine Form hineingepreßt, die den Bedürfnissen des Nativen zutiefst widerspricht, z. B. eine durch die Familie erzwungene Heirat.
Selbst bei neutraler oder positiver Konstellation können sich mentale Überheblichkeit, Kastendenken und Buchstabengerechtigkeit entwickeln.
All diesen Entsprechungen* ist gemeinsam, daß Eigenart als Makel betrachtet wird. Unterschiedliche Sprachfärbung, Kleidung, Benehmen, Religion, Hautfarbe etc. reichen bereits aus, um einen als anders und damit unerwünscht zu brandmarken**.
Insbesondere bei Ve in 10 kann es im Sinne der Kompensation zu einer erstarrten Begegnungsoffenheit kommen, die sich in Form von gesellschaftskonformer Überanpassung äußert. Notwendige Auseinandersetzungen mit der Umwelt werden internalisiert, während die präsentierte Fassade maskenhaft freundlich und konfliktfrei erscheint.
So kann zumindest phasenweise die Illusion entstehen, integriert zu sein. Dies ist jedoch immer nur auf einer formalen, vordergründigen Ebene möglich. Die emotionale Isolation von den anderen läßt sich nur oberflächlich kaschieren.
Als Bewältigung bieten sich nur zwei Möglichkeiten:

Anpassung um jeden Preis.

Primär kommt hier der Ve/Sa-Bezug zum vierten und/oder dritten Quadranten in Frage (zusätzlich: Ve/Pl; Ma/Ne). Im Verlangen dazuzugehören, prostituiert sich der Native bis hin

* Die Entsprechungen von e bilden insofern eine Ausnahme, als die Ablehnung durch die Gruppe (d. h. hier die soziale Umwelt und/oder die Gesellschaft) von der Familie überkompensiert werden. Die Problematik wird dadurch jedoch nicht überwunden, sondern lediglich gemildert.

** In derartigen Verhaltensweisen werden instinktive Trieberinnerungen sichtbar, wie sie bei Tieren noch unverschleiert beobachtet werden können. So hat man eine Möwe mit einem blauen Punkt auf dem Schnabel versehen, während Möwen dieser Art normalerweise einen roten Punkt an dieser Stelle besitzen. Die Möwe wurde daraufhin, obwohl bisher in der Gruppe integriert, von ihren Artgenossen totgepickt.

zur Selbstaufgabe. Er versucht sich durch Hilfsbereitschaft und Geschenke einzuschmeicheln. Er läßt sich ausnutzen und verspotten, solange er nur nicht ausgeschlossen wird.
Diese Taktik bleibt jedoch meist nur eine leidvolle Zwischenphase, zumal sie nicht zum gewünschten Erfolg führt. Gerade das unterwürfige Verhalten zementiert die Außenseiterposition. An echte Integration ist nicht zu denken.

»Die Freuden der Einsamkeit.«

Hier ist hauptsächlich ein Ve/Sa-Bezug zum dritten Quadranten gegeben (Sa in 7). Der Native gibt auf, um Anerkennung und Freundschaft im persönlichen Umfeld zu kämpfen, er zieht sich zurück, wird zum Eigenbrötler. Diese Tendenz wird, so schmerzhaft sie in der Kindheit ist, im späteren Leben zur Stärke. Der Native wird in Verhalten und Einstellung von seiner Umgebung unabhängig. Er benötigt für seine Überzeugungen nicht die Zustimmung anderer, ist somit frei von »Herdentrieb« und Gruppendruck.

Die *Entsprechungen 2–4* unterscheiden sich inhaltlich von der »Ablehnung durch die Gruppe« nur insofern, als der Kreis der Isolation in der Umwelt noch enger gezogen wird, bis er schließlich so eng wird, daß sich der Native vollständig von seinem persönlichen Umfeld getrennt erlebt. Die Erfahrung, noch nicht einmal in der Familie Zuwendung oder gar Ansätze von Freundschaft erleben zu können, hat wesentlich dramatischere Konsequenzen als z. B. die Isolation in der Schule. Bei derart extremen Entsprechungen sind Schädigungen im psychischen und psychosomatischen Bereich unvermeidlich, wobei die Affinität zum Depressiven offensichtlich ist.

5. *Liebesunfähigkeit der Mutter*

Die Venus symbolisiert unter anderem das Selbstverständnis der Mutter als Frau. Ihre Stellung im Horoskop gibt darüber Aufschluß, was für ein Verhältnis die Mutter zu ihrer eigenen

Weiblichkeit hat, in welchem Maße und auf welche Art sie sich als erotisch-sexuelles Wesen empfindet.
Venus/Saturn-Verbindungen können ein Hinweis sein (insbesondere bei Bezug zum dritten und ersten Quadranten), daß die Mutter diesen Aspekt ihrer Persönlichkeit nicht adäquat ausleben konnte, sich selbst als in Rollenerwartungen gefangen erlebte.
Die Unfähigkeit, emotionale Nähe zu sich selbst und dem Partner zu riskieren, wird an die Kinder weitergegeben. Dies äußert sich in Form von unpersönlicher Emotionalität. Man lächelt den anderen freundlich an, ohne ihm zuzuhören, und demonstriert Scheinoffenheit: »Wir haben für alles Verständnis.«
Im Extremfall ersetzen Prinzipien und Intoleranz (Saturn) emotionale Zuwendung (Venus). Liebesunfähigkeit wird mit Verantwortungsbewußtsein getarnt. (»Mir tut es mehr weh als dir.«)
Bei Frauen führt dieser Erziehungsstil zur emotionalen Kälte, der Umgang mit Partnerschaften wird berechnend, sexuelle Befriedigung einer situativen Kontrolle geopfert. Männliche Native neigen dazu, sich an den Frauen zu rächen (zusätzlich Ve/Ma), ihnen die Lieblosigkeit der Mutter heimzuzahlen.

Allgemeine Charakterstruktur

Analog den Ma/Sa-Konstellationen kommt es hier zu einer »kognitiven Kontrolle des Instinktiven«, d.h., emotionale und reaktive psychische Vorgänge werden dem Intellektuellen unterstellt.

Maßgeblich sind auch hier die Prägungen der Kindheit. Die Erfahrung, ein Fremdkörper zu sein, nicht den Geruch der Gruppe zu besitzen, zwingt zur Vorsicht. Spontane Reaktionen in der Umwelt, insbesondere im zwischenmenschlichen Bereich, könnten die Eigenart verraten, zur »Enttarnung« und damit zur Ablehnung führen. Da man keine soziale Rükkendeckung hat, sucht man Schutz in übergeordneten Kriterien, im »Gesetz«.

Die Folge ist der Zwang, sich zu rechtfertigen. Handlungen und Einstellungen müssen »legal« sein, können nicht für sich selbst stehen. Aus dieser Disposition ergibt sich ein oft recht hölzernes Verhalten, das Selbstverständliches mit langatmigen Erklärungen begründet (Sa in 7). Eine weitere Konsequenz sind Schuldzuweisungen (»du aber auch«), mit denen man auf Kritik anderer reagiert. Eigene Schwächen werden dadurch legitimiert, daß es andere ja auch tun. So befindet man sich in einer permanenten Verteidigungshaltung, die von der Umwelt jedoch eher als Arroganz und Angriffslust interpretiert wird.

Die Überlagerung der Venusanalogien durch Saturn läßt sich mit einem feinen Filter vergleichen, den sämtliche zwischenmenschlichen Empfindungen und Reaktionen passieren müssen, bevor sie zugelassen oder verworfen werden. Die Folge ist eine stark verzögerte Eindrucksverarbeitung, die dem eigentlichen Erleben beträchtlich hinterherhinkt. Vordergründig zeigt sich dies häufig in einem etwas blutleeren, cool wirkenden Verhalten. Anbindungs- und Ablöseprozesse benötigen ungewöhnlich viel Zeit und verlaufen meist recht schmerzhaft.

Als psychosomatisches Korrelat ergibt sich vielfach ein niedriger Blutdruck in Verbindung mit Mangeldurchblutung der äußeren Hautschichten (Blässe). Die Distanz zur Umwelt, der Rückzug auf sich selbst und die Angst vor dem spontanen Erleben tritt folgerichtig im Körperlichen in Erscheinung. Zusätzlich kann häufig eine allgemeine Stoffwechselträgheit beobachtet werden (Bezug erster und zweiter Quadrant), die meist mit einer unzureichenden Körperentgiftung (gedrosselte Nierentätigkeit) einhergeht. Hieraus ergeben sich körperlich bedingte Antriebsschwäche, Mattigkeit etc.

Im Seelischen führt verzögerte Eindrucksverarbeitung zu depressiven Verstimmungen, die das Bedürfnis nach Rückzug provozieren, um Erlebnisse in Ruhe verdauen zu können. So entsteht in Belastungssituationen, in Phasen der Überforderung und Reizüberflutung die Flucht in den Schlaf. Da dies wiederum mit depressiven Verstimmungen einhergeht, kommt es zur »Überdrehung« (zusätzlich Ma/Sa, So/Sa). Man versucht größere Erholungsphasen, ein Nachlassen des Energietonus so lange wie möglich zu umgehen, die Notwendigkeit seelischer Bewältigung entfällt scheinbar, es kommt zu High-Zuständen. Derart künstlich erzeugte Manien (dem Verhalten von Workaholics vergleichbar) sind von mehr oder weniger offensichtlichen Ausfallerscheinungen begleitet. Wichtige Termine werden vergessen, Situationen werden falsch eingeschätzt, es kommt zu Erinnerungstäuschungen etc.

Der psychische und physische Zusammenbruch ist unausweichlich, kann jedoch immer wieder – z. B. durch Aufputschmittel- bzw. exzessiven Kaffeekonsum – hinausgezögert werden.

Partnerschaft

In der klassischen Astrologie werden Venus/Saturn-Verbindungen mit der Verneinung von Partnerschaft, »Pech in der Liebe« etc. gleichgesetzt. Die Erfahrung hat gezeigt, daß derartige Aussagen nur wenig Berechtigung haben. Sie stellen eine sehr einseitige Interpretation astrologischer Analogien dar, welche den psychologischen Hintergrund dieser Konstellation völlig außer acht lassen*.
Grundsätzlich sollte nicht übersehen werden, daß Venus/Saturn-Verbindungen neben den problematischen Entsprechungen, die sich bei allen Konstellationen finden, auch ausgesprochen harmonische Analogien aufweisen, was sich bereits durch die Theorien der klassischen Astrologie belegen läßt. Die Venus herrscht in der Waage, Saturn hingegen steht dort erhöht. Dies ist ein deutlicher Hinweis, daß es sich bei Venus und Saturn durchaus nicht um unvereinbare Prinzipien handelt. Im Gegenteil: In gewisser Weise entspricht Saturn einer höheren Oktave der Venus: Dort wo Venus oberflächliches Vergnügen repräsentiert, symbolisiert Saturn Verbindlichkeit und Tiefe. Venus entspricht der subjektiven Hingabe, Saturn hingegen dem Eingebundensein in objektive Gesetzmäßigkeiten.
Da keine Konstellation größere Intensität und Beständigkeit in Verbindung mit karmischen Herausforderungen im Begegnungsbereich aufweist, scheint die Hypothese vertretbar, daß Venus/Saturn-Verbindungen den potentiell vollkommensten Partnerschaftsaspekt darstellen.
Auch hier gilt die allgemeine astrologische Gesetzmäßigkeit, daß mit den Verwirklichungsmöglichkeiten einer Konstellation auch die Tendenz zu schwierigen Entsprechungen steigt: Hohe Entsprechungsebenen stellen grundsätzlich eine Ent-

* In einer empirischen Untersuchung von P. Niehenke wurde Venus/Saturn-Aspekten u. a. die Entsprechung »Pech in der Liebe« als vermutete Selbstzuschreibung zugeordnet. Wie zu erwarten war, ließen sich keine signifikanten Zusammenhänge feststellen.

wicklungschance dar, deren Verwirklichung jedoch bewußte Entwicklung voraussetzt. Unterbleibt diese, so werden insbesondere bei Ve/Sa-Verbindungen eher schwierige Entsprechungen dominieren.
Die psychologischen »Ursachen« für problematische Beziehungen lassen sich, wie bei allen anderen Konstellationen auch, unschwer aus den Prägungen der Kindheit herleiten. So ist es offensichtlich, daß Native, die von besonders schmerzhaften Kindheitsentsprechungen verschont blieben, in aller Regel auch nicht außergewöhnlich schwierige Partnerschaftsanalogien aufweisen werden und umgekehrt schwierige Kindheitssituationen analog Partnerschaftsprobleme provozieren.
Von besonderer Bedeutung ist bei Ve/Sa-Aspekten die Beziehung zur Mutter. Das Ausmaß ihrer Unfähigkeit, sich selbst als erotisch-sexuelles Wesen zu akzeptieren, korreliert stark mit der eigenen Hingabe- und Bindungsunfähigkeit.
Es lassen sich folgende konkreten Entsprechungen unterscheiden:

1. Das rollenorientierte Begegnungsverhalten
2. Der Rückzug auf das Formale: Die Gefühlsunsicherheit
3. Verlust- und Bindungsangst
4. Die »Beziehungskiste«
5. Die Begrenzung

1. Das rollenorientierte Begegnungsverhalten
(Insbesondere Ve in 10)

Das Begegnungspotential wird im Bereich des dem Individuellen Übergeordneten ausgelebt. Dies geschieht auf einer gesellschaftsbezogenen Ebene*. D.h., der Native zeigt und empfindet nicht seine persönlichen, instinktiven Erwartungen an den Partner, sondern orientiert sich am sozial Erwünsch-

* Im Gegensatz zu Ve/Pl-Konstellationen, in denen sich das dem Individuellen Übergeordnete in den Kriterien der Art zeigt.

ten, ist somit unangreifbar, da die Eigenart aus dem Spiel gelassen wird.
Die Anpassung an die Gesetze der Ästhetik führt zu einer unnahbaren, unterkühlten Attraktivität. Als Folge der reduzierten Eindrucksverarbeitung werden solche Prozesse vielfach bis hin zur Selbstverleugnung ignoriert (Bezug dritter Quadrant).
Im Verlauf von verbindlichen Partnerschaften wird diese Form der Anpassung zum Problem: Je größer die emotionale und räumliche Nähe, um so schwieriger kann die Fassade, die ja Individuelles überdecken soll, aufrechterhalten werden. Mit wachsender Nähe und Intensität der Beziehung steigert sich die Angst, durchschaut zu werden und den anderen deshalb zu verlieren. Der Native muß sich jedoch in jedem Falle ungeliebt fühlen. Die Aufmerksamkeit des Partners gilt der Maske, hinter der er sich versteckt, er selbst bleibt unberührt. So ist eine der größten und wesentlichen Herausforderungen von Venus/Saturn-Verbindungen die Entwicklung echten Vertrauens – ein Prozeß, der Jahre bis Jahrzehnte in Anspruch nehmen kann.

2. *Die Gefühlsunsicherheit*

Hier führt die Entfernung vom spontanen Erleben, die Orientierung an den gesellschaftlichen Spielregeln, zur Gefühlsunsicherheit. Der Native hat den Bezug zu seinen subjektiven Bedürfnissen verloren (zusätzlich Ma/Ne). Im Beziehungsbereich bedeutet dies die Unfähigkeit, einen passenden Partner zu finden: Man weiß nicht, woran man ihn erkennen sollte. So ergeben sich hier häufig Beziehungen zu ungeeigneten Partnern, die den instinktiven Bedürfnissen des Nativen nicht gerecht werden können (und umgekehrt). Eine Folge ist die chronische Unzufriedenheit im Beziehungsbereich, eine klassische Ve/Sa-Entsprechung.

3. *Verlust- und Bindungsangst* (Primär Sa in 2)

Es handelt sich hier um die Angst, sich auf einen potentiellen Partner emotional einzulassen. Die Erfahrung, abgelehnt zu werden, ein Außenseiter zu sein, führt zur Vorsicht im Begegnungsverhalten. Man möchte sich vor Enttäuschungen schützen, versteckt sich hinter scheinbarer Gleichgültigkeit. Wenn die Furcht, abgewiesen zu werden, allzu groß ist, kann das zur Schau gestellte Desinteresse chronisch werden. Die Nativen meiden jede emotionale Verbindlichkeit, bis schließlich die Fähigkeit hierzu verlorengeht.

Glücklicherweise ergibt sich diese Konsequenz nur selten. Besondere Vorsicht und Verletzlichkeit im Kontaktverhalten ist jedoch die Regel. So schwer man sich auf ein Gegenüber einläßt, so »unerbittlich« hält man auch an ihm fest. Die Furcht, verlassen und enttäuscht zu werden, sitzt tief. Als Konsequenz entsteht der Wunsch, den anderen zu kontrollieren, ihn festzunageln, um sich seiner sicher sein zu können. Im Extremfall führt die eigene Unsicherheit zu dem Bestreben, ein Abhängigkeitsverhältnis zu erzeugen, aus dem der Partner nicht mehr entfliehen kann.

4. *Die »Beziehungskiste«*

Dies ist wohl die häufigste und auch naheliegendste Entsprechung. Sie ergibt sich vor allem, wenn beide Partner Ve/Sa-Verbindungen im Horoskop aufweisen.

Bezeichnend ist hier die Einigung auf den kleinsten gemeinsamen Nenner. D. h., man reduziert Bedürfnisse und Interessen auf das von beiden uneingeschränkt Gebilligte. So kommt es zur gegenseitigen Beschneidung nach dem Motto: »Wenn du nichts tust, was mich verletzt, tue ich auch nichts, was dich verletzen könnte.«

Als Folge ergibt sich eine Lähmung im Handlungs- und Empfindungspotential beider Partner. Dieses provozierte Erlebnisdefizit wird bevorzugt am Gegenüber abreagiert: Permanente Auseinandersetzungen werden schließlich zum Partnerschaftsersatz. Die Beziehung hat dann das Stadium neurotischer Verstrickung erreicht, in dem man nicht mehr mit, aber auch nicht mehr ohne den anderen sein kann.

5. *Die Begrenzung*

Die in der Kindheit erworbene Instinktunsicherheit, die mit der Schwierigkeit, eigene Bedürfnisse zu empfinden und auszuleben, einhergeht, sowie die hiermit verbundene emotionale Ungeborgenheit führen häufig zu einer Affinität für »starke« Partner. Eigene Haltlosigkeit soll durch den anderen aufgefangen werden, man möchte gemaßregelt werden, um Struktur und Orientierung in die eigene Lebensweise zu bringen.

Im Extremfall wird hier der Partner zum Elternersatz. Er spielt die Rolle eines moralisierenden Über-Ichs, das einerseits beschränkt, reglementiert und bewertet, andererseits jedoch auch ein starkes Gefühl von Sicherheit und Geborgenheit gibt (solange man sich an die Spielregeln hält). Unbewußt geht es hier um das Bedürfnis, Gewißheit und Bestätigung für eigene Empfindungen, Einstellungen und Handlungen zu finden, was nur geschehen kann, wenn dem Partner besondere Autorität zugesprochen wird. Das Reglement des Partners soll zu einer Konzentration auf die wesentlichen persönlichen Interessen verhelfen und die Angst vor dem inneren Chaos nehmen.

Ist die Ve/Sa-Verbindung massiv verletzt, und/oder gibt es darauf hinweisende Zusatzkonstellationen (z. B. Ve/Ma), so besteht die Gefahr, Opfer scheinstarker Partner zu werden, die eigene Unsicherheit und verbrämte Aggressionen in der Beziehung ausleben wollen. Hier wird der Halt suchende Native oft zunehmend von seiner Umwelt isoliert, Freundschaften und andere soziale Beziehungen müssen abgebrochen werden, bis letztlich eine völlige Abhängigkeit vom Partner besteht. In einem solchen Stadium gewinnt die Beziehung schnell psychotische Züge (zusätzlich Ve/Pl; Ma/Pl; Sa/Pl), die mit einem inflationären Realitätsverlust einhergehen. Zwischen der Einsicht in die Notwendigkeit einer Trennung bis hin zu ihrer Verwirklichung liegt eine meist lange Leidenszeit. Die grundsätzlichen Schwierigkeiten in Ablöseprozessen werden durch die Isolation von der Umwelt immens verschärft.

Sexualität

Venus/Saturn-Konstellationen sind ein deutlicher Hinweis auf Irritationen der sexuellen Hingabefähigkeit. Die Nativen haben ausgeprägte Schwierigkeiten, sich gehenzulassen. Echte Befriedigung kann meist nur in langfristigen, verbindlichen Partnerschaften erlangt werden, in denen einem genug Zeit gegeben wird, um aufzutauen.
Konkret äußert sich dies in Form einer an festen Spielregeln orientierten Sexualität. Die »Randbedingungen« müssen stimmen. Es gilt, relativ langwierige, ritualisierte Abläufe einzuhalten, um ein befriedigendes sexuelles Beisammensein zu ermöglichen und vorzubereiten. Wesentliche Kriterien können das Gesprächsthema, besondere Musik, entsprechende Beleuchtung etc. sein.
Im Gegensatz zu dominanten Ve/Pl-Verbindungen ist hier nicht eine Tendenz zum Zwanghaften maßgeblich, es geht vielmehr darum, schrittweise das Empfinden von Vertrautheit und »Legitimität« aufzubauen.
Flüchtige Abenteuer hingegen werden in aller Regel unbefriedigend verlaufen oder gar in einer Katastrophe enden. Dies gilt für Frauen in stärkerem Maße als für Männer.
Bemerkenswert ist jedoch der häufig vorhandene Begegnungszwang. Viele Native erwarten von sich, locker und »allzeit bereit« zu sein. Verkrampft stürzt man sich von einem erotischen Intermezzo ins nächste. Zum einen, um mangelnde Befriedigung durch Quantität auszugleichen, zum anderen, um eine entspannte Oberflächlichkeit, die dem eigenen Wesen völlig fremd ist, zu trainieren.
Bei dominanter Marsstellung kann hier eine gewisse Scheinbefriedigung erreicht werden, die jedoch in zunehmender Partnerschaftsunfähigkeit mündet. Bei allen anderen Entsprechungen bleibt diese Verhaltensdisposition auf zeitlich begrenzte Experimentierphasen und Umbruchsituationen beschränkt.
Die klassische Astrologie unterstellt Ve/Sa-Verbindungen

eine Affinität zum Perversen. Zum einen ist es kaum möglich, eine sinnvoll zu begründende Grenze zwischen dem, was »normal«, und dem, was als »abartig« gelten soll, zu ziehen. Zum anderen finden sich in der Praxis auch keine Belege für diese Hypothese. Ve/Sa-Geborene scheinen nicht häufiger zu exotischen Sexualpraktiken zu neigen wie andere Native*. Wenn diese Vorstellungen dennoch einen wahren Kern enthalten, so liegt dieser in der Entfremdung den eigenen Bedürfnissen gegenüber. Viele Native haben jede Instinktsicherheit verloren, sie können nicht mehr zwischen angenehm und unangenehm unterscheiden. Diese Prozesse laufen, wenn überhaupt, zeitlich stark verzögert ab. D. h., viele Ve/Sa-Geborene sind unfähig zu empfinden, welcher Sexualpartner zu ihnen paßt. So wird Gefühlsunsicherheit häufig mit Experimentierfreude verwechselt. Die Nativen suchen lediglich nach dem ihnen Gemäßen. Die verschütteten Zugänge zur individuellen Genuß- und Hingabefähigkeit müssen erst in einem ausgesprochen langwierigen Prozeß wieder freigelegt werden. In dieser schwierigen Identitätssuche kann es natürlich zu »Verirrungen« kommen.

* Falls entsprechende Bezüge zu Haus 5 gegeben sind, läßt sich jedoch eine gesteigerte Präferenz für »englische« Sexualpraktiken nachweisen: Man sucht emotionale Hingabe durch Strenge und Strafe zu forcieren. Auch hier sind die psychologischen Ursachen in einer gefühlskalten Mutterbindung zu suchen.

WEIBL. NATIVITÄT

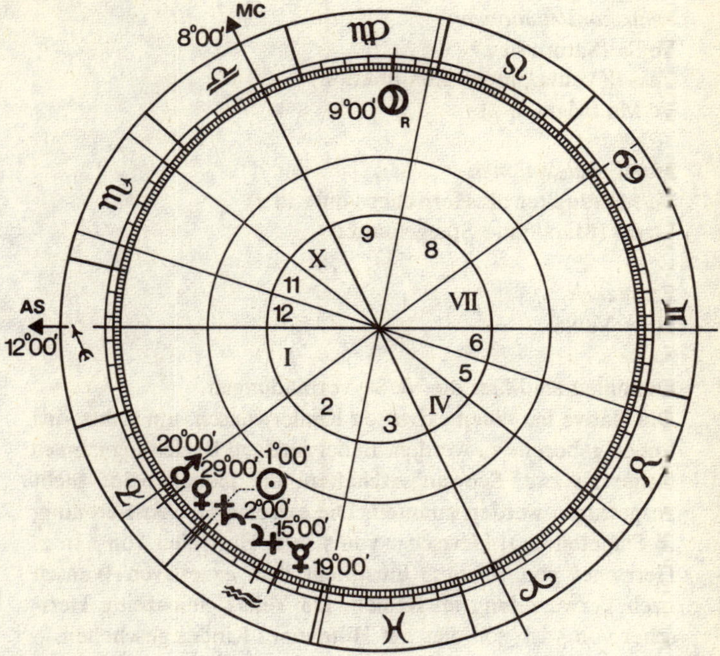

Planeten

☉	01°00′	♒
☿	19°00′	♒
♀	29°00′	♑
♂	20°00′	♑
♃	15°00′	♒
♄	02°00′	♒
☽	09°00′	♍ R

Häuser

AS = 12°00′ ♐
MC = 08°00′ ♎
(Beschreibung siehe Seite 228)

Beispielhoroskop: weibliche Nativität

Venuskonstellationen
Ve/Sa (Saturn in 2)
Ve/Sa (Venus/Saturn-Konjunktion)
Ve/Ma (Mars in 2)

Marskonstellationen
Ve/Ma (Jupiter als Herrscher von 1 in 2)
Ma/Pl (Mars/Pluto-Spiegelpunkt)

Zusätzlich
So = Ve/Sa

Dominant sind hier die Ve/Sa-Verbindungen.
Die Native hat einen extremen Kinderwunsch, um selbst »ins Leben geboren« zu werden. In der jetzigen Beziehung kam es bisher zu zwei Schwangerschaften, die jedoch beide nicht ausgetragen werden konnten. Die extreme Haus-2-Betonung (6 Planeten in 2; Herrscher von 7 in 2; Herrscher von 1 in 2; Herrscher von 10 in 2) entspricht dem exzessiven Wunsch nach Verwurzelung im Realen. Da Venus gleichzeitig Herrscher von 5 ist, soll dies mit Hilfe eines Kindes geschehen.
Der wiederholte Abgang ist gemäß der Theorie der Transpersonalen Astrologie ein deutlicher Hinweis auf eine ungeeignete Partnerschaft bzw. auf das Bestreben, Unvereinbares verbindlich zu machen.
Eine erfolgreiche Schwangerschaft wird deshalb erst nach Überwindung der in der Partnerschaft liegenden unausgesprochenen Schwierigkeiten bzw. nach einer Trennung möglich sein.

Venus/Uranus

Wichtige Ereignisse / bekannte Persönlichkeiten

Venus in 11

Antoine de Saint-Exupery, Pilot, Schriftsteller; Alan Leo, Astrologe; Albert Speer, Nationalsozialist, Architekt; August Strindberg, Bühnenautor; Bruce Lee, Schauspieler, Kung-Fu-Kämpfer; David Carradine, Schauspieler; Erdbeben in El Salvador 1986; Eric Satie, Komponist; Erich von Däniken, Autor; Ernest Hemingway, Schriftsteller; Ernst Krafft, Astrologe; Franz Grillparzer, Autor; Franz Kafka, Schriftsteller; Harry Belafonte, Sänger; Herbert A. Löhlein, Astrologe; Honoré de Balzac, Bühnenautor; Ilja Richter, Showmaster, Schauspieler; Jules Verne, Autor; Manuel del Falla, Komponist; Michael Nesmith, Musiker; Orson Welles, Regisseur, Schauspieler; Peter Fonda, Schauspieler; Peter Ustinov, Schauspieler; Franz Burda, Verleger; Vincent van Gogh, Maler

Uranus in 7

Attentat auf John F. Kennedy; C. G. Jung, Psychoanalytiker; Ferdinand von Habsburg; Henry Miller, Schriftsteller; Ingrid van Bergen, Schauspielerin; James Dean, Schauspieler; Johannes Kepler, Astronom, Astrologe; Karlheinz Böhm, Schauspieler; Napoleon Bonaparte, Feldherr, Kaiser; Franz Burda, Verleger; Richard Chamberlain, Politiker; Richard Wagner, Komponist; Rudi Carrell, Showmaster; Rudolf Steiner, Anthroposoph; Sigmund Freud, Psychoanalytiker; Wolfgang Amadeus Mozart, Komponist; Liselotte Pulver, Schauspielerin; Ivan Rebroff, Sänger; Cheiro, Chirologe

Uranus in 2

Alois Treindl, Wünschelrutengänger; August Strindberg, Bühnenautor; Bette Davis, Schauspielerin; David Carradine, Schauspieler; Hans Jochen Vogel, Politiker; Walter Koch,

Astrologe; Enrico Caruso, Sänger; Francesco Franco, Diktator; Franz Kafka, Schriftsteller; Gracia Patricia, Schauspielerin und Fürstin; Herbert von Karajan, Dirigent; Honore de Balzac, Bühnenautor; Jacques Chirac, Politiker; Liberace, Showstar, Pianist; Lord Byron, Dichter; Max Schmeling, Boxer; Paul Newman, Schauspieler, Rennfahrer; Prinz Eugen, Feldherr; Ringo Starr, Musiker; Robert Redford, Schauspieler; Sean Connery, Schauspieler; Simone de Beauvoir, Philosophin, Autorin; Sir Richard Burton, Abenteurer; Thomas A. Edison, Erfinder; Untergang der Titanic; Yehudi Menuhin, Musiker

Venus/Uranus

Diese Konstellation gilt für Venus in 11, Uranus in 2, Uranus in 7, Venus/Uranus-Konjunktion, Venus/Uranus-Quadrat, Venus/Uranus-Opposition, Venus/Uranus-Spiegelpunkt, Venus-Spiegelpunkt Spitze 11; Uranus-Spiegelpunkt Spitze 7, As = Ve/Ur, Mc = Ve/Ur, Venus auf 14° Zwillinge, Venus auf 14° Schütze.

Venus/Uranus entspricht der labilen Sicherheit, dem brüchigen Fundament, der plötzlichen Infragestellung und Veränderung von Rechtsgrundlagen (Ur in 2), der Aufgeschlossenheit, Unverbindlichkeit und Unbeständigkeit in der Begegnung (Ur in 7) sowie einer ästhetisierenden Distanz zum Konkreten (Ve in 11).
Venus/Uranus-Verbindungen symbolisieren ein »gläsernes« Sicherheits- und Begegnungspotential, das einerseits die Überwindung von Gegensätzlichem und Unvereinbarem anstrebt, andererseits von großer Zerbrechlichkeit, Instabilität und meist auch Realitätsferne gekennzeichnet ist. Das idealistische Aufbrechen alter Strukturen darf nicht durch allzu große Anbindung an die »nüchterne« Wirklichkeit begrenzt werden. Es besteht ein deutlicher Bezug zum Avantgardistischen, zum Experimentieren mit neuen Formen, von denen sich naturgemäß nur ein sehr geringer Teil bewährt, um schließlich Altes ersetzen zu können.
So repräsentieren Ve/Ur-Verbindungen in positiver Hinsicht die Hoffnung auf das gute Neue, in negativer Hinsicht jedoch Halt- und Orientierungslosigkeit sowie die Unfähigkeit zu einer adäquaten Realitätsbewältigung.
In Ereignishoroskopen sind sie meist ein deutlicher Hinweis auf (gewaltsame) Umbrüche, auf Situationen, in denen bisher für unumstößlich Gehaltenes einer explosionsartigen Veränderung unterworfen wird.
In psychologischer Hinsicht entspricht Venus/Uranus dem Tanz auf dünnem Eis, dem Versuch, Sicherheit in Unbestän-

digem und Irrationalem zu finden. Kennzeichnend ist hier die Zufallsorientierung, welche sich in der Inkonsequenz im zwischenmenschlichen Bereich äußert. Begegnung und das Gefühl von Sicherheit finden dann statt, wenn sie sich einem sinnvollen, vordergründig folgerichtigen Zusammenhang entziehen können. Das Zufällige hat bei den Nativen den Stellenwert des Schicksals.

Des weiteren verweist die Analogie auf eine Gleichpolung der Anziehung. Die Empfindung von Attraktivität wird bei großer Nähe, das heißt im Augenblick drohender Verbindlichkeit, zur Abstoßung, zur Flucht in die sichere Distanz.

Bei Bezug zum ersten Quadranten kommt es zu einer Scheinselbständigkeit durch den häufigen Wechsel von Abhängigkeiten. Das Beständige ist gleichzeitiges Thema von Sehnsucht und Angst.

Analogien der vier Verwirklichungsebenen

Materielle Ebene

Asymmetrie, Anschlag, Attentats- und Katastrophenkonstellation, Augenblick vor dem Umsturz, Ballett, Bild, Dammbruch, Dialyse, Diurethica, Dolmetscher, durchlässig, Edelgase, Enthaarungsmittel, Erdrutsch, Erdbeben, entkörperlicht, explosiv, Flamingo, flüchtig, Fotografie, Färbemittel, geruchlos, Glasscheibe, glitschig, Glätte, Haarspray, Haltestelle, Harlekin, instabil, Karneval, kohlensäurehaltige Getränke, Kolibri, Kupplung, künstliche Aromastoffe, Kupferdraht, Lawine, Lebensmittelfarbe, Mauerriß, Maske, materielle Spannung, Neonlicht, Papagei, Paradiesvogel, Pfau, Reflexion, Revolution, Ruhe vor dem Sturm, Schaltung, Schminke, Sekt, Smoking, Spiegel, Telefongespräch, Telegrafie (Me/Ur), unberührbar, unerwartete Trennung einer Verbindung, überregional, Umbruch, Umsturz, undicht, ungeschützt, Ungleichgewicht, Verbindungsstück, Völkerverständigung, zerbrechlich, Zirkusvorstellung, zugespitzte Situation, Zwischenraum, Übersetzung.

Vitale Ebene

Androgynität, Blutsturz, Bluttransfusion, Disregulation im Östrogen- und Gestagenhaushalt, dünn, exzentrisch, faltenlos, haltlos, heimatlos, Irritationen im Lendenwirbelbereich sowie der Wirbelsäule im allgemeinen, Isolation, Leptosom, nervliche Überreizung, Quarantäne, rastlos, Rollvene, sprunghaft, Störungen der Drüsentätigkeit bzw. des Drüsenwachstums, Thrombosen, ungebunden, unsicher, Wanderniere, Geburt (insbesondere Zwillings- und Mehrfachgeburten), Zwischenstadium, Zyklusstörungen (zusätzlich Mo/Ur; Mo/Sa).

Mentale Ebene

Angst, festgelegt zu werden, Brainstorming, Dialektik, Distanzlosigkeit, extrem, eigenartig, Entscheidungsschwierigkeiten, Freiheitsliebe, geschmacklos, Inkonsequenz im Denken, Konzentrationsstörungen, Kosmopolit, plötzliche Begegnung, Sophismus, Separatismus, stillos, Unbeständigkeit in Beziehungen, übereilt, unentschieden, unerwartete Liebe, ungewöhnlicher Geschmack, unkultiviert, unrealistisch, widersprüchlich, Zwang zum Gegensatzdenken, zögernd.

Transpersonale Ebene

Anarchie, Avantgarde, Befreiung aus einer Zwangslage, Experiment, fehlende Mutterbindung, Herrschaftslosigkeit, Gleichberechtigung, Überwindung von Gegensätzen im zwischenmenschlichen Bereich, New Age, nicht an Folgerichtigkeiten gebunden sein, plötzlicher Verlust von Partnern, Reform, Selbstüberwindung im Umgang mit anderen, Spannungskatalysator, Unabhängigkeit im Denken, Unabhängigkeitsbewegung, UNO, Überwindung von Gegensätzen, Versuch, Völkerverständigung, Ausnahmezustand.

Kindheit und Elternbezug

Der Bezug zum Unverbindlichen, Instabilen zeigt sich in der Kindheit meist in Form einer brüchigen und wechselhaften Familienstruktur: Der Native wächst mit der Erfahrung auf, Unbeständigkeit und Unzuverlässigkeit wehrlos ausgeliefert zu sein. So kommt es schon früh zu ausgeprägtem Mißtrauen und Realitätsangst. Das Kind fühlt sich durch die Wirklichkeit, in der es, seiner subjektiven Erfahrung entsprechend, nichts gibt, an dem es sich festhalten könnte, vollständig überfordert.
Als »Ursache« der diese Konstellation kennzeichnenden Desorientierung ergeben sich folgende Prägemuster:

1. Trennung der Eltern während der frühen Kindheit und in der Folge häufiger Wechsel der (gegengeschlechtlichen) Bezugsperson.
2. Unberechenbarer, irrationaler Erziehungsstil der Eltern
3. Das Kind erhält den unbewußten Auftrag, den Erhalt der Beziehung der Eltern »gegen jede Vernunft« zu garantieren.
4. Der Bruch mit der Tradition
5. Das geschwächte Mutterbild

Grundsätzlich, das heißt unabhängig davon, welche der angeführten Entsprechungen sich verwirklicht, ist bei Venus/Uranus-Verbindungen immer von einem dominierenden Einfluß des gegengeschlechtlichen Elternteils auszugehen. Hier ergeben sich Fehlsteuerungen, Mängel und damit Schädigungen, die den Nativen in eine Solidarität mit dem gleichgeschlechtlichen Elternteil treiben. Dies ist inhaltlich immer maßgebend, selbst wenn der Augenschein dem offensichtlich widerspricht.

1. Trennung der Eltern während der frühen Kindheit

Das Kind macht die Erfahrung, daß die Eltern keine Zuverlässigkeit und Beständigkeit garantieren. Es wird im Gegenteil dazu gezwungen, sich permanent auf neue Ersatzmütter oder -väter einzustellen.
Oft entsteht hier eine Scheinoffenheit, d. h., die zur Schau gestellte Bereitschaft, die vorgesetzten Bezugspersonen zu akzeptieren. Neben dem anfangs tatsächlich bestehenden Kontaktbedürfnis, dem unerfüllten Verlangen nach Nähe, wächst schnell die Einsicht, »mitzunehmen, was geht«. Man sucht die Annäherungsversuche des neuen Elternteils zu seinem Vorteil auszunutzen – z. B. indem man sich mit Geld und Geschenken »bestechen« läßt. Ein emotionales Einlassen findet jedoch nicht statt. Es lohnt nicht. Der Ersatzvater oder die Ersatzmutter werden schon bald durch neue Partner ausgetauscht, und den Trennungsschmerz möchte man sich ersparen*.
Kommt es zu häufigen Wechseln der Eltern, entsteht beim Nativen schließlich ein schizoides Begegnungsverhalten. Man ist lieb, nett und freundlich, da man die anderen sowieso schon abgeschrieben hat. Man legt eine gleichgültige Offenheit an den Tag, einerseits um Auseinandersetzungen zu vermeiden, andererseits um das Bedürfnis nach Nähe und Zuwendung zumindest »durch die Hintertür« erleben zu können, indem man emotionale Zustände referiert und Zuwendung konsumiert, ohne echte emotionale Involvierung zuzulassen. So gelingt es gleichzeitig, Nähe zuzulassen und Distanz zu wahren.
Die problematische Entsprechung ergibt sich, wenn schließlich doch echtes Vertrauen geschöpft werden kann und es kurz darauf zur Trennung kommt (zusätzlich Ma/Pl, Ve/Pl), insbe-

* Hier geht es weniger um die reale Situation, d. h., es ist sekundär, ob es tatsächlich zu häufigeren Partnerwechseln des erziehenden Elternteils kommt. Ausschlaggebend ist das Empfinden des Kindes, einer äußerst labilen Situation ausgesetzt zu sein, gegen die es sich mit emotionaler Distanz zu schützen sucht.

sondere, wenn sich diese Erfahrung wiederholt. Zeitliche Zusammenhänge werden im Unbewußten des Kindes kausal verknüpft, aus der Parallelität von emotionaler Nähe zum Partner des erziehenden Elternteils und ihrer Trennung wird der Schluß gezogen, daß dies geschah, weil Vertrauen zugelassen wurde. So kann sich das gesamte Leben die irrationale und unbewußte Überzeugung erhalten, daß emotionale Bindungen zu anderen nicht zugelassen werden dürfen, weil man den Partner dann mit Sicherheit verliert.
Deshalb werden zwischenmenschliche Beziehungen um so angenehmer empfunden, je gleichgültiger man ihnen gegenübersteht. Sobald eine emotionale Bindung droht, wird Distanz gesucht, um nicht dem Risiko der Verwundbarkeit ausgesetzt zu sein. Diese Erfahrung wird zum Kriterium für das gesamte spätere Partnerschaftsverhalten. Emotionale Bindung »erzwingt« den Bruch; Beziehungen können nur in der Unverbindlichkeit, in der ungeklärten Situation Bestand haben.

2. *Irrationaler Erziehungsstil der Eltern*

Hiermit ist eine eklatante Konzeptionslosigkeit und Widersprüchlichkeit im erzieherischen Verhalten der Eltern gemeint. Verhaltensweisen, die an einem Tag verstärkt, d. h., belohnt werden, können kurz darauf zu Strafe und Ablehnung führen und umgekehrt. Die Distanz zu den Eltern dient somit als Schutz vor dem Unberechenbaren.
Vorrangig bei dieser Konstellation ist die Entwicklung kognitiver Kontrolle. Der Native verlernt, auf seine unmittelbare Umwelt spontan zu reagieren, und erwirbt im Gegenzug die Fähigkeit, rational abzuwägen; er wird berechnend. Dies ist identisch mit dem Bestreben, die möglichen negativen Konsequenzen jeglichen Verhaltens von vornherein zu minimieren. Parallel hierzu entsteht die Neigung, sich aus allem herauszuhalten, sich in nichts hineinziehen zu lassen, da die Teilnahme an der Wirklichkeit mit Schuld bzw. drohender Strafe gleichgesetzt wird.

So kommt es zur Wirklichkeitsangst. Man wird zum chronischen Zauderer, möchte sich nirgends die Finger verbrennen und schreckt vor allen bedeutsamen Entscheidungen zurück, da die Folgen niemals vollständig berechenbar und Fehler somit nicht auszuschließen sind*.

Die frühkindlichen Entsprechungen in Gestalt eines chaotischen Erziehungsstils kommen somit der kosmischen Disposition zur persönlichen Unberührbarkeit entgegen. Die astrologische Analogie verweist hier auf das Bestreben, sich aus jeglicher Verstrickung im Dualen herauszuhalten, besonders im zwischenmenschlichen Bereich. Diese Neigung sucht sich ihre Rechtfertigung in konkreten Situationen. Sie sollen die individuellen Anlagen legitimieren oder doch zumindest »entschuldigen«. D. h., man wählt sich Situationen, die schiefgehen müssen, um hinterher sagen zu können: »Ich habe es ja gleich gewußt.« Dies ist eine beliebte Taktik, um sich Erwartungen (z. B. der Mitarbeit im elterlichen Betrieb) zu entziehen. Man erklärt, daß man für die Aufgabe ungeeignet, den Anforderungen nicht gewachsen sei. Sollte dies nicht ausreichen, so »beweist« man durch sein Verhalten, daß man recht hatte. Man simuliert (unbewußt) Unfähigkeit.

Wurde diese Demonstration oft genug wiederholt, so kann der Native sicher sein, daß er in Ruhe gelassen wird. Er hat Narrenfreiheit. Allerdings begibt man sich auch hier vorzugsweise in Zwischensituationen: Sobald eine klare Entscheidung erreicht wurde, möchte man diese rückgängig machen. Das Eindeutige wird als unerträglich empfunden, da es mit Verlust und Verzicht assoziiert wird.

* Die Entsprechung des wirklichkeitsängstlichen Zauderers gilt spezifisch für die Folgen des irrationalen Erziehungsstils der Eltern. Für die anderen Analogien hat sie keine Gültigkeit. Aber auch hier gibt es den Gegentyp, der eine Schwäche durch Überkompensation ausgleicht. Es kommt dann zu Persönlichkeiten, die Handlungsaggressivität und Entscheidungsfreude unübersehbar demonstrieren. Allerdings haben diese in der Tat vornehmlich demonstrativen Charakter. Sie sollen elementare Ratlosigkeit und die Angst, etwas falsch zu machen, lediglich übertünchen.

3. *Der Auftrag, die Verbindung der Eltern »gegen jede Vernunft« zu garantieren*

Dominante Uranusanalogien im Horoskop verweisen grundsätzlich auf die formale und/oder inhaltliche Unvereinbarkeit der Eltern (Uranusbezug erster Quadrant). Das Kind wird in einer Situation gezeugt und geboren, in der die mangelnde Tragfähigkeit der elterlichen Beziehung offensichtlich wird.
Das Kind erhält den unbewußten Auftrag, die Verbindung der Eltern »gegen jegliche Vernunft« zu retten. Bei dieser Verwirklichungsform müssen zwei wesentliche Reaktionsmuster unterschieden werden:

a) Das Kind wird zum Katalysator, zum »Blitzableiter« (zusätzlich Ve/Sa): Die Spannungen der Eltern werden am Kind abreagiert, zwischen den Partnern ist somit eine lebbare Scheinharmonie möglich (Bündnis der Eltern gegen das Kind).

b) Das Kind wird zum »Hoffnungsträger«: Es erhält von beiden Elternteilen den Auftrag, sich mit ihm gegen den anderen zu verbünden, um »die Gerechtigkeit wiederherzustellen«. Die Kindheitssituation des Nativen wird zum Eiertanz. Er muß beiden das Bündnis versprechen, darf jedoch niemals eines eingehen, da es sonst zum Zusammenbruch des labilen Gleichgewichts käme. Die unbewußte Verhaltenssituation den Eltern gegenüber entspricht einer permanenten Hinhaltetaktik.

4. *Der Bruch mit der Tradition*

Das Kind ist »aus der Art geschlagen«, es verfügt über sippenfremde Reaktionsmuster. Das Begegnungsverhalten unterliegt der Tarnung, die Abweichung darf nicht offenkundig werden, da dem Fremdkörper der (emotionale) Ausschluß aus der Familie droht.*

Die Realität des »Abartigen« wird von der Familie und meist auch vom Nativen selbst ignoriert. Man entzieht sich den Verbindlichkeiten der Sippe, um nicht Farbe bekennen zu müssen. Der Native wird zum Außenseiter in der Familie, ohne daß dies offen ausgesprochen würde, man beobachtet ihn mit Mißtrauen, ohne daß man ihm einen Vorwurf machen könnte. Dennoch schließt man ihn von »sippeninternen« Belangen instinktiv aus, man fürchtet den Bruch der Tradition. Lediglich in Krisensituationen wenden sich einzelne Familienmitglieder dem Nativen intensiver zu, aus der dumpfen Hoffnung heraus, in heikler Lage bei einem von den Spielregeln des Umfeldes Unabhängigen eher Zuspruch und Verständnis finden zu können.

5. *Das geschwächte Mutterbild*

Hier handelt es sich sinngemäß um die gleichen Entsprechungen, wie sie unter Ma/Ur (»der unerreichbare Vater«) behandelt wurden: Es fehlt die elementare Erfahrung, bei der Mutter geborgen und beschützt zu sein (zusätzlich Mo/Sa). Die Mutter entzieht sich emotional der Familie, zumindest jedoch dem Kind. In der späteren Entwicklung findet eine konstruktive Auseinandersetzung nicht statt. Das Kind hat kein Vorbild, an dem es die adäquate Hingabe an die Umwelt und insbesondere an einen Partner lernen könnte. Die Fähigkeit, Vertrauen anderen gegenüber aufgrund innerer Stabilität zu zeigen, bleibt unentwickelt**.

* Ist zusätzlich Merkur/Mars gegeben (insbesondere As/Me-Konjunktion) so zeigt sich diese Disposition vornehmlich in homo- oder zumindest bisexueller Veranlagung.

** Im (naturbedingt seltenen) Extremfall kann hier Schizophrenie der Mutter festgestellt werden. Die Klarheit der Analogie sollte jedoch nicht zu übereilten und überzogenen Schlußfolgerungen verleiten.

Allgemeine Charakterstruktur

Die Erfahrungen der Kindheit prägen die Charakterstruktur des Erwachsenen. Es ergeben sich folgende Verwirklichungsmöglichkeiten:

1. Die nervöse Bewegungsorientierung (Bezug zweiter und dritter Quadrant)
2. Die Heimatlosigkeit
3. Die kognitive Insel (Bezug zweiter und vierter Quadrant)
4. Existentielle Unsicherheit (Bezug erster Quadrant)
5. Mangelnde Selbstachtung

1. Die nervöse Bewegungsorientierung

Der Nimbus des Unberührbaren schließt wahre Befriedigung in der Auseinandersetzung mit der Umwelt aus. Als Folge ergibt sich die Kompensation in der Aktivität um der Aktivität willen. Der unerfüllte Erlebnishunger richtet die Aufmerksamkeit auf immer neue Reize, die mangelnde emotionale Verbindlichkeit übertünchen sollen. Da man nichts finden kann, das einen hält, ist man ständig auf der Suche nach dem Neuen, Unverbrauchten, Besseren. Der Schutzmantel des Verdrängens darf nicht gefährdet werden. Als Konsequenz sind psychosomatische Störungen aus dem Streßbereich zwingend (Neuralgien, Hormon- und Stoffwechselirritationen, Schlaflosigkeit, nervöse Überreizung etc.).

2. Die Heimatlosigkeit

Venus/Uranus-Verbindungen (insbesondere bei Haus-2-Bezug) sind ein deutlicher Hinweis für die Unverbundenheit mit der Familientradition. Dies betrifft zum einen die subjektive, zum anderen die soziale Ebene.

Der Native ist anders als die übrigen Familienmitglieder. Aus dem Genpool der Sippe wurden in ihm eine Anzahl untypischer Gene dominant, die eine archaische Fremdheit erzwingen.
Auf der anderen Seite erhalten die Nativen häufig keine Gelegenheit, im Rahmen der Familientradition aufzuwachsen. Neben den bereits im vorigen Kapitel (»Kindheit und Elternbezug«) beschriebenen Entsprechungen kommt es hier verstärkt zu einer Entwurzelung im Sinne eines Aufwachsens in der Fremde. So weisen die Kinder von Auswanderern überzufällig häufig dominante Ve/Ur-Verbindungen auf. Das gleiche gilt für alle Nativen, die, aus welchen Gründen auch immer, Kindheit und/oder Jugend in einem fremden Kulturkreis verbrachten. Im Sinne der astrologisch zu fordernden Identität von genetischer Veranlagung und Karma besitzen die Nativen durch diese Konstellation die Fähigkeit, in einer fremden Umgebung zurechtzukommen. Da sie dem Alten nicht verhaftet sind, sind sie offen für das Neue.
Während dominante Ma/Pl- und Ve/Pl-Konstellationen häufig ein Hinweis auf die Verdichtung von Sippenmerkmalen in einer Person sind, deren Schicksal dann darüber entscheidet, ob die entsprechenden »Gene« weitergetragen oder eliminiert werden (Beispiel: Adolf Hitler), stellen Ve/Ur-Verbindungen einen Sprung nach vorne im Sinne eines »Versuchsballons« dar. Eine Vielzahl von unspezifischen (d. h. ungeformten, adaptionsfähigen) Genmutationen sollen die Chancen erhöhen, anderen Eigenarten der Sippe das Überleben zu sichern.
Dabei nimmt der Native selbst jedoch nur eine Brückenfunktion ein. Seine Aufgabe ist es, die genetisch bzw. karmische Information von einem sozialen Umfeld in ein völlig anderes zu transportieren. Er selbst kann in keinem der beiden Bereiche heimisch sein.
Höher entwickelte Persönlichkeiten verwirklichen diese Disposition durch den bewußten Einsatz für andere, vor allem im Sinne der Völkerverständigung und der sozialen Gerechtigkeit (Beispiele: Peter Ustinov UNICEF, Karlheinz Böhm »Menschen für Menschen«).

3. *Die kognitive Insel*

Diese Entsprechung symbolisiert die Ausformung einer »Gegenwelt«, die eine idealisierte Variante der Umgebung darstellt. Der Native hat den Versuch aufgegeben, seine zwischenmenschlichen Bedürfnisse in der Wirklichkeit auszuleben. Er wählt den Rückzug auf ein intensives Wunschdenken. Das Verhalten der Umwelt gegenüber reduziert sich auf eine formal unangreifbare, konfliktvermeidende Maske. Die Trennung von Wunsch und Wirklichkeit ist hier vollkommen, so daß sich (zusätzliche Verletzungen vorausgesetzt) eine schizoid/autistoide Symptomatik ergeben kann*.

4. *Existentielle Unsicherheit (primärer Bezug Haus 2)*

Das Bedürfnis nach Absicherung und Beständigkeit steht hier in scharfem Gegensatz zur Angst, lahmgelegt und »festgenagelt« zu werden. Symptomatische Entsprechungen sind hier häufige Umzüge, zahlreiche Reisen, vielfache Berufswechsel. Äußere Labilität kompensiert die innere Unruhe, so daß mitten im Chaos ein Gefühl von Ausgeglichenheit entstehen kann.
Die unvollständige Eindrucksbewältigung schlägt sich physisch in Form von Stoffwechselstörungen nieder. Die Reinigungsfunktion der Nieren ist unangepaßt, und der Körper

* Auf der körperlichen Ebene (primär: Herrscher von 2 in 11) repräsentiert diese Konstellation präzise den Mongolismus (Down-Syndrom). Medizinische Ursache ist hier die Aufhebung von Folgerichtigkeiten während der meiotischen Zellteilung. Anstelle einer gleichmäßigen, paarweisen Anordnung gerät ein Chromosom in die verkehrte Zelle. Mongoloide besitzen deshalb ein bestimmtes Chromosom in jeder Körperzelle dreimal (Trisomie). Die karmische Funktion der Mongoloiden in der Gesellschaft entspricht der des »Narren« (im Sinne der entsprechenden Tarotkarte). Sie sind nicht an die Folgerichtigkeiten und Zwänge der materiellen Welt gebunden. Ihre geistige Behinderung macht sie »verrückt«, eröffnet ihnen Wirklichkeitsbereiche, die dem Normalen längst nicht mehr zugänglich sind.
Dies wird von Angehörigen und Menschen aus ihrem unmittelbaren Umfeld oft sehr deutlich empfunden.

wählt die »Ersatzniere« Haut. In Streßsituationen kommt es zu Ausschlägen (zusätzlich Mo/Ne), Hautrissen (zusätzlich Ma/Ur) und Flechten. Bei Frauen kommt es zu Zyklusstörungen, die meist mit extremen und paradoxen Stimmungsschwankungen im Zeitraum von Ovulation und Periode einhergehen.

5. *Mangelnde Selbstachtung*

Die Vermeidung echter Begegnung, aus Angst durch diese »unrein« zu werden, verhindert die Hingabe an die Wirklichkeit. Die Bewertung eigener Attraktivität, das Empfinden, einmalig und besonders zu sein, bleibt im Theoretischen stecken, ist somit stimmungsabhängig und von der Wirklichkeit unbestätigt. Konkrete Erfahrungen eigener Attraktivität werden intellektuell nivelliert. Hieraus ergibt sich die Gefahr einer zunehmenden Lebens- und Existenzangst. Der Native befürchtet, selbst in der unverfänglichsten Situation zu versagen, den an ihn gestellten Erwartungen nicht genügen zu können, bis er sich schließlich nicht mehr »auf die Straße wagt« (zusätzlich Ma/Ne). In weniger dramatischen Fällen wird man zum Meister der Ausrede. Man geht sämtlichen Situationen, die eine Bewertung der eigenen Leistungsfähigkeit bzw. der eigenen Attraktivität provozieren, aus dem Wege. Dies geschieht, indem man krank wird, Termine vergißt oder aus anderen Gründen unpäßlich ist. Zwar zwingt man sich selbst damit zur Erfolglosigkeit, aber es bleibt einem der Triumph, daß man es hätte schaffen können, »wenn nur nichts dazwischengekommen wäre« (zusätzlich So/Ur).
Als mögliche Kompensation (dominante Sonnenstellung, insbesondere So/Pl) ergibt sich ein übersteigerter Perfektionsdrang. Man sucht Leistungsanforderungen überzuerfüllen, lernt z. B. für Prüfungen ein Vielfaches des geforderten Stoffes, sucht im Beruf mehr zu leisten als jeder andere, nur um sicher zu sein, nicht zu versagen.

Partnerschaft

Die Erfahrung der Kindheit, durch emotionale Verbindlichkeit, im Sinne des Ausgeliefertseins an die Reaktion des Partners, »bestraft« zu werden, hat auf Bindungsformen und -fähigkeit maßgeblichen Einfluß. Klare und eindeutige Beziehungen werden als gefährlich erlebt, bedingt durch die unbewußte Furcht, den anderen durch die Entscheidung für ihn zu verlieren. So ergeben sich nur zwei grundsätzliche Möglichkeiten von Bindungen: Zum einen Beziehungen, die aus dem Zusammenhang des Normalen herausgerissen sind, zum anderen Partnerschaften, die widersprüchliche Empfindungen, im Sinne einer gleichzeitigen Ablehnung und Anziehung, beinhalten*. So kommt es zur Desorientierung in der Begegnung, dem Zwang, zwischen den Stühlen zu sitzen, sowie zur Aufhebung polarer Anziehung.
Es ergeben sich folgende konkrete Entsprechungen:

1. Die Bindungsangst
2. Das Polygame
3. Unverbindlichkeit als Vorbedingung
4. Die undefinierte Beziehung
5. Homosexuelle Bindungen
6. Kompensatorische Bisexualität
7. Die Glasglocke

1. Die Bindungsangst

Dies ist die häufigste und elementarste Entsprechung. Aus Angst, enttäuscht zu werden, wagt man nicht, sich auf eine verbindliche Partnerschaft einzulassen. So entsteht das für diese Konstellation typische Empfinden emotionaler Zerrissenheit. Man gibt dem Bedürfnis nach Nähe ein Stück weit

* Im Extremfall werden sogar bewußt Verbindungen eingegangen, in denen einen der Partner »kalt« läßt. Hier ist eine emotionale Gefährdung in gleichem Maße wie eine echte Beziehung ausgeschlossen (zusätzlich Ve/Sa).

nach, um beim ersten Anzeichen emotionaler Abhängigkeit zu fliehen. In der künstlich geschaffenen Distanz leidet man unter der selbstverschuldeten Trennung, beginnt eine erneute Annäherung, nur um das alte Verhaltensmuster zu wiederholen ...*

Die Angst, enttäuscht zu werden, sowie die Unfähigkeit, mit Nähe adäquat umzugehen (der Zwang, dem anderen nichts schuldig zu bleiben), sorgen dafür, daß man lieber eine aussichtsreiche Beziehung zerstört, als sich auf das Wagnis der emotionalen Hingabe einzulassen. So reibt man sich entweder in wechselhaften Bindungsversuchen auf oder sucht seinen Seelenfrieden in der Isolation.

2. *Das Polygame*

Die Tendenz, Freiheit und Selbständigkeit durch den fliegenden Wechsel von Abhängigkeiten zu simulieren, findet ihre konkrete Entsprechung in der Parallelität mehrerer Partnerschaften. Der Native ist nicht auf die Zuwendung eines Partners angewiesen, er kann nicht »erpreßt« werden. Gleichzeitig gewährleistet die sich in Folge ergebende Begegnungsüberreizung einen fast sicheren Schutz vor allzu starker emotionaler Identifikation. Es ist offensichtlich, daß diese Form von Beziehungsverhalten eine echte Begegnung ausschließt. Auch hier kommt es vielfach zum Empfinden emotionaler Zerrissenheit – vor allem dann, wenn von den diversen Partnern eine Entscheidung gefordert wird. Die Entscheidung wird so lange hinausgezögert, bis sich das Problem von selbst erledigt,

* So ging eine Klientin grundsätzlich Beziehungen zu weit entfernt lebenden Männern ein (zusätzlich Ve/Ne), welche sie bei deren Wochenendbesuchen innerhalb kürzester Zeit »in die Flucht schlug«, so daß diese den Kontakt abbrachen. Daraufhin unternahm sie größte Anstrengungen, um die Beziehung wieder zu flicken. Wenn dies gelang, begann das Spiel von neuem. »Funktionierende« Partnerschaften spielten sich zu 90% über das Telefon ab. Hier war der Sicherheitsabstand groß genug. Im Gegensatz zu anderen Konstellationen (z. B. Ma/Pl) handelt es sich bei Ve/Ur keineswegs um unterschwellig sadistische Motive.

d. h., bis die Partner sich aus der Beziehung lösen (zusätzlich So/Ur).
Wird unter massivem Druck dennoch eine Entscheidung getroffen, so bricht das kunstvoll konstruierte instabile Gleichgewicht vollends in sich zusammen. Die emotionale Situation ist nicht mehr stimmig. Man sieht den Auserwählten plötzlich mit völlig anderen Augen. Meist kommt es innerhalb kürzester Zeit zum vollständigen Bruch.

3. *Unverbindlichkeit als Vorbedingung*

Bei dieser Analogie ergeben sich vorzugsweise Beziehungen zu verheirateten Partnern (Ve/Ne). Man ist (moralisch) zu nichts verpflichtet, kann jederzeit die Verbindung abbrechen, ohne daß der Partner irgendwelche Forderungen stellen könnte.

4. *Die undefinierte Beziehung*

Diese Form von Partnerschaft entsteht aus der Weigerung, der Verbindung einen Namen zu geben. Es werden keinerlei Spielregeln vereinbart, beide Partner sind »frei«. Vielfach ergibt sich hier eine starke Fluktuation im Kontaktbereich, die Beziehungen dauern oft nicht länger als ein Wochenende.
Auf der anderen Seite liegt hier jedoch eine kompensatorische Möglichkeit zu längerfristigen Verbindungen, die jedoch immer mit sehr schmerzhaften Erfahrungen verbunden sind. Gerade die Angst, verletzt zu werden (im Realen schuldig werden), und die daraus folgende Unverbindlichkeit bringen eine gesteigerte Verwundbarkeit mit sich. Man wagt nicht, Bedingungen zu stellen, um selbst keine einhalten zu müssen und/oder um den Partner nicht zu verlieren. Um so mehr leidet man unter der Untreue des anderen.
Diese Form von Beziehungen sind letztlich immer ein Minusgeschäft. Man hat die Schmerzen einer Verbindung zu ertragen, ohne ihre Vorteile genießen zu können.

5. *Homosexuelle Bindungen*

Die »ausgekuppelte Begegnung«, die Unberührbarkeit im Kontaktverhalten, bringt vielfach eine mangelhafte Entwicklung polarer Anziehung mit sich. Weisen andere Horoskopfaktoren darauf hin (Bezug erster und vierter Quadrant, zusätzlich Ma/Me und/oder Ma/Ur), ist Homosexualität die häufige Folge. Auch wenn mit dieser konkreten Entsprechung ein Großteil des problematischen Potentials dieser Konstellation abgedeckt ist, so bleibt die Tendenz zum Unverbindlichen doch erhalten.

6. *Kompensatorische Bisexualität*

Diese Entsprechung ist eigentlich eine körperbezogene Variante von 1: Die Furcht und die Unfähigkeit, in Partnerschaften verbindlich zu sein, wird mit einer zwiespältigen Geschlechtsorientierung »legitimiert«.

7. *Die Glasglocke*

In Fällen, in denen den Nativen dennoch eine tragfähige Verbindung gelingt, ist diese auf die Heraushebung aus der Umwelt angewiesen. Harmonie kann nur durch Ausnahmesituationen, die Distanz vom Alltäglichen oder auch durch Isolation (kurzfristig) erzeugt werden. So heiratet man eine Urlaubsbekanntschaft, wählt Partner extrem unterschiedlicher sozialer oder nationaler Herkunft. Derartige Beziehungen gehen meist so lange gut, als der Anteil des Außergewöhnlichen nicht aufgebraucht ist, d. h., solange die Faszination der Extravaganz des Partners oder der Konstellation nicht durch das Empfinden des Selbstverständlichen ersetzt wurde.

Sobald sich die Beziehung im normalen sozialen Umfeld beweisen muß, kommt es zur Krise. Die Unvereinbarkeit tritt offen zutage, ein Bruch ist nur selten zu verhindern.

Im Extremfall entsteht die »Folie á deux«: Die Partner spinnen sich in eine gemeinsame Wahnvorstellung (zusätzlich Ve/Pl), die für Einflüsse von außen zunehmend unzugänglich wird. Keine andere Konstellation weist eine derartig enge Verbindung zwischen Partnerschaft und dem potentialen Ausbruch psychischer Erkrankungen auf (insbesondere bei gleichzeitigen Ve/Pl-Konstellationen).

Sexualität

Venus/Uranus-Konstellationen entsprechen im Sexualbereich einer entkörperlichten, herausgehobenen und ambivalenten Hingabe. Die notwendige Fähigkeit, sich fallenzulassen, besteht nur in sehr eingeschränktem Maße bzw. bedarf der Kompensation. Dies gilt insbesondere dann, wenn eine schwache Mutterbindung vorlag und somit die Erfahrung des Urvertrauens nicht gemacht wurde.
Konkret äußert sich die Problematik z. B. in Form von unspezifischer, hochgepeitschter Erregung, die blitzartig in Ernüchterung umschlagen kann. Man hat das Gefühl, plötzlich zu erwachen, und fragt sich, was man da tut. Sexuelle Erfüllung ist, wenn überhaupt, vielfach nur im mechanischen Sinne möglich, der emotionale Anteil bleibt ausgeklammert. Im Extremfall äußert sich dies in der (schizoiden-autistoiden) Neigung, sexuelle Kontakte vornehmlich zu Fremden einzugehen. Hier bleibt man emotional unberührt, kann hemmungslos sein und intensive Erregung zulassen.
Auch in weniger eklatanten Fällen bedarf die Möglichkeit zu emotionaler Hingabe der Ausnahme- bzw. Umbruchsituation. Man bevorzugt sexuelle Aktivitäten bei anstehendem Ortswechsel (man will gerade zu einer Party aufbrechen), der Gefahr, ertappt zu werden (nicht abgeschlossene Zimmertür) oder anderen ungewöhnlichen Umständen (zusätzlich Ve/Me).*.
Die Angst, sich durch polare Reaktionen dem Dualen (hier: dem Partner) auszuliefern, läßt vor allem Frauen ihre Triebsphäre weitgehend unterdrücken. Die bei gelegentlichen sexuellen Kontakten sich ergebende Übererregung wird dann vielfach als ausgesprochen unangenehm erlebt. Es kommt zu intensiver Berührungsempfindlichkeit und Hautjucken. Der Geschlechtsverkehr wird schmerzhaft empfunden.

* Auf die Sexualität von Homo- und Bisexuellen, für die etwas andere Kriterien gelten, soll hier nicht näher eingegangen werden.

Weniger dramatische Entsprechungen (vor allem dominante und unverletzte Marskonstellationen) bevorzugen außergewöhnliche Sexualpraktiken und besitzen einen deutlichen Hang zur Pornographie, die vielfach konsequent als Stimulans verwandt wird.
Analog zu den Mars/Uranus-Konstellationen (Voraussetzung: Uranusdominanz) sind um das 21. Lebensjahr Irritationen im sexuellen Bereich (bei Männern: nervöse Erektionsstörungen) zu verzeichnen, während es zwischen dem 23. und 28. Lebensjahr zu einer intensiven Experimentierphase kommt, die u. a. Partnertausch, Dreiecksverhältnisse, den Genuß stimulierender Drogen etc. mit einschließt.
Bei extrem verletzten Ve/Ur-Verbindungen, die auch über die Marsanalogien keinen Ausgleich finden, liegt die massive Einschränkung oder die vollständige Verweigerung sexueller Beziehungen bzw. das Ausweichen auf Masturbation nahe.
Da Uranus im kybernetischen Modell die höhere Oktave des Merkur darstellt, können – zumindest was die Sexualität angeht – die Ve/Ur-Analogien als eine zugespitzte Form der Ve/Me-Entsprechungen interpretiert werden.

SIGMUND FREUD

Ortszeit: 18^h30^m Datum: 6. 5. 1856
Freiberg

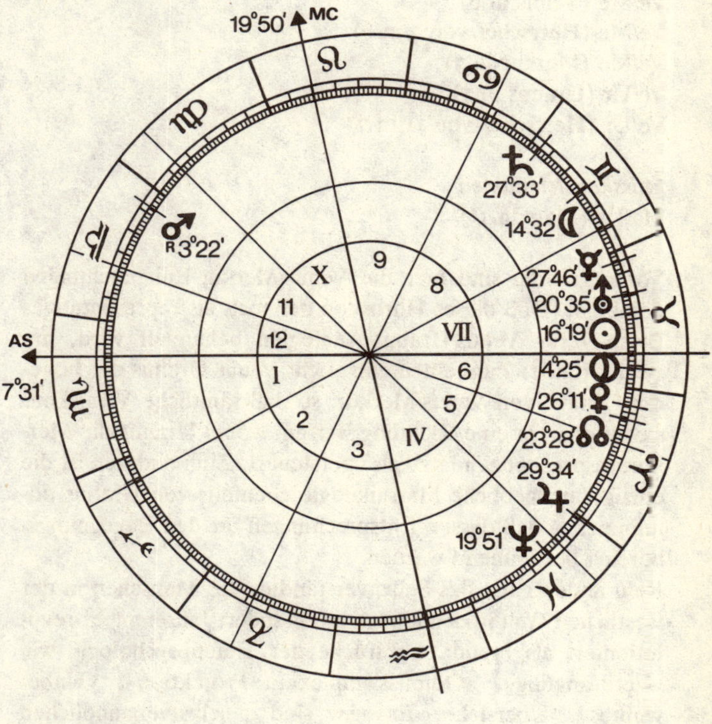

Planeten		
☉	16°19'	♉
☾	14°32'	♊
☿	27°46'	♉
♀	26°11'	♈
♂	03°22'	♎ R
♃	29°34'	♓
♄	27°33'	♊
♅	20°35'	♉
♆	19°51'	♓
☊	04°25'	♉

Häuser			
AS	=	07°31'	♏
MC	=	19°50'	♌
II	=	05°55'	♐
III	=	11°17'	♑
XI	=	22°47'	♍
XII	=	18°03'	♎

(Beschreibung siehe Seite 252–253)

Beispielhoroskop: Sigmund Freud

Venuskonstellationen
Ve/Me (Venus in 6)
Ve/Me (Herrscher von 7 in 6)
Ve/Me (Merkur in 7)
Ve/Ur (Uranus in 7)
Ve/Ur (Herrscher von 11 in 7)

Marskonstellationen
Ma/Ur (Mars in 11)

Vordergründig sind hier die Venus/Merkur-Entsprechungen dominant. Daß dieses Horoskop dennoch als repräsentatives Beispiel für Venus/Uranus-Analogien behandelt wird, hat zwei Gründe: Zum einen entspricht Venus/Uranus der höheren Oktave von Venus/Merkur, so daß sämtliche Venuskonstellationen in eine Richtung weisen, wobei Uranus die Merkurentsprechungen letztlich übersteuert. Zum anderen ist die einzige maßgebliche Marsanalogie ebenfalls von Uranus dominiert, so daß dessen Entsprechungen für den Begegnungsbereich bestimmend werden.
Kein anderer hat das Selbstverständnis des Menschen in der westlichen Welt in den letzten zweihundert Jahren mehr revolutioniert als Freud: Ausdrücke der Tiefenpsychologie wie »Verdrängung«, »Ödipuskomplex«, »Projektion«, »Unbewußtes«, »Über-Ich«, »Es« usw. sind zu selbstverständlichen Begriffen in unserem Sprachgebrauch und unserem Denken geworden. Sie fließen in alle »gebildeten« Gespräche ein und werden selbst ausgiebig von solchen gebraucht, die weder mit Freuds Theorien vertraut noch Anhänger der Psychoanalyse sind.
Keiner hat wie er auf die Verbindung von Sexualität und psychischer Erkrankung hingewiesen. Daher erscheint es besonders interessant, Freuds Verhältnis zu Partnerschaft und Sexualität aus astrologischer Sicht zu untersuchen.

Die ausschließliche Betonung von Uranus- und Merkurentsprechungen legt einen von Freud selbst geprägten Begriff nahe: »Sublimation«. In der Tat hatte Freud wohl schon nach wenigen Jahren Ehe nahezu jegliches sexuelles Interesse verloren (Ma/Ur): Sexuelle Bedürfnisse wurden nicht konkret ausgelebt, sondern durch permanente intellektuelle Auseinandersetzung ersetzt. So konnte Freud seine eigenen erotischen Berührungsängste (Ve/Ur, Ve/Me) durch die beständige Beschäftigung mit dem Intimleben seiner Klienten umgehen.

Die Behandlungssituation in der klassischen Analyse, in der sich der Therapeut vom Patienten unbeobachtbar hinter dem Kopfende der Couch befindet, muß als eine außergewöhnlich kreative Kompensation der Beziehungsproblematik Freuds angesehen werden: Die Begegnungsabhängigkeit (8 Planeten in der Westhälfte, 5 Planeten im dritten Quadranten, die Sonne in 7) in Verbindung mit Kontaktangst (Ve/Ur) stellt eine fatale, kaum lösbare Ausgangsposition dar.

Durch die Entwicklung der klassischen Psychoanalyse hatte sich Freud eine Möglichkeit eröffnet, schnell größtmögliche Intensität in den Beziehungen zu seinen Patienten zu schaffen, ohne selbst jemals angreifbar zu sein (So/Ve/Ur): Während ihm seine Patienten im Rahmen der Therapie vielfach peinliche und beschämende Intimitäten anvertrauten, über die sie oft noch nicht einmal mit ihren Ehepartnern gesprochen hätten, blieb Freud unsichtbar und unkritisierbar – wahrlich eine geniale Methode, Kontaktangst und Begegnungsabhängigkeit unter einen Hut zu bringen!*

* Mit dieser Interpretation soll selbstverständlich nichts über Wert oder Unwert der Psychoanalyse im Freudschen Sinne ausgesagt werden.

Venus/Neptun

Bekannte Persönlichkeiten / wichtige Ereignisse

Neptun in 7

Jean Paul Sartre, Philosoph; Fred Astaire, Tänzer, Schauspieler; Gracia Patricia, Schauspielerin, Fürstin von Monaco; Jacques Chirac, Politiker; Franz Grillparzer, Dichter; Albert Schweitzer, Arzt und Missionar; David Carradine, Schauspieler; Sean Connery, Schauspieler; Evil Knievel, Stuntman; Liberace, Pianist, Entertainer; Yehudi Menuhin, Musiker; Jean François Millet, Maler; Benito Mussolini, Diktator; Michael Nesmith, Musiker; Paul Newman, Schauspieler; Paul Gauguin, Maler; Hans Jochen Vogel, Politiker; Hans Albers, Schauspieler; Oscar Wilde, Dichter; Richard Wagner, Komponist; Leo N. Tolstoi, Dichter, Sozialethiker; Franz Liszt, Komponist; Hermann Göring, Nationalsozialist; Marc Jones, Astrologe

Neptun in 2

Jane Fonda, Schauspielerin; Emile Zola, Schriftsteller; Emanuel Swedenborg, Spiritist; Heinrich v. Kleist, Dichter; Sophia Loren, Schauspielerin; Arlo Guthrie, Musiker; Orson Welles, Schauspieler, Regisseur; William B. Yeats, Dichter; Henry Miller, Schriftsteller; Wernher v. Braun, Physiker; Muhammad Ali, Boxer; Adolf Eichmann, Nationalsozialist; Marie Curie, Physikerin; Gheorgiv Zamfir, Musiker; Joe Frazier, Boxer; Brooke Shields, Schauspielerin; Peter Ustinov, Schauspieler; George Foreman, Boxer

Venus in 12

Gustav Scholz, Boxer; Ernst Albrecht, Politiker; Konrad Adenauer, Politiker; Adolf Eichmann, Nationalsozialist; Prinz Eugen, Feldherr; Liselotte Pulver, Schauspielerin; Michael Kunze, Schlagerproduzent; Alfred Biolek, Showmaster; Claude Debussy, Komponist; Jimi Hendrix, Musiker; Marc

Jones, Astrologe; Henry Kissinger, Politiker; Gregory Peck Schauspieler; Jerry Rubin, Aktivist; Richard Strauss, Komponist; Walter Koch, Studienrat, Astrologe

Venus/Neptun

Diese Konstellation gilt für Venus in zwölf, Neptun in sieben und zwei, As = Ve/Ne, Mc = Ve/Ne, Venus/Neptun-Konjunktion, Venus/Neptun-Quadrat, Venus/Neptun-Opposition, Venus/Neptun-Spiegelpunkt, Venus auf 11,5° Löwe, Venus auf 11,5° Wassermann, Neptun auf 16,5° Zwillinge, Neptun auf 16,5° Schütze.

Venus/Neptun symbolisiert die Sicherheit im Ungewissen, die Auflösung des Materiellen (Ne in 2), die Scheinbegegnung sowie die Begegnung mit der Wahrheit (Ne in 7). Neptun repräsentiert die potentiell höchste Wahrnehmungsebene, die dem Menschen möglich ist: Die Fähigkeit, objektive Wahrheit zu sehen und zu empfinden. Ein Erleben, das über die Begrenzungen des Subjektiven weit hinausgeht und somit eine Überforderung der normalen Eindrucksbewältigung darstellt. Auf einer höheren Erkenntnisstufe zeigen sich die Neptunanalogien im Begreifen des Namenlosen: Es ist sinnlos geworden, zu analysieren und zu unterscheiden, da jede Konkretisierung eine Einschränkung und jede Einschränkung eine Verfälschung der Wahrheit bedeutet*.
Die Überwindung des Dualen kann jedoch nicht in der Anlage gegeben sein, vielmehr stellt sie ein nur unter Schwierigkeiten zu verwirklichendes Entwicklungsziel dar. Bei den Zwischenstufen der Ve/Ne-Entsprechungen zeigt sich dies als ein Verwischen der Konturen, das durchaus illusionäre und realitätsferne Züge aufweisen kann.
Neptunkonstellationen (insbesondere Neptunaspekte) sind jedoch in der Intensität ihrer Analogien wenig berechenbar. Während sie bei einer Nativität überdeutlich zutage treten, lassen sich bei einer anderen kaum Zusammenhänge nachweisen. Die problematischen, konflikt- und entwicklungsorien-

* Dies ist mit eine Erklärung dafür, daß selbstverwirklichte Persönlichkeiten über ihre Erfahrungen und Erkenntnisse nicht sprechen (können).

tierten Entsprechungen werden vor allem bei Persönlichkeiten deutlich, die sich bereits teilweise von der Identifikation mit dem Materiellen lösen konnten.
Grundsätzlich scheinen Venus/Neptun-Verbindungen die Problem-Intensität anderer, »handfesterer« Partnerschaftskonstellationen zu steigern.

Analogien der vier Verwirklichungsebenen

Materielle Ebene

Reinigungs- und Lösungsmittel, Waschmittel, Schminke, chemische Reinigung, Drogerie, Apotheke, Peyote und Psylocibin, geheimer Treffpunkt, spirituelle Gemeinschaft, berauschende Getränke (Alkohol), Heiratsschwindler, Parfüm, Film, nachlässige, unmoderne Kleidung, »ätherische« Kleidung (Pastellfarben, unpraktisch).

Vitale Ebene

Begegnung mit dem Unbekannten, unklare Verhältnisse, das Hormonsystem (die Hypophyse), Endorphine, extreme Beeindruckbarkeit, Medialität, für Suggestionen empfänglich sein, Lebensmittelvergiftung, eingeschränkte Vitalität, Mangeldurchblutung, Immun- und Antriebsschwäche, Kreislaufschwäche, Hämorrhoiden (Ve/Sa), Geschmacklosigkeit (im wörtlichen sowie im übertragenen Sinne).

Mentale Ebene

Bedingungslose Offenheit, die ungeschminkte Wahrheit anderen gegenüber oder durch andere, unklare Verhältnisse in der Partnerschaft, Illusionen über den Partner, durch den Partner getäuscht werden, »illegale« Beziehung; Partnerschaft, die geheimgehalten werden muß; psychische Labilität des Partners, suchtkrank durch den Partner bzw. die Suchtkrankheit des Partners, Unabhängigkeit von vordergründigen Kriterien in der Beziehung, Unverständnis der persönlichen Umwelt, Freiheit des Denkens, Auflösung einer Beziehung, Interesse für Chemie, Flucht ins Chaos.

Transpersonale Ebene

Begegnung mit der Wahrheit, Erlebnisse in einer religiösen Gemeinschaft, Unabhängigkeit von materieller Anbindung, platonische Liebe, Heimatlosigkeit, Kosmopolitismus.

Kindheit und Elternbezug

Prägend ist hier die Erfahrung, nicht in eine soziale Gruppe und ihre Wertmaßstäbe eingebunden und damit haltlos zu sein. Im Gegensatz zu anderen Konstellationen geht es hier nicht primär um Ablehnung (Ve/Sa), Ausgrenzung (Ve/Pl) oder das Empfinden, »zwischen den Fronten« zu stehen (Ve/Ur). Bedeutsam wird hier vielmehr mangelnde Beachtung. Das Kind wird in seiner Eigenart übersehen, ignoriert.
Das Bedürfnis, sinnvolle Grenzen gesetzt zu bekommen, die den Rahmen einer allgemeinverbindlichen Realität abstecken, bleibt unbefriedigt. Da das Kind nicht in die Struktur der Gruppe eingebunden wird, empfindet es sich schnell als überflüssig. Ihm werden keine Aufgaben oder Bedeutungen zugewiesen, die es unersetzlich machen.
Die Freiräume, die eine derartige Situation beinhaltet, können in der Kindheit meist nicht genutzt werden. Häufig ergibt sich eine hormonelle Betäubung, die verhindert, daß die grausame Wirklichkeit gesehen werden muß: Das Kind weist sich selbst Aufgaben und Bedeutungen zu. Dies geschieht in der Regel durch Rückzug. Im stillen Kämmerlein erschafft man sich eine phantastische Überwirklichkeit, die sich frühzeitig ein Ventil im Künstlerischen sucht. So tritt schon in den ersten Lebensjahren eine ausgeprägte musische Begabung in Erscheinung (Puppenspiel, Musik, Malerei, theatralische Selbstdarstellung etc.), die jedoch allzu häufig unbeachtet bleibt
Da das Kind nicht in die Gruppe eingebunden ist, ist es dieser auch nicht verpflichtet. So ergeben sich hier die geringsten Schwierigkeiten, eigenständige Wege zu gehen, sich von den Wertmaßstäben der Sippe zu lösen. Das Kind kann weitgehend tun und lassen, was es will, da es ja nicht zählt. Diese, in der Kindheit nahezu wertlose Freiheit ist somit die Bestätigung der Erfahrung, ungeliebt zu sein.
Für diese Disposition ergeben sich folgende Entsprechungen:

1. Die kinderreiche Familie
2. Die uneheliche Geburt
3. Haltlose Eltern
4. Antiautoritäre Erziehung
5. Die Dysfunktion der Neurohormone (Hypophyse bzw. Hypophysenhinterlappen)

1. Die kinderreiche Familie

Diese Entsprechung ergibt sich vornehmlich bei Nativen, die einen der »hinteren Ränge« in der Geschwisterreihenfolge einnehmen, ohne jedoch Nesthäkchen zu sein. Sie gehen im allgemeinen Trubel unter, erhalten nur wenig Aufmerksamkeit. Sie fühlen sich dementsprechend übergangen und überflüssig – eine Erfahrung, die für das spätere Partnerschaftsverhalten von entscheidender Bedeutung ist.

2. Die uneheliche Geburt

Dies gilt weniger für Kinder, die aus einer wilden Ehe hervorgegangen sind, als für den Nachwuchs sogenannter Alleinerziehender. Im Unterschied zu den Analogien der ersten Entsprechung verschiebt sich hier die Problematik von der familiären auf eine soziale Ebene. Das Kind wird nicht von der Mutter bzw. dem Vater übergangen, sondern von den Spielkameraden.

3. Haltlose Eltern

Diese Analogie bezieht sich z. B. auf Native, die dem asozialen Milieu entstammen. Die Eltern sind so mit ihren eigenen Schwierigkeiten (z. B. Alkoholismus, Arbeitslosigkeit etc.) beschäftigt, daß dem Kind nur wenig Aufmerksamkeit entgegengebracht wird. Solange es nicht auffällt, wird es in Ruhe gelassen. Auch hier wirkt die Erfahrung, ungeliebt zu sein (nicht gebraucht zu werden), prägend.

4. *Antiautoritäre Erziehung*

Die Haltlosigkeit im Begegnungsverhalten kann auch als Folge einer falsch verstandenen antiautoritären Erziehung entstehen. Dem Bedürfnis des Kindes nach Begrenzung und Führung wird nicht Rechnung getragen. Es kann anstellen, was es will, es findet weder Begrenzung noch Bestätigung.* Dies kann die »Ursache« für in der späteren Ontogenese entstehende Neurosen sein. Man hat das Gefühl, »auf Watte zu laufen«, keinen festen Boden unter den Füßen zu haben. Konkrete Konsequenz wäre die Unfähigkeit, eigene Bedürfnisse anderen gegenüber zu empfinden und zuzulassen. Umgekehrt können die Erwartungen anderer nicht angemessen wahrgenommen werden**. In letzter Konsequenz entstünde ein Realitätsverlust, dem Kind würde die Möglichkeit genommen, einen angemessenen Zugang zur Realität zu entwickeln.

5. *Die Dysfunktion der Hypophyse*

In der Hypophyse werden in Wechselwirkung mit dem Hypothalamus sogenannte »Triggerhormone« gebildet, welche die Produktion der eigentlichen Hormone veranlassen und regulieren. Da Hormone auf das engste mit unseren Emotionen verknüpft sind bzw. deren physische Äquivalente darstellen, kann bei »unangemessenen« Emotionen auch immer von Störungen im hormonellen Bereich ausgegangen werden.
Weil die Hypophyse gleichsam die Schaltzentrale der meisten

* Bezeichnend ist hier die Äußerung eines kleinen Jungen, der in einer antiautoritären Kinderkrippe untergebracht war: »Müssen wir heute schon wieder machen, was wir wollen?«

** Um möglichen Mißverständnissen vorzubeugen: Hier soll keinesfalls einer autoritären Erziehung das Wort geredet werden, im Gegenteil. Die erworbene Unfähigkeit, den instinktiven Bedürfnissen von Kindern gerecht werden zu können, wird leider nach wie vor durch kopfgeborene Strategien kompensiert. Dem Wunsch eines Kindes nach liebevoller Führung und Begrenzung nachzugeben ist genausowenig autoritär, wie ein allzu bequemes Laisserfaire, das Kinder mit ihren Bedürfnissen und Sehnsüchten allein läßt, antautoritär ist.

wesentlichen hormonellen Prozesse darstellt, sind die Irritationen hier nicht spezifischer, sondern grundsätzlicher Art. Modellhaft kann folgender Zusammenhang angenommen werden: Die Hypophyse übernimmt die Funktion eines Reglers, d. h. sie mißt, ob ein Hormon in angemessenem Maße vorhanden ist. Existiert zuwenig, so veranlaßt sie die verstärkte Ausschüttung, existiert zuviel, so veranlaßt sie die Drosselung. Hierbei ist die Geschwindigkeit, mit der ein Meßergebnis umgesetzt wird, von entscheidender Bedeutung: Je größer die zeitliche Verschiebung, um so größer die Instabilität des gewünschten Wertes*.
Bei dominanter Venus/Neptun-Verbindung scheint es zu einer auffälligen Fehlsteuerung der Neurohormone zu kommen, so daß sich als Konsequenz eine erhöhte Labilität im Emotionalen (Bezug zweiter Quadrant) sowie im Physischen (Bezug erster Quadrant) ergibt. Die hierdurch bedingte nervliche Übererregbarkeit wird zu einem wesentlichen Teil durch die körpereigenen »Glückshormone« (Endorphine) abgefangen, die sowohl in chemischer Zusammensetzung als auch in ihrer Wirkung den Opiaten ähnlich sind. Diese wären die biologische Erklärung für die häufig vorhandene Wirklichkeitsferne im Begegnungsbereich.
Die Fehlsteuerung der Neurohormone hingegen scheint in Zusammenhang mit erhöhter Empfindsamkeit (emotionale Instabilität) und Neurosenneigung zu stehen. Unangenehme Lektionen (traumatische Erlebnisse) werden »zu gut« begriffen, so daß es zu neurotischen Erlebens- und Verhaltensmustern kommt.

* Man kann sich dies unschwer am Bild einer selbstregulierenden Heizung veranschaulichen: Der Meßfühler registriert eine über dem gewünschten Grad liegende Temperatur. In der Zeit, welche die Heizung benötigt, um eine Drosselung der Heizleistung zu veranlassen, steigt die Temperatur jedoch weiter. Umgekehrt: Bis die Heizung »merkt«, daß die gewünschte Temperatur inzwischen erreicht ist (und die Drosselung beendet), ist diese längst wieder unterschritten.

Allgemeine Charakterstruktur

Für Persönlichkeit und Verhalten der Nativen ist die Unabhängigkeit von sozialen Spielregeln relevant. Im Gegensatz zu den Plutoanalogien, die ebenfalls die Freiheit vom »common sense« repräsentieren, geht es hier nicht um eine die Realität substituierende Vorstellungsbezogenheit (die Erschaffung von Gegenwelten), sondern um ein Herausfallen aus dem sozialen Netz von Pflichten und Rechten.
Es ergeben sich folgende konkrete Entsprechungen:

1. Freiheit zur Unvernunft
2. Die Unfähigkeit zu realistischer Selbstbeurteilung
3. Unbeholfenheit im zwischenmenschlichen Umgang
4. Außenseiterposition im Familienverband
5. Extreme Sensibilität

1. Freiheit zur Unvernunft

Die in der Kindheit maßgebliche Erfahrung, nicht gebraucht zu werden, nicht unersetzlich zu sein, verhinderte eine emotionale Einbindung in die Wertmaßstäbe der Gruppe. Anders ausgedrückt: Da der Native nie dafür belohnt wurde, sich anzupassen und einzufügen, gab es keine Motivation, derartige Verhaltensweisen zu entwickeln. So entstand eine außergewöhnliche Unabhängigkeit im zwischenmenschlichen Verhalten, eine Freiheit zum Anderssein. Konkret äußert sich dies in unorthodoxen Verhaltensweisen. Man sucht nach eigenen Wegen. Diese sind weniger von vernünftigen Kriterien als von subtilen emotionalen Motiven geprägt, somit subjektiv stimmig, objektiv und rational häufig absurd. Im Alltag zeigt sich dies in der häufig vorhandenen Unfähigkeit, mit Finanzen sowie materiellen Gütern im allgemeinen vernünftig und sparsam umzugehen. Das Materielle hat sich den eigenen Empfindungen zu unterwerfen, nicht umgekehrt. So werden auch wichtige Entscheidungen unabhängig von ihrer wirtschaftlichen Verantwortbarkeit getroffen.

2. *Die Unfähigkeit zu realistischer Selbstbeurteilung*

Das Losgelöstsein von den Spielregeln der Gruppe schließt Bewertungskriterien mit ein. D. h., der Native ist unfähig, sich im Verhältnis zu anderen adäquat zu beurteilen. Die Selbsteinschätzung ist somit weitgehender als bei anderen Konstellationen auf subjektive Kriterien angewiesen, die wieder zumeist emotional geprägt und somit stimmungsabhängig sind. Die Nativen können sich die Einschätzung anderer also nicht zu eigen machen bzw. nehmen diese gar nicht wahr. Bei massiver Verletzung der Eigenständigkeit im Handeln (z. B. So/Ne) kann man hingegen eine nicht hinterfragte Identifikation mit den Einstellungen von Freunden und Partnern finden. Man übernimmt deren Ansichten (auch die über die eigene Person) ohne kritische Auseinandersetzung, ohne Widerstand. So formbar wie das Selbstbildnis hier durch die Umwelt ist, so wenig beständig ist es auch. So kann eine veränderte persönliche Umgebung übergangslos zu einer völlig veränderten Selbsteinschätzung führen. Mangelnde Folgerichtigkeit und Widersprüchlichkeit im Verhalten werden nicht empfunden.

3. *Unbeholfenheit im zwischenmenschlichen Umgang*

Da nie richtig gelernt wurde, wie man sich benimmt, besteht häufig Unsicherheit im Verhalten anderen gegenüber. Man hat Angst, etwas falsch zu machen, gibt sich lieber betont zurückhaltend, um nicht ins Fettnäpfchen zu treten. Als Überkompensation findet man oft peinliche Zurschaustellung. Es wird keine Gelegenheit ausgelassen, sich in den Mittelpunkt zu spielen und seine Vorzüge anzupreisen (Beispiel: Muhammad Ali). Aus psychologischer Sicht ist hier das Bestreben maßgeblich, aus dem Schatten der Kindheit zu treten und beachtet zu werden.

4. *Außenseiterposition im Familienverband*

Häufiger als andere verlassen die Nativen die sozialen Grenzen der Sippe, indem sie z. B. atypische Berufe ergreifen, ins Ausland ziehen, in eine andere Schicht einheiraten etc. Im Gegensatz zu anderen Konstellationen (z. B. Ve/Ur) kommt es hier nicht zum Bruch, sondern die Eigenständigkeit wird meist mit freundlicher Gleichgültigkeit zur Kenntnis genommen.

Eine wesentliche Ausnahme bilden Native, die gesellschaftlich erfolgreich sind: Sie wirken auf die Sippe zurück, erlangen womöglich gar »Erlöserfunktion«*.

Diese Entsprechung ergibt sich vor allem dann, wenn dominante Sonnen- oder Marskonstellationen vorhanden sind. Auch hier soll das Empfinden, unbedeutend zu sein, überkompensiert werden.

5. *Extreme Sensibilität*

Fast immer ist bei dieser Konstellation eine außergewöhnliche Empfindsamkeit vorhanden. Im emotionalen Bereich entspricht dies einer erhöhten Neigung zu neurotischen Reaktionen.

Außenreize physischer oder psychischer Natur können nur mangelhaft abgewehrt und bewältigt werden.

Auf körperlicher Ebene (Bezug erster oder zweiter Quadrant) zeigen sich mögliche Kompensationen in Form von Korpulenz (die »dicke Haut«) oder erhöhter körperlicher Aktivität (Sport, Krafttraining). Die Schwäche wird zur Stärke transformiert. Diese Form der Überkompensation kommt allerdings nur relativ selten vor (dominante Marsstellung, Ve/Ne-Bezug erster Quadrant).

Wesentlich häufiger zeigt sich als psychisches Pendant eine

* Die Häufung von Venus/Neptun-Verbindungen (Bezug erster Quadrant) bei Schwergewichtsboxern ist bemerkenswert: Muhammad Ali, Joe Frazier, George Foreman u. a.

überdurchschnittliche künstlerische Begabung, vornehmlich im Bereich der Malerei: Intensive unverdaute Eindrücke werden nicht permanent ins Psychosomatische und Neurotische abgedrängt, sondern schöpferisch bewältigt.

Partnerschaften

So unterschiedlich wie die einzelnen Partnerschaftsentsprechungen auch sein mögen, eines ist allen gemeinsam: Sie weichen deutlich und grundsätzlich vom Üblichen ab, sind von diesem nahezu vollständig unabhängig. Oft haben sie für Außenstehende den Nimbus des Geheimnisvollen, ohne jedoch Neugier zu erzeugen. Vielmehr will es die Umwelt gar nicht so genau wissen. Es besteht die uneingestandene Furcht, bei genauerer Untersuchung auf Dinge zu stoßen, die einem selbst unangenehm sein könnten. So bleiben die Nativen, trotz häufig bemerkenswerter Ereignisse in ihrem Partnerschaftsleben, meist unbehelligt von übler Nachrede, Rufmord etc.
Ein weiteres, übergeordnetes Kriterium ist die Unfähigkeit zu kontroverser Auseinandersetzung. Konflikte mit dem Partner werden nicht offen ausgetragen. Aggressionen können nicht konkretisiert werden, sind vernebelt, von Ursache und Auslösung vollständig abgekoppelt. Erschwerend kommt die mangelnde Bereitschaft hinzu, sich durch die Partnerschaft bzw. den Partner eingrenzen zu lassen. Letzter und wesentlichster übergeordneter Gesichtspunkt ist das widersprüchliche Verhältnis zu emotionaler partnerschaftlicher Nähe. Auf der einen Seite steht das Bedürfnis nach bedingungsloser, uneingeschränkter Hingabe an den Partner, auf der anderen Seite die Angst, aufgesogen zu werden, sich im anderen zu verlieren.
Diese Grunddisposition führt zu folgenden Entsprechungen:

1. Das Helfersyndrom
2. Die konstruierte Unverbindlichkeit oder die unklaren Verhältnisse
3. Der Märchenprinz
4. Die Überhöhung

1. Das Helfersyndrom

Hier ist der Partner auf irgendeine Weise behindert. Dies kann ein körperliches Handikap (seltener) oder eine psychische Problematik (häufiger) betreffen. Der Partner ist in seiner Fähigkeit zu Umweltbeziehungen eingeschränkt, er benötigt den Nativen als »Prothese«. Konkret kann dies in Form von Drogensucht, Neurosen (insbesondere Angstneurosen) oder auch nur extremer Unselbständigkeit und seelischer Unreife in Erscheinung treten. Die Abhängigkeit des Partners gibt Sicherheit, eine Trennung wäre für ihn nur unter großen Opfern möglich. So entfällt eine echte Auseinandersetzung. Kritik des Partners kann entwertet, d. h. auf seine Krankheit geschoben werden. Drohungen brauchen nicht ernst genommen zu werden.
Der Gewinn einer derartigen Beziehung liegt also zu einem wesentlichen Teil darin, daß sie große Nähe gewährleistet, während der Partner seiner »Klauen« beraubt und somit ungefährlich ist. Der Native kann sich auf diese Weise seine seelische Freiheit erhalten und sich dennoch der »Liebe« in Form von emotionaler Abhängigkeit des Partners gewiß sein. Die Unmöglichkeit einer echten Beziehung sowie die permanente, nur mühsam zu kaschierende Unzufriedenheit beider sind der Preis, der für diese Symbiose zu bezahlen ist.

2. Die konstruierte Unverbindlichkeit oder die unklaren Verhältnisse

Das Bestreben, die gegensätzlichen Bedürfnisse nach Hingabe und emotionaler Ungebundenheit miteinander zu vereinen, führt häufig zu einer Präferenz seltsamer Zwischenlösungen. Hiermit sind Verbindungen gemeint, die gerade deshalb gewählt werden, weil sie die Möglichkeit einer echten Beziehung ausschließen, diese jedoch gleichzeitig unablässig in Aussicht stellen. Anders ausgedrückt: Die Umstände der Partnerschaft müssen die Perspektive einer verbindlichen Beziehung bein-

halten, gleichzeitig jedoch garantieren, daß diese niemals zustande kommen wird.
Dies zeigt sich z. B. in Verbindungen zu verheirateten Partnern bzw. in eigenen Seitensprüngen. Die Beziehung kann niemals konkret und verbindlich werden; dies ist die notwendige Voraussetzung, damit jeder zur »Trauminsel« des anderen werden kann. Die Illusion, wie es wäre, wenn man nur könnte, darf nicht durch die ernüchternde Wirklichkeit zerstört werden.
Das gleiche Motiv zeigt sich in Verbindungen, in denen der Partner unerreichbar ist: Extreme räumliche Distanz – »der Freund in Amerika« – oder Isolation (z. B. Psychiatrie, Gefängnis)*.

3. Der Märchenprinz

Viele Ve/Ne-Geborene haben Angst, sich auf die unbarmherzige Wirklichkeit einer Partnerschaft einzulassen. Ein realer Partner wird durch einen imaginativen Märchenprinzen ersetzt, an dem sich nun alle Bewerber messen lassen müssen. Da naturgemäß keiner dem Vergleich mit einer vollkommenen Phantasiegestalt standhält, hat man immer vor sich und den anderen die Ausrede, den Richtigen noch nicht gefunden zu haben. Im Grunde ist dies lediglich die folgerichtige Weiterentwicklung der im vorangegangenen Beispiel beschriebenen Disposition: Man verzichtet auf den realen Partner als Brücke zur Phantasiewelt und zieht den idealisierten Partner als Traumvorstellung vor.
Diese Disposition ist so lange nicht problematisch, solange ihre Eigendynamik nicht begriffen wird. Steht jedoch der

* Diese Konstellation findet sich überzufällig häufig bei Frauen, die sich vorzugsweise in katholische Priester verlieben. Derartige Verbindungen haben natürlich zusätzlich den »Vorzug«, daß sie zu nichts verpflichten. Der Partner hat keinerlei Legitimation, irgendwelche Ansprüche zu stellen, die Verbindung kann jederzeit (scheinbar) problemlos gelöst werden. Die Schwierigkeiten, sich überhaupt zu treffen, machen es um so leichter, sich dem anderen zu entziehen, die Affäre im Sande verlaufen zu lassen.

demonstrative Wunsch nach einer realen Partnerschaft im Vordergrund, so müssen in der Folge Depressionen, Minderwertigkeitsgefühle, Torschlußpanik usw. entstehen.
Bei zusätzlichen, dominanten Ju/Pl- oder So/Pl-Verbindungen kann es zu religiös gefärbten Psychosen kommen: Erotische Phantasien und religiöse Vorstellungen gehen eine hochproblematische Verbindung ein.

4. Die Überhöhung

Diese Analogie entspricht der bei Ve/Ne-Geborenen besonders ausgeprägten Fähigkeit, Grundbedürfnisse zu sublimieren, d. h. auf andere, edlere Lebensbereiche zu übertragen. Sie findet sich vor allem bei Frauen, die aufgrund religiösen und/oder sozialen Engagements auf eine Partnerschaft verzichten. Hieraus resultieren meist Tätigkeiten im pflegerischen Bereich – in Krankenhäusern, der Behindertenbetreuung, in Kinder- und Altenheimen.

Sexualität

Grundsätzlich besitzen Ve/Ne-Verbindungen eine besondere Bedeutung nur bei extremer Dominanz oder wenn keine weiteren bedeutsamen Venuskonstellationen vorhanden sind. In allen anderen Fällen werden die Ve/Ne-Analogien übertüncht bzw. fließen in die Entsprechungen anderer Aspekte mit ein. Bezeichnend ist hier eine außerordentliche Passivität, die mit einem Ausbleiben von Widerstandskraft, Eigenständigkeit und Aggressivität einhergeht. Man nimmt in der Sexualität die Rolle des Opferlamms ein, an dem der andere durch seine Triebhaftigkeit schuldig wird*.
Das Gefühl ausgeprägter sexueller Erregung kann meist nicht zugelassen werden. Im Extremfall findet man hier eine symptomatische Impotenz bzw. Frigidität. Das Triebhafte wird narkotisiert, Erregung durch eine unspezifische Betäubung ersetzt. Dies resultiert in der Unterproduktion von Sexualhormonen (Bezug Haus 2 und 5).
Bei außergewöhnlicher Erregung in Verbindung mit emotionaler Labilität können latente psychische Erkrankungen zum Ausbruch kommen.
Auffällig ist der Versuch, sexuellen Nähe- und Versagensängsten durch Drogengebrauch (insbesondere Alkohol) beizukommen – ein Bestreben, welches die Problematik langfristig naturgemäß eher verschärft als lindert.
Venus/Neptun-Verbindungen sollen, entsprechend allgemeiner astrologischer Lesart, in enger Beziehung zum Abartigen und Perversen stehen. Diese Annahme ist nur sehr eingeschränkt berechtigt.
Es besteht aber die Tendenz (wenn weitere Konstellationen dies bestätigen), auf Ersatzhandlungen wie Fetischismus, zwanghaften Pornographiekonsum, homo- und bisexuelle Neigungen auszuweichen.

* Kommen Ma/Ur- und/oder Ma/Pl-Verbindungen hinzu, so ergibt sich eine signifikante Disposition zu Nötigungssituationen.

»Ursächlich« sind hier drei Faktoren: Erstens die Bereitschaft, die Wirklichkeit durch Phantasiekonstrukte zu ersetzen (zusätzlich Ve/Pl). Zweitens eine sexuelle Rat- und Orientierungslosigkeit. Drittens eine weit überdurchschnittliche Verführbarkeit als Folge ausgeprägter Passivität.
Diese Entsprechungen bedingen jedoch eine besondere Dominanz der Ve/Ne-Verbindungen, das Fehlen gegensätzlicher Konstellationen sowie die Bestätigung durch die Haus-5-Analogien.

JIMI HENDRIX

Greenwichzeit: 17^h08^m Datum: 27. 11. 1942
Seattle

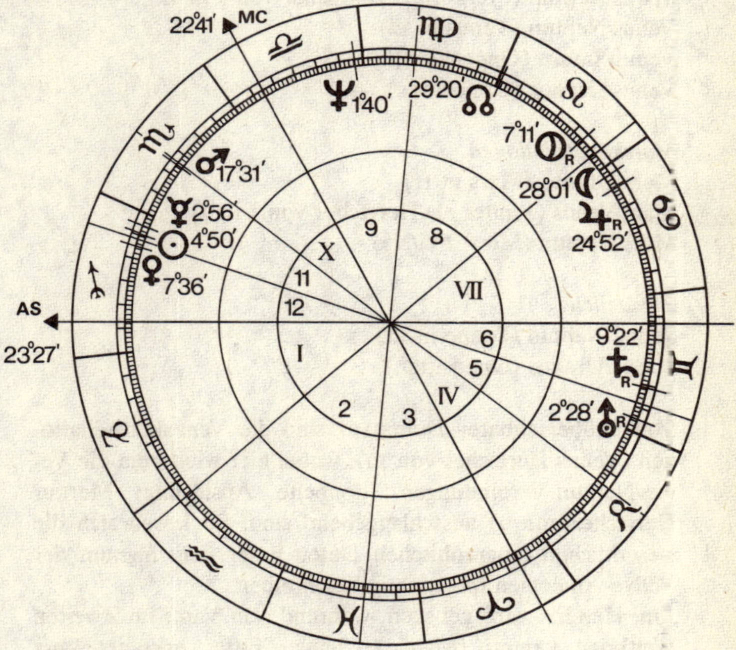

Planeten

☉	04°50'	♐	
☾	28°01'	♋	
☿	02°56'	♐	
♀	07°36'	♐	
♂	17°31'	♏	
♃	24°52'	♋	R
♄	09°22'	♊	R
♅	02°28'	♊	R
♆	01°40'	♎	
◐	07°11'	♌	R

Häuser

AS	=	23°27'	♐
MC	=	22°41'	♎
II	=	03°35'	♒
XI	=	16°58'	♏
XII	=	06°00'	♐

(Beschreibung siehe Seite 274–275)

Beispielhoroskop: Jimi Hendrix

Venuskonstellationen
Venus/Neptun (Merkur als Herrscher von 7 in 12)
Venus/Neptun (Venus in 12)
Venus/Saturn (Opposition)
Venus/Uranus (Opposition)

Marskonstellationen
Mars/Uranus (Mars in 11)
Mars/Venus (Jupiter als Herrscher von 1 in 7)
Mars/Neptun (Mc = Ma/Ne)

Zusätzlich
Sonne/Neptun (Sonne in 12)
Sonne/Uranus (Opposition)

Von unübersehbarer Dominanz sind die Venuskonstellationen (Venus Herrscher von 10), wobei hier wiederum die Venus/Neptun-Verbindungen (doppelte Auslösung; Merkur Herrscher von 7) ausschlaggebend sind. So lassen sich die wesentlichen biographischen Daten unter dem Signum der Ve/Ne-Analogien folgerichtig beschreiben.

Jimi Hendrix wird geboren, während sein Vater im Zweiten Weltkrieg kämpft (Ma/Ne). Seine Mutter erkrankt kurz nach der Geburt an Tuberkulose, sie kann sich nicht um das Kind kümmern, es wird von einer Pflegestelle zur nächsten weitergereicht (Ve/Ne). Hendrix ist drei Jahre alt, als sein Vater aus dem Krieg zurückkehrt und ihn bei sich aufnimmt.

Die in der Kindheit entstandene Kontaktscheu (Ve/Ne) kann auch in seiner späteren Entwicklung nicht überwunden werden.

Nach seiner Militärzeit tingelt Hendrix jahrelang als völlig erfolgloser Gitarrist bei den verschiedensten Rock 'n' Roll- und Rhythm-and-Blues-Bands. 1966 geht er mit einem geschäftstüchtigen Manager (Chess Chandler) nach England, der ihm eine Band zusammenstellt: Die »Jimi Hendrix Experience«. Innerhalb weniger Monate gelangt er zu Weltruhm. In der kurzen Zeit bis zu seinem Tod im September 1970 beeinflußte er die Rockmusik mehr als jeder Gitarrist vor und nach ihm.

Der Schwerpunkt seiner psychedelisch geprägten Musik (Ve/Ne) lag in einer exzessiven, rauschhaften, bis dahin für technisch unmöglich gehaltenen nuancenreichen Improvisation, die ihn oft genug so in Trance geraten ließ, daß er seine Mitmusiker völlig vergaß, vom Thema abwich und »davonschwebte« (zusätzlich So/Ne).

Trotz häufiger Depressionen, dem unerträglichen Empfinden von Einsamkeit (Ve/Sa, Ve/Ne), gelingt es ihm sein gesamtes Leben lang nicht, eine stabile Partnerschaft oder Freundschaften aufzubauen (Ve/Ne, Ve/Ur).

Er wird von Managern und Vertragspartnern skrupellos ausgenutzt und betrogen (Ve/Ne, zusätzlich Bezug Haus 7 und 10). Obwohl seine Konzerte und Schallplatten Unsummen einspielen, ist er finanziell vollständig ungesichert (Ve/Ne, zusätzlich: Ve/Ur, Wassermann Spitze 2), das Geld fließt in die Taschen des Managements.

Er ist vertraglich »an die Leine gelegt«, kann sich dem Druck seiner Manager nicht entziehen; er bekommt Drogenprobleme (Ve/Ne, So/Ne).

Die Umstände seines Todes wurden nie vollständig aufgeklärt. Dem Bericht des Krankenhauses zufolge ist er nach Alkoholgenuß und Schlaftabletteneinnahme an seinem Erbrochenen erstickt (Tod durch Vergiftung: Sonne als Herrscher von 8 in 12).

Am Tag, als er starb, hinterließ Hendrix auf dem Anrufbeantworter seines Managers die Nachricht: »I need help bad, man*.«

* Etwa: »Ich brauche dringend Hilfe«; in einer anderen Lesart (nämlich wenn man das Komma wegläßt) ergibt sich die Bedeutung: »Ich brauche Hilfe, schlechter Mann.«

nus/Pluto

Bekannte Persönlichkeiten / wichtige Ereignisse

Pluto in 7
Benito Mussolini, Diktator; Jim Jones, Sektengründer des »People's Temple«, Anstifter zum Massenselbstmord; Dustin Hoffman, Schauspieler; Jean Paul Sartre, Philosoph; Gudrun Ensslin, Terroristin; Ermordung John F. Kennedys; Fred Astaire, Tänzer, Schauspieler; Honoré de Balzac, Autor; Herbert v. Karajan, Stardirigent; Alfred Adler, Begründer der Individualpsychologie; Charles Baudelaire, Dichter; Otto Hahn, Physiker, Entdecker der Kernspaltung; Bette Davis, Schauspielerin; Allan Watts, Philosoph, Schriftsteller; Simone de Beauvoir, Schriftstellerin und Frauenrechtlerin; Hans Jochen Vogel, Politiker; Jörg Lang, Terrorist; Elisabeth Teissier, Showmasterin; Hans Albers, Schauspieler und Sänger; Ronald Reagan, Schauspieler und Politiker; Emanuel Swedenborg, Medium, Spiritist; Prinz Eugen, Feldherr, Politiker; Thorwald Dethlefsen, Autor, Psychologe

Pluto in 2
Madonna Ciccone, Sängerin, Showstar; Gustav Scholz, Boxer; Hans Chr. Andersen, Autor; Franz Josef Strauß, Politiker; Thomas A. Edison, Erfinder; Robert Schumann, Komponist; Romy Schneider, Schauspielerin; Henry Miller, Autor; Prince Andrew, englisches Königshaus; Harry Belafonte, Sänger, Showstar; Marie Curie, Physikerin, Entdeckerin des Radiums

Venus in 8
Napoleon I. Bonaparte, Feldherr und Kaiser; John F. Kennedy, Politiker; Rudolf Heß, Nationalsozialist; Jacques Chirac, Politiker; Charles Baudelaire, Dichter; Wolfgang Döbereiner, Astrologe; Adolf Hitler, Nationalsozialist; Ludwig II. von Bayern.

Venus/Pluto

Diese Konstellation gilt für Venus in acht, Pluto in sieben und zwei, As=Ve/Pl, Mc=Ve/Pl, As auf 15° Stier, As auf 15° Skorpion, Mc auf 15° Stier, Mc auf 15° Skorpion, As auf 0° Skorpion, Mc auf 0° Skorpion, Mond auf 0° Skorpion, Venus auf 20° Krebs, Venus auf 20° Steinbock. Venus-Konjunktion Pluto, Venus-Opposition Pluto, Venus-Quadrat Pluto, Venus-Spiegelpunkt Spitze 8.

Die astrologischen Analogien verweisen auf die Hingabe an die Ideologie, auf die Absicherung durch Überpersönliches und die Begegnung mit dem Vorstellungsbezogenen, Idealen bzw. Idealisierten.

Ohne Zweifel gehören Venus/Pluto-Verbindungen zu den interessantesten, tiefgreifendsten und am wenigsten verstandenen Venuskonstellationen überhaupt. Zum einen kann Pluto als eine höhere Marsoktave aufgefaßt werden, so daß hier bis zu einem gewissen Grad die Ve/Ma-Analogien gültig wären. Andererseits darf der völlig eigenständige Plutocharakter nicht übersehen werden. Da wo Pluto Marsprinzipien symbolisiert, vertritt er diese in einer ins Unpersönliche übersteigerten Form. Während es bei Mars um die Durchsetzung der instinktiven Eigenart geht, symbolisiert Pluto die überpersönlichen Werte der Gruppe. Hierzu gehören auch die Informationen des kollektiven Unbewußten, die im Erbgut verankert sind*. Die der Art zugeordneten Inhalte ignorieren die Interessen des Individuums vollständig. Venus/Pluto-Konstellationen sind deshalb ein Hinweis auf eine dominante Verbindung zu im Kollektiven verankerten Inhalten des Partnerschafts-

* Die Lamarcksche Theorie, daß individuelle Bedürfnisse und Erfahrungen vererbbar seien, galt (und gilt) als seit langem widerlegt. Für ein tieferes Verständnis astrologischer und psychologischer Konzepte ist es jedoch unerläßlich, eine Form von ererbten Erinnerungen anzunehmen. Nur so lassen sich die konkreten Auswirkungen des kollektiven Unbewußten (z. B. die angeborene Schlangenangst) naturwissenschaftlich erklären.

bzw. Gruppenverhaltens. Archetypische Urerfahrungen, die zu genetischer Information verdichteten Erlebnisse zahlreicher Generationen, werden für den Nativen zum subjektiven Kriterium.

Analogien der vier Verwirklichungsebenen

Materielle Ebene

Großer Besitz, Spinnennetz, Kokon, Massengrab, Familiengruft, Weinkeller, Hasenscharte, Wolfsrachen, modriger und fauliger Geruch, Sumpfpflanzen, fleischfressende Pflanzen (»Venusfliegenfalle«), Folterkammer (Ma/Pl); Radiophysik, Radioaktivität, Röntgenstrahlung (Ma/Pl); Familienclan (Beispiel: die Kennedys); Apartheid, Ku-Klux-Klan, Feme, Fledermäuse (»fliegende Hunde«), Mutterkorn (Secale cornutum), Angels dust (synthetisches Rauschgift).

Vitale Ebene

Plutokratie (die Herrschaft der Reichsten), Tumore, Karzinome im Halsbereich, Karzinome der Geschlechtsorgane, Nierenkrebs, Fäulnisprozesse, Moder, alkoholische Gärung (zusätzlich Neptun), Folter, Versklavung, Spinnengifte, Gruppendruck, Gruppenzwang, Anorexia Nervosa (Magersucht), Leukämie, Struma (Kropf).

Mentale Ebene

Machtdenken, Gruppenabhängigkeit, Abhängigkeit, Hörigkeit, zwanghafte Partnerbindung, fanatisches Denken, rücksichtslose Konsequenz, Eifersucht, destruktive Leidenschaft, die Lust am Morbiden, dekadente und angstbesetzte Archetypen, Vampirismus, Horrorfilme (»Die Zombies erobern New York«), Wahn- und Zwangsvorstellungen, Psychosen, Delirien nach chronischem Kokainmißbrauch, Verfolgungswahn,

Beziehungen zu Geisteskranken (Ve/Ur, Ve/Ne), Phobien (insbesondere Spinnen- und Schlangenphobien), Tiefenpsychologie (vor allem die Individualpsychologie nach Adler).

Transpersonale Ebene

Erbkrankheiten in der Familie, psychische Erkrankung der Mutter, dem Gruppendruck ausgeliefert sein, ideologisch bedingte Repressalien, erniedrigt werden, gehorchen müssen, Heldentod, rituelle Tötung (Ma/Pl), »Seppuku«, sich für eine Idee oder ein Ideal opfern, Terrorismus, Todeskulte, Rassismus, Schwarze Magie, Massensuggestion, Massenhysterie (zusätzlich Ur), Kastenwesen, die »oberen Zehntausend«.

Kindheit und Elternbezug

Venus/Pluto-Verbindungen sind ein Hinweis auf ein von den subjektiven Belangen losgelöstes Verhältnis zur Umwelt. D. h., nicht persönliche Vorlieben oder Abneigungen bestimmen das Begegnungsverhalten, sondern archetypsiche Urbilder. Wie bei allen Konstellationen, die ein Übermaß an Energie freisetzen, so dominieren auch hier die problematischen Entsprechungen. Die astrologische Theorie geht hier von massiven karmischen Belastungen aus, was sich in den konkreten Kindheitsentsprechungen zu bestätigen scheint. Folgende Prägemuster treten überzufällig häufig in Erscheinung:

1. Erbbelastungen in der Familie
2. Psychische Krankheit eines Elternteils (insbesondere der Mutter)
3. Die autoritäre Erziehung
4. Überforderung des kindlichen Verantwortungsbewußtseins
5. Das eingeimpfte Elitebewußtsein
6. Die Krankheit als »Friedensstifter«
7. Die erzwungene Geburt

1. Erbbelastungen in der Familie

Bei dieser Entsprechung muß ein Bezug zum ersten Quadranten gegeben sein (insbesondere Haus 2). Falls keine massiven Verletzungen diese Konstellation zusätzlich verschärfen, werden die körperlichen Auswirkungen eher unauffällig und problemlos kontrollierbar sein. Es konnten jedoch überzufällig häufig Irritationen in der Blutbildung (zusätzlich Ma/Ur) beobachtet werden, z. B. die Bluterkrankheit und die Sichelzellenanämie (zusätzlich Ve/Sa). Des weiteren zeigen sich meist harmlose ererbte Mutationen, die auf einen zu kleinen »Gen-

pool« der Vorfahren zurückzuführen sind (vgl. auch Ma/Pl)*. Hierzu gehören z. B. übermäßig große Unterlippe, angewachsene Ohrläppchen und die durch Schilddrüsendysfunktion bedingte Kropfbildung (zusätzlich So/Ur). Ist nur ein geringfügiger Bezug zum ersten Quadranten gegeben, so kann die Disposition zur Erbkrankheit unauffällig bleiben. Besteht eine starke Determination auf den dritten Quadranten, so ist dies ein deutlicher Hinweis auf Defekte im Erbmaterial, die, wenn überhaupt, erst in der Nachkommenschaft (oft erst nach mehreren Generationen) manifest werden.
Zusätzlich kann auf Geschlechtskrankheiten (insbesondere Syphilis) der Vorfahren geschlossen werden, die, nach der Theorie Hahnemanns, die Disposition zur Psoriasis (Schuppenflechte) mitbegründen (zusätzlich Ve/Sa).

2. *Psychische Krankheit eines Elternteils*

Auch hier kann von einer karmischen Entsprechung ausgegangen werden. Ein Elternteil, meist die Mutter, besitzt offensichtlich neurotische Züge, die schließlich sämtliche Familienmitglieder »infizieren« können. Was bei der Mutter (bzw. dem Vater) jedoch den Anschein des Harmlosen hat, kann bei den Kindern zur Lawine unbewußter Kräfte werden, die eine Vielzahl destruktiver Energien freisetzen. Hierzu gehören vor allem unkontrollierbare Ängste, welche die Nativen anfallartig überkommen, sowie Eßstörungen, die Vorformen von Bulämie und Anorexia Nervosa (zusätzlich Mo/Sa bzw. Mo/Ma) darstellen. Auffällig ist weiterhin die übermäßige Wasserbindung im Zellgewebe, was zu einer häufig aufgeschwemmt wirkenden Erscheinung führt (zusätzlich Ve/Ne).

* Durch häufiges Einheiraten innerhalb der Verwandtschaft (sog. »Inzucht«) ergibt sich auf Dauer eine zu geringe Genauswahl. Da jedes Gen doppelt vorhanden ist (eines aus dem Erbgut der Mutter, eines aus dem des Vaters) wird normalerweise des mutierte, »kranke« Gen durch das gesunde überdeckt. Sind jedoch beide Gene mutiert, erscheint die Veränderung im Phänotyp.

Bemerkenswerterweise konnten die offensichtlichen Merkmale psychischer Infizierung bisher nahezu ausschließlich bei weiblichen Nativen festgestellt werden. Diese wurden ausnahmslos um die Zeit der Pubertät auffällig. In Einzelfällen wurde hier eine psychiatrische Behandlung notwendig.

3. Die autoritäre Erziehung

Allen Ve/Pl-Konstellationen ist gemeinsam, daß die Nativen in ihrer Kindheit (und oft noch weit darüber hinaus) mit intensiven Urängsten zu kämpfen haben, denen sie sich hilflos ausgeliefert fühlen. Eine mögliche »Ursache« liegt im neurotischen Klima, das durch ein Elternteil in die Familie hineingetragen wird, eine weitere in einer angstbetonten Erziehung. Das Kind wird durch Furcht gefügig gemacht. Dies fängt damit an, daß man ihm erzählt, »daß es der schwarze Mann holt, wenn es nicht bald artig schläft«, und hört mit in Aussicht gestellten »Höllenqualen« noch lange nicht auf. Weder die Eltern noch das Kind sind so geartet, daß derartige Methoden als harmlos angesehen werden können. Vielmehr werden in dem Kind unvorstellbare Ängste freigesetzt, aus denen es nur wenige Auswege gibt. Einer davon ist der unbedingte Gehorsam, der gleichsam Straffreiheit garantiert. Zusätzlich müssen jedoch massive Verdrängungsmechanismen entwikkelt werden, um die »Kettenhunde des Unbewußten« nicht zu wecken. So sucht man Sicherheit im Realen, was schnell, wenn weitere Konstellationen dies unterstützen (z. B. zusätzlich Me/Pl), ins Zwanghafte abgleiten kann. Man möchte sich am Konkreten, Alltäglichen festhalten, um nicht den Gefahren des Unbewußten ausgeliefert zu sein.

4. Überforderung des Verantwortungsbewußtseins

Auch bei dieser Konstellation stehen Ängste im Vordergrund. Dem Kind werden Aufgaben zugewiesen, denen es, seinem Entwicklungsstand entsprechend, noch nicht gewachsen ist.

Gleichzeitig wird dem Nativen vermittelt, welche verheerenden Konsequenzen sein Versagen hätte. Konkret ist diese Situation gegeben, wenn in der traditionellen Familienstruktur die Mutter (z. B. durch Krankheit) entfällt und das älteste Kind die Versorgung der Geschwister übernehmen soll.

5. *Das eingeimpfte Elitebewußtsein*

Diese Entsprechung ergibt sich bei Familien, in denen das Standes- und Klassendenken noch in Ehren gehalten wird. Das Kind wird zurechtgedrillt, ohne daß auf individuelle Anlagen und Bedürfnisse besondere Rücksicht genommen würde. Das unmenschliche und Absurde dieser Erziehungsweise wird am nur allzu häufigen Beispiel einer (neu-)reichen Familie deutlich, die sich, passend zum Salon, einen teuren Flügel anschafft, den das Kind dann, um das Bild stimmig zu machen, spielen soll. Ob beim Nativen musikalisches Talent und Interesse vorhanden ist, spielt bei dieser Entscheidung keine Rolle.

6. *Die Krankheit als Friedensstifter*

Venus/Pluto-Verbindungen weisen auf eine starke Gruppenabhängigkeit hin. Das essentielle Interesse eines Kleinkindes am Bestand der elterlichen Beziehung tritt hier (zusätzlicher Bezug zum ersten Quadranten) fast in krankhaft übersteigertem Maße auf. Sind Trennungstendenzen der Eltern erkennbar, so reagieren die Nativen intensiv im psychosomatischen Bereich. Selbst Krebserkrankungen (Leukämie, Tumorbildung im Halsbereich) können sich als Konsequenz ergeben. Unbewußte Absicht derartig extremer Reaktionen ist der Erhalt der Familie, der elterlichen Beziehung, was in diesen Fällen auch meist gelingt.

7. *Die erzwungene Geburt*

Diese Entsprechung ergibt sich, wenn eine Schwangerschaft gegen die (körperlichen) Interessen der Mutter ausgetragen wird. So ist dem Autor z. B. ein Fall bekannt, in dem der werdenden Mutter aus medizinischen Gründen dringend zur Abtreibung geraten wurde, da für sie Lebensgefahr bestand. Dennoch wurde sie von ihrem Mann gezwungen, das Kind zur Welt zu bringen*.
Hier kann es vereinzelt, wenn weitere Aspekte darauf hinweisen (zusätzlich Ma/Ur, Ma/Pl) zu Nötigungssituationen kommen. Zeugung und Schwangerschaft wurden gegen den Willen der Mutter durchgesetzt.

* Dies veranschaulicht auf drastische Weise das Plutoprinzip: Die Interessen der Art(erhaltung) werden über die des Individuums gestellt.

Allgemeine Charakterstruktur

Venus/Pluto-Verbindungen entsprechen der Fähigkeit und der Notwendigkeit, die übergeordneten Prinzipien der Art (das Gruppenkarma) im Begegnungsverhalten zu leben. Dies äußert sich in dem Bedürfnis nach verbindlichen Kriterien, welche das Zusammenleben in der Gruppe (z. B. in der Familie) regeln. Der Native möchte einen Platz zugewiesen bekommen, dessen Pflichten er erfüllt und dessen Rechte er beanspruchen kann. Im sozialen Verhalten geht es hier weniger um egozentrierte Selbstverwirklichung als um das Aufgehen in der Gruppe. Es ist wichtiger, stimmiger Teil eines übergeordneten Ganzen zu sein, als seine individuellen Interessen verwirklichen zu können. Dies zeigt sich in der Regel jedoch eher auf einer abstrakten, für Außenstehende oft nicht mehr nachvollziehbaren Ebene als in den praktischen Belangen des Alltags. Bemerkenswert ist das Bedürfnis nach unbedingter Konsequenz und Radikalität: bis zum bitteren Ende.

Folgende grundsätzliche Entsprechungen können unterschieden werden:

1. Das Charisma
2. Besessenheit
3. Die antrainierte Oberflächlichkeit

1. Das Charisma

Der direkte Zugang zu den Bildern des kollektiven Unbewußten sowie die Aufgabe, archetypische Urbilder konkret darzustellen und vorzuleben, verleiht vielen Nativen eine sogartige Attraktivität. Diese Form der Anziehung ist mit dem latenten Wissen verbunden, daß der Untergang notwendigerweise folgen muß, er ist der Preis für Intensität und Faszination.
Alle Persönlichkeiten, die ein rational nicht mehr nachvollziehbares Maß an Macht über andere gewinnen konnten, be-

sitzen dominante Ve/Pl-Konstellationen in ihrem Horoskop*: Jim Jones, dem es gelang, an die tausend seiner Anhänger zum Massenselbstmord anzustiften, oder Adolf Hitler, der für den Tod von Millionen verantwortlich ist, sind hier berechte Beispiele.

Native, die in der Öffentlichkeit stehen, haben eine signifikante Tendenz, Kultfiguren zu werden, wobei die Verwirklichungsebene natürlich vom Entwicklungsniveau des einzelnen abhängt**. So werden manche Native lediglich zu unterhaltsamen Projektionsflächen gesellschaftsspezifischer (erotischer) Phantasien und Wünsche, ohne eine echte Botschaft zu besitzen, mit der eine Anhängerschaft geführt oder verführt werden könnte (Beispiel: Madonna, Madame Tessier, mit Einschränkung: Ronald Reagan).

Es fällt auf, daß das Leben von Persönlichkeiten, die in einem Lebensbereich eine Vorreiterfunktion übernommen haben, häufig nicht frei von besonderer Tragik ist***. Dies kann aus psychologischer Sicht mit der Tendenz zur Unbedingtheit erklärt werden. Der einmal eingeschlagene und für richtig gehaltene Weg wird kompromißlos, verbissen und ohne Rücksicht auf Verluste weiterverfolgt, so daß das letztendliche Scheitern zur notwendigen Konsequenz wird****.

* Natürlich gilt der Umkehrschluß nicht. Wie bei allen anderen Konstellationen, so bleiben auch hier die meisten Nativen unauffällig. Was Ausnahmepersönlichkeiten auf die gesamte Gesellschaft projiziert ausleben, zeigt sich beim Normalen in »harmlosen« privaten Entsprechungen.

** So wurde z. B. Simone de Beauvoir zur Vorkämpferin der Frauenbewegung, Jean Paul Sartre zur Leitfigur des Existentialismus und John F. Kennedy zum Hoffnungsträger für ein besseres Amerika.

*** Man vergleiche nur die Biographien von Charles Baudelaire, Madame Curie, Otto Hahn, John F. Kennedy, Simone de Beauvoir, Gudrun Ensslin etc.

**** Dies ist auch eine Erklärung für das Verhalten und das Schicksal vieler Terroristen: Gesellschaftsideologische Überzeugungen (Ve/Pl), extremes, vom konkreten Erleben abgekoppeltes Gerechtigkeitsempfinden sowie die Unfähigkeit, den einmal eingeschlagenen Weg wieder zu verlassen (»der Verrat an der eigenen Überzeugung«), führen schließlich zur Rücksichtslosigkeit gegen Menschenleben. Die Existenz des einzelnen wird der Sache geopfert. »Der Zweck heiligt die Mittel.«

2. *Besessenheit*

Grundsätzlich kann das Ve/Pl-Potential nach außen oder nach innen gerichtet ausgelebt werden. Im ersten Fall können Machthunger (Politikerkonstellation) und Geldgier in Erscheinung treten. Als Alternative findet man echtes gesellschaftliches Engagement und die Tendenz, Vorreiterfunktion zu übernehmen.
Im zweiten Fall (Indiz: Persönliche Planeten, insbesondere die Sonne, unter dem Horizont) zeigen sich häufig Ausnahmebegabungen, die, verbunden mit extremer Konsequenz in der Verfolgung selbstgesteckter Ziele, zu außergewöhnlichen Leistungen befähigen*. Viele Erfinder und Bastler, die mit größtem Arbeitseinsatz scheinbar absurde Projekte verfolgten und verwirklichten, besitzen diese Konstellation**. Hier zeigt sich die Tendenz zu erneuern, Altes zu revolutionieren, weniger im gesellschaftspolitischen als im wissenschaftlich/künstlerischen Bereich.
Problematisch kann hier die Tendenz sein, sich vom individuellen Erleben vollständig abzukoppeln, sich in einen wissenschaftlichen oder künstlerischen Elfenbeinturm zurückzuziehen. Die Fähigkeit, kreative Subwirklichkeiten zu schaffen, kann verhängnisvoll überhand nehmen. Hier ist der Weg zur Psychose nicht mehr weit. Die selbstgeschaffene Gegenwelt ersetzt die Realität oder vermischt sich mit ihr.

* Interessant ist hier der Bezug zur (Radio-)Physik, der aus den Plutoanalogien zu folgern wäre: Otto Hahn, der Entdecker der Kernspaltung, und Madame Curie, die Entdeckerin des Radiums, besaßen beide dominante Ve/Pl-Konstellationen.

** Am herausragendsten war hier mit Sicherheit Thomas A. Edison, der unter anderem die Glühbirne und das Grammophon erfand. Ihm wird auch folgender Ausspruch nachgesagt: »Jede Erfindung besteht zu 5 Prozent aus Inspiration und zu 95 Prozent aus Transpiration.«

3. *Die antrainierte Oberflächlichkeit*

Dies ist quasi die Gegenreaktion zu den vorhergehenden Entsprechungen. Statt unbedingter Konsequenz, der Besessenheit von einem Ziel oder einer Idee, ergibt sich die Tendenz, jede allzu ausgeprägte Involvierung zu vermeiden. Man möchte nicht zur Konsequenz oder gar zur Opferung der Individualität gezwungen werden. Unangenehme Erlebnisse und Persönlichkeitsinhalte werden ins Unbewußte abgedrängt, wo sie, da keine direkte Auseinandersetzung mehr stattfindet, ein unkontrolliertes Eigenleben entwickeln können. Das, was man nicht wahrhaben möchte, wird lediglich ignoriert, nicht bewältigt. So können sich Schattenwesen (im Extremfall: Spaltphänomene) strukturieren, die durch jede ignorierte Wahrheit zusätzlich Nahrung erhalten, bis sie schließlich so mächtig werden, daß sie vernehmlich ins Bewußtsein drängen. Das latente Wissen um die »Monster, die im Keller lauern«, führt zur Angst, von Visionen und Trugbildern überwältigt zu werden. Die archetypischen Urbilder im Unbewußten fordern die Opferung der Individualität, sie suchen den Nativen in einen alptraumartigen Abgrund zu ziehen. Es können sich Todesahnungen, Selbstzerstörungstendenzen und Verfolgungswahn ergeben (Beispiel: Robert Schumann). Entsprechend dem subjektiven Empfinden können sich diese Gefahren jedoch nur manifestieren, wenn man sich zu sehr auf die »innere Wirklichkeit« einläßt. Als Schutzfunktion ergibt sich ein Festklammern an der äußeren Realität, wobei allzu große Konzentration und Aufmerksamkeit für ein Thema eine hypnotisierende Sogwirkung haben kann. Die Ungeheuer des Unbewußten durchbrechen die dünne Schale des Tagesbewußtseins. Als Kompensation springt man von einem Thema zum nächsten. Es entsteht der unstete Blick, der fürchtet, irgendwo anzuhaften und nicht mehr loszukommen. Die aus dem konkreten Erleben ausgekoppelten Inhalte zeigen sich nur noch im Schlaf als Alpträume sowie in Umbruchsituationen (Angst in der Dämmerung). In schwierigeren Fällen treten sie auch in Form von Phobien (z. B. Schlangenphobie) und Hypochondrie in Erscheinung. Die aus dem Alltagserleben verdrängten Ängste melden sich in symbolischer und gleichzeitig konkreter Form zurück.

Weisen weitere Aspekte darauf hin (z. B. zusätzlich Me/Pl, So/Sa, So/Pl), so ergibt sich die Tendenz zum Zwanghaften. Man klammert sich an die äußere Realität, sucht Halt im Regelmäßigen. Abläufe finden in ritualisierter, immer gleicher Form statt. Die Konfrontation mit dem Unbewußten soll verhindert werden. In diesen Fällen kann sich eine bemerkenswerte Scheinstabilität ergeben. Die Nativen wirken nach außen unproblematisch und empfinden sich selbst oft auch so (zusätzlich So/Mo). Hier kommt es allerdings zu einer Verschiebung ins Physische, welche sich vornehmlich in Erkrankungen im Hals- (Mandeln, Schilddrüse) und Nierenbereich äußert. In schwerwiegenden Fällen kommt es zu Tumorbildungen an den Geschlechtsorganen, die bis hin zu den malignen Formen gehen können (Prostatakrebs, Brustkrebs). Vornehmlich bei Kindern ist eine erhöhte Affinität zu Leukämie zu verzeichnen.

Es sei an dieser Stelle erneut betont, daß es sich hier um extreme, überzeichnete Entsprechungen handelt. Im Normalfall gelingt die Kontrolle über das Unbewußte, es kommt lediglich zu einer verzögerten Konfliktbewältigung. D. h., man stellt sich den Schattenwesen und überwindet sie, bevor diese übermächtig werden können.

Partnerschaft

Insbesondere im Partnerschaftsbereich weisen Venus/Pluto-Entsprechungen eine außergewöhnliche Divergenz zwischen dem unauffälligen Normalfall und extremen Verwirklichungsformen auf. So können in nahezu allen destruktiven, morbiden und »karmischen« Beziehungen, die sich durch einen tragischen Verlauf auszeichnen, Venus/Pluto-Verbindungen nachgewiesen werden, ohne daß ein entsprechender Umkehrschluß möglich wäre. D. h., Venus/Pluto-Konstellationen allein stellen noch kein zuverlässiges Kriterium für eine besondere, manifeste Beziehungsproblematik dar. Dieser Hinweis ist vor allem deshalb angebracht, weil die zu beschreibenden Analogien teilweise extreme Verwirklichungen aufzeigen.
Venus/Pluto-Verbindungen entsprechen Partnerschaften, die von den Prinzipien des Kollektiven, der Masse, der Macht, d. h. überindividuellen Triebmustern geprägt sind. In diesem Sinne sind diese Beziehungen »pluralistischer« Natur. Es gibt keine Partnerschaftsform (vielleicht mit Ausnahme von Ma/Pl-Verbindungen), die ein größeres Maß an destruktiver Energie freisetzen könnte. Ungeahnte archaische Prägemuster, die auf nichts anderes als die Zerstörung der Psyche des Partners (und letztlich auch der eigenen) abzielen, warten darauf, aktiviert zu werden. Eine scheinbar harmonische Partnerschaft kann in der Krise unerwartet umkippen, um alptraumartige Züge anzunehmen, »man erkennt den anderen nicht wieder«.
In Beziehungen, in denen Leidenschaftlichkeit mit ausgeprägter Destruktivität einhergeht, kann nahezu zwingend von dominanten Venus/Pluto-Verbindungen ausgegangen werden.
Folgende konkrete Entsprechungen können unterschieden werden:

1. Die Haßliebe
2. Die Bindungsvermeidung
3. Die Projektionsfläche

4. Die Hingabe an die Vorstellung
5. Die Opferung des Individuellen

1. Die Haßliebe

Dies ist mit Sicherheit die häufigste Entsprechung. Kennzeichnend ist hier ein massiver Mangel an Vertrauen in Verbindung mit Eifersucht*. Man sucht den Partner zu kontrollieren und zu reglementieren, um zu verhindern, daß man hintergangen wird.
Weitere Kriterien sind ausgeprägtes Besitzdenken und Dominanzstreben. Man sucht den Partner den eigenen Vorstellungen entsprechend zu reglementieren. Hier kommt es zum permanenten Machtkampf, in dem ein Nachgeben gleichbedeutend mit einer Niederlage wäre. Dies geht im Extremfall bis zu tätlichen Auseinandersetzungen und führt gelegentlich zu Situationen, die durchaus Nötigungscharakter haben. Paradoxerweise ergeben sich erotische Spannung und emotionale Nähe bis hin zu sexueller Erregung meist aus derartigen Konfrontationen (Ve/Ma).
Im Endstadium einer Beziehung kann Gemeinsames nur noch über Aggressionen hergestellt werden. Kennzeichnend für derartige selbstzerfleischende Partnerschaften ist die Aussage Dritten gegenüber: »Ich komme einfach nicht von ihm/ihr los.«
Als mögliche »Ursachen« derartiger Beziehungen kommt vor allem eine extreme seelische Verwundbarkeit (Ve/Ne, Mo/Ne) in Betracht, die aggressiv ausgelebt wird. Als Konsequenz kann sich hier die »Folie à deux« ergeben, d. h., die Verstrikkung in eine gemeinsame Wahnwelt, in der einer den anderen daran hindert, in die »Normalität« zurückzukehren.
Eine weitere Entsprechung wäre die partnerschaftsbedingte Psychose, wobei die Affinität zur Paranoia offensichtlich ist.

* Sexuelle Untreue spielt in derartigen Verbindungen fast immer eine Rolle. Es ist interessant, daß der promiskuitive Partner eher Mißtrauen und Eifersucht entwickelt.

Das letzte Mittel, um sich aus der destruktiven Eigendynamik der Beziehung zu befreien, ist die Tötung des Partners (Beispiel: Gustav Scholz mit Pluto in 2).
Als psychosomatische Korrelate ergeben sich hier zwingend Erkrankungen des Urogenitaltraktes. Bei Frauen handelt es sich hier primär um Zysten und Entzündungen der Ovarien, bei Männern kommt es eher zu Pilzerkrankungen (zusätzlich Ve/Ne) und seltener auch zu Geschlechtskrankheiten. Auch Irritationen der Prostata werden beobachtet.

2. Die Bindungsvermeidung

Trotz zahlreicher Bekanntschaften kommt es hier selten zu verbindlichen Beziehungen (zusätzlich Ve/Ur; Ve/Ne). Die zahlreichen erotischen Kontakte belegen oft nahezu zwanghafte Verhaltensstrukturen. Der Partner wird mit mehr oder weniger ritualisierten Verhaltensweisen erobert, um nach erreichtem Ziel völlig uninteressant zu werden (»Don-Juan-Syndrom«).
Als psychologische Ursache kommen zwei Faktoren in Frage. Zum einen handelt es sich um die latente Angst, einer Partnerschaft und damit einem Partner ausgeliefert zu sein. Venus/Pluto-Verbindungen entsprechen potentiell unbedingter Verbindlichkeit im Begegnungsverhalten. D. h., einer Beziehung, die man emotional an sich heranläßt, kann man sich nicht mehr entziehen (»man sitzt in der Mausefalle«). Zum anderen geht es um das Gefühl von Macht. Das Selbstwertgefühl nährt sich aus dem Empfinden, den anderen »zu Fall« gebracht oder gar erniedrigt zu haben. Häufig wird der Triumph von Mal zu Mal schaler, man hat sich an den anderen gewöhnt, die Rollen haben sich eingespielt. Auch dies ist mit eine Ursache für den häufig recht stattlichen Partnerverschleiß. Als Ausnahme kann hier wiederum die bereits oben beschriebene Entsprechung der Haßliebe gelten. Der permanente Machtkampf in der Beziehung, die nie vollständig gelingende Unterwerfung des Partners, verhindern eine Sättigung.

3. *Die Projektionsfläche*

Hier handelt es sich um ein Phänomen, das sich insbesondere bei Persönlichkeiten, die in der Öffentlichkeit stehen, zeigt. Sie werden zum Objekt der erotischen Phantasien und Wünsche ihrer Anhänger. Dies kann in einer subtilen, verbrämten Form geschehen, aber auch unverschleiert und offensichtlich (z. B. Elvis Presley, Madonna, John Travolta etc.).
Wie bei allen Idolen, so ist auch hier die Persönlichkeit unwesentlich, von Bedeutung ist die zur Schau gestellte Fassade. Auffällig ist hier die häufig vorhandene erotische Massenwirkung, die schnell zu bedingungsloser, irrationaler und hysterischer Verehrung führen kann. Hierbei ist das vom Individuellen abgekoppelte Charisma von entscheidender Bedeutung. Es geht nicht um reale Partnerschaft, sondern um einen ins Überwirkliche erhöhten »Superpartner«*. Dieser ist nur so lange faszinierend, wie er unerreichbar bleibt. Offensichtlich wird dieser Zusammenhang, wenn man feststellt, daß es bei diesem Phänomen keinerlei Eifersucht oder Besitzdenken gibt. Im Gegenteil: Je mehr andere für den gleichen Star schwärmen, um so anziehender und erotischer wird er in seiner Ausstrahlung. Leider ist der Erfolg beim Publikum gleichzeitig ein deutlicher Hinweis auf das Scheitern persönlicher Bindungen. Das Wissen um die von der eigenen Person letztlich unabhängige Attraktivität, in Verbindung mit der Unfähigkeit, echte emotionale Nähe in einer Partnerschaft herzustellen, führte viele berühmte und beneidete Persönlichkeiten in schwere Depressionen und schließlich in die Selbstzerstörung (Beispiel: Romy Schneider, Elvis Presley).

* Auf der körperlichen Ebene zeigt sich dies am Beispiel des Bodybuilders Arnold Schwarzenegger.

4. *Die Hingabe an die Vorstellung*

Bei Venus/Pluto-Entsprechungen besteht latent die Gefahr, die Wirklichkeit durch die Vorstellung zu ersetzen. Man wagt nicht mehr, sich auf das Risiko einer Beziehung einzulassen, sondern ersetzt diese durch ein um so intensiveres Wunschdenken. Diese Tendenz birgt in sich die massive Gefahr emotionaler und psychischer Erkrankung. Der Native »kocht im eigenen Saft«, er ist mit sich und seinen Schwierigkeiten allein, so daß sich deren problematische Aspekte (ähnlich der Inzucht) immer mehr verdichten und konkretisieren. Wie eine Raupe spinnt er sich in einen Kokon von irrigen Vorstellungen, aus denen es kaum ein Entrinnen gibt. Dies wäre der dringend therapiebedürftige Extremfall.
Bei weniger dramatischen Entsprechungen, in denen die Wirklichkeit nicht durch die Vorstellung vollständig ersetzt, sondern dieser nur untergeordnet wird, ergibt sich häufig ein Hang zum Masochistischen. Man möchte selbstgewählten philosophischen oder religiösen Idealen gerecht werden und empfindet den Schmerz, der durch die Vergewaltigung eigener Bedürfnisse entsteht, als Bestätigung, auf dem richtigen Weg zu sein*.

5. *Die Opferung des Individuellen*

Hier werden die individuellen Bedürfnisse in der Partnerschaft, die Intimsphäre und das Privatleben vollständig »höheren« Zielen untergeordnet. Partnerschaften im tieferen Sinne des Wortes sind hier kaum möglich. Es handelt sich eher um Zweck- und Arbeitsgemeinschaften. Diese können wissenschaftlicher (Marie Curie), philosophischer (Jean Paul Sartre), künstlerischer (Robert Schumann) oder politisch-agitatorischer (Gudrun Ensslin) Natur sein.

* Bei dieser Entsprechung ist eine deutliche Affinität zum religiösen Wahn erkennbar (zusätzlich Ju/Pl).

Sexualität

Obwohl Venus/Pluto-Verbindungen einen sehr starken Bezug zur Sexualität haben, gibt es nur relativ wenig übereinstimmende Verhaltensmerkmale, die den Geborenen zugeordnet werden können. Generell scheinen sie auf eine immense Verstärkung anderer diesbezüglicher Konstellationen hinzuweisen (besonders Mars), ohne allzu große Eigendynamik zu entwickeln. Einige Analogien lassen sich jedoch feststellen. Auffällig ist eine im Vergleich zum normalen Sexualverhalten massiv gesteigerte Intensität im sinnlichen Erleben (vor allem bei Frauen) und als Folge davon eine erhöhte Disposition zum Außenseiterverhalten.

Auch hier sind die Zusammenhänge (falls kein dominanter Haus-5-Bezug gegeben ist) eher statistisch bedeutsam, als daß sich zwingende Aussagen in der praktischen Interpretation machen ließen. In der Mehrzahl der Fälle wird die Vorstellungswelt in weit überdurchschnittlichem Maße die Form der Sexualität bestimmen. Ebenso ist die Tendenz da, Realität durch Imagination* zu ersetzen. So besitzt die verschwindend geringe Minderheit derjeniger, die trotz körperlicher Gesundheit nie oder fast nie Geschlechtsverkehr hatten (ohne daß hierfür religiöse Motive ausschlaggebend waren), fast ausnahmslos Venus/Pluto-Verbindungen im Horoskop.

Auf der anderen Seite finden sich hier auch viele Verbalerotiker, die ihre sexuellen Phantasien literarisch verarbeiten (Beispiel: Henry Miller).

Weisen andere Aspekte sowie die Ontogenese des Nativen auf sexuelle Perversionen hin, so kann eine deutliche Tendenz zum Masochismus sowie zur Fäkalerotik festgestellt werden.

* Im Unterschied zu den Neptunkonstellationen, die ja ebenfalls einen starken Bezug zum Realitätsverlust aufweisen, geht hier die Tendenz eher in Richtung des Zwanghaften bis Psychotischen. Während Neptunanalogien auf verträumte Wirklichkeitsferne hindeuten, besteht bei ausgeprägten Plutokonstellationen die Tendenz zum Wahnhaften, das sich in seinen Auswirkungen sehr viel konkreter im Sinne einer Gegenwirklichkeit darstellt.

Im »Normalfall« mildert sich dies zu einer gesteigerten Bevorzugung des Analverkehrs*.
Sexualität als archaischer Ausdruck von Macht und Stärke ist bei dieser Konstellation häufig von Bedeutung (zusätzlich Ma/Pl). Hiermit erklärt sich die Tendenz zum Sadomasochistischen sowie zur Promiskuität.
Auffällig ist das ausgesprochen phasenabhängige erotische Interesse vieler Nativer: Perioden gewollter Abstinenz wechseln mit sexuellen Exzessen. Diese Entsprechung tritt bei beiden Geschlechtern gleichermaßen in Erscheinung.
Vergleichende Untersuchungen haben erwiesen, daß Personen, die über eine überpersönliche, suggestive erotische Ausstrahlung verfügen – die meist für berufliche Zwecke nutzbar gemacht wird –, signifikant häufig dominante Venus/Pluto-Konstellationen im Horoskop aufweisen (Beispiel: Elvis Presley, Paul Newman, Romy Schneider).
Ebenfalls in überzufälligem Maße konnten Venus/Pluto-Verbindungen in den Horoskopen von Prostituierten (zusätzlich Ma/Pl, So/Ne, Me/Sa) nachgewiesen werden.

* Noch »entschärfter« zeigt sich diese Disposition in der Präferenz für den Koitus »more ferarum« (nach Art der Tiere).

WEIBL. NATIVITÄT

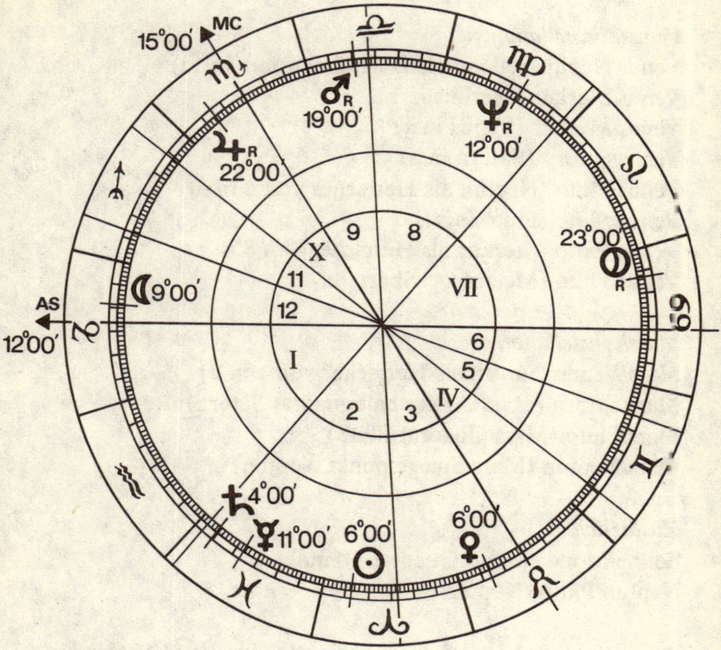

Planeten

☉	06°00′	♈	
☽	09°00′	♑	
☿	11°00′	♓	
♀	06°00′	♉	
♂	19°00′	♎	R
♄	04°00′	♓	
♆	12°00′	♍	R
♇	23°00′	♋	R

Häuser

AS = 12°00′ ♑
MC = 15°00′ ♏
(Beschreibung siehe Seite 298–300)

Beispielhoroskop: Weibliche Nativität

Venuskonstellationen
Venus/Neptun (Mond als Herrscher von 7 in 12)
Venus/Merkur (Merkur in 2)
Venus/Merkur (Venus in 3)
Venus/Saturn (Saturn in 2)
Venus/Pluto (Neptun als Herrscher von 2 in 8)
Venus/Pluto (Pluto in 7)
Venus/Pluto (Merkur als Herrscher von 8 in 2)
Venus/Pluto (Mc auf 15° Skorpion)

Marskonstellationen
Mars/Venus (Saturn als Herrscher von 1 in 2)
Mars/Saturn (Mars Anderthalbquadrat Saturn)
Mars/Pluto (Mars Quadrat Pluto)
Mars/Neptun (Mars Spiegelpunkt Neptun)

Zusätzlich
Sonne/Mond (Mond Quadrat Sonne)
Neptun/Pluto (Neptun in 8)

Ausschlaggebend sind hier eindeutig die Ve/Pl-Verbindungen, im Rahmen der peripheren, durch das So/Mo-Quadrat jedoch hochwirksamen Ve/Ne-Konstellation.
Durch die breite Streuung der Marsanalogien, die zudem zumindest im persönlichen Bereich (Bezug erster und zweiter Quadrant) nicht annähernd die Brisanz der Venusaspekte aufweisen, ist hier ebenfalls eine übersteuerte Begegnungsorientierung gegeben, in der es mehr um die zum Lebensprinzip erhobene (Ve/Pl) Partnerschaftsfixierung als um die Durchsetzung von Eigenart geht.
Die Native wuchs, nachdem ihr Vater bei einem Autounfall ums Leben gekommen war (Ma/Pl; zusätzlich Pl Herrscher von 10), teilweise bei Bekannten auf. In der übrigen Zeit wurde sie in der Verwandtschaft herumgereicht (Ve/Me), wo-

bei sie massive materielle Härten (Ve/Sa) durchzustehen hatte.
Im Alter von etwa 15 Jahren lernte sie ihren ersten Freund kennen. Dieser wurde kurz darauf von seinem Vater im Streit erstochen.
Mit 19 ging sie erneut eine Partnerschaft ein. Ihr Freund, von dem sie ein Kind erwartete, ertrank unter ungeklärten Umständen (Ma/Pl, Pl in 7, Ve/Ne).
Jahre später verlobte sie sich mit einem Anlageberater, der sich nach Beendigung der Beziehung mit mehreren Millionen nach Amerika absetzte.
Im Alter von 29 Jahren ging sie mit ihrem damaligen Freund, einem wohlhabenden Industriellen, nach Spanien. Während eines Frankreichbesuchs hatte dieser einen schweren Unfall, von dem er sich nicht mehr richtig erholte.
Fünf Jahre später Abbruch der Beziehung und Reise nach Amerika, um den ehemaligen Verlobten zu besuchen. Dieser bekam nach wenigen Tagen einen Schlaganfall. Aus familiären Gründen mußte sie den Besuch kurzfristig abbrechen.
In der Folgezeit gab es bis jetzt noch zwei wichtige Partnerschaften: eine zu einem Jordanier, den sie in Kairo kennenlernte, und eine zu einem Polizisten, mit dem sie drei Jahre befreundet war.
Die Beziehungen weisen Parallelen auf: Frappant häufig kam es zu Tod und schweren Unfällen. Keine Beziehung führte zur Ehe (Ve/Ne; die Herrscher von 7 [So/Mo] stehen zueinander im Quadrat; Ne/Pl; Herrscher von 8 Opposition Neptun). Mehr als einmal sind die Umstände unklar bzw. verbrecherisch: Der Tod ihres ersten Freundes, der eigentlich einen Mordprozeß zur Folge hätte haben müssen; das Ertrinken ihres zweiten Freundes; das Absetzen eines Partners nach Amerika.
Aus den beschriebenen Inhalten ließen sich auch ohne Kenntnis des Radix Konstellationen schlußfolgern, die nachweisbar sein müssen:

1. Es muß eine dominante Venus/Neptun-Konstellation (Bezug zu Haus 7) gegeben sein (unklare, illegale Umstände in der Partnerschaft), die sich bezüglich Haus 8 wiederholt: Keine Beziehung wird wirklich verbindlich.
2. Wiederholter Tod oder schwere Unfälle des Partners. Da es sich hier nur peripher um Siechtum (Saturn) handelt, kommen vor allem Ma/Ur- oder Ma/Pl-Verbindungen (dritter Quadrant, Bezug Haus 7) in Frage. Die Präferenz für »starke« Männer (Millionär, Araber, Polizist) sowie zwei vermutliche Mordfälle machen Ma/Pl-Verbindungen wahrscheinlich.

Die sich aus den biographischen Daten eindeutig zu erschließende leitbildhafte Partnerschaftsorientierung (die Suche nach dem starken Mann), in der man am anderen die eigene karmische Verstrickung konkret vorgeführt bekommt, läßt auf Ve/Pl respektive Pluto in 7 schließen.
Der Mond als Herrscher von 7 in 12 entspricht Ve/Ne in zweiter Potenz. Durch Neptun in 8, der zudem noch in Opposition zum Herrscher von 8 (Merkur) steht, wird auch der zweite Teil der ersten Bedingung erfüllt: Dominante Neptunbeziehung zu Haus 8.
Durch die Rezeption der Herrscher von 2 und 8 – Merkur als Herrscher von 8 in 2, Neptun als Herrscher von 2 in 8 – werden die merkwürdigen, ungeklärten Umstände um den Tod ihrer Partner noch zusätzlich bestätigt: Das zweite Haus ist das achte des Partners.
Die dominanten Ve/Pl-Verbindungen (zusätzlich: Pluto Herrscher von 10) verweisen auf eine starke erotische Ausstrahlung (»die Projektionsfläche«), welche es der Nativen ermöglichte, sich durch Partnerschaften aus materieller Not (Saturn Spitze 2) zu befreien. Das Mars/Pluto-Quadrat (Mars in Elevation) zeigt bereits deutlich die Gefahr gewalttätiger Ereignisse im Begegnungsbereich. Hiermit wäre die zweite Bedingung erfüllt: Mars/Pluto-Verbindung in bezug zum siebten Haus.

Teil III
Weiterführende Überlegungen und Anwendungen

Über klassische Synastrie, Composites, Combines und sensitive Punkte

In der Astrologie wurden eine Vielzahl von Methoden entwickelt, um zu sinnvollen Aussagen über die Qualität und die Tragfähigkeit einer Beziehung zu gelangen – stellt doch die Partnerschaftsberatung eine der vorrangigen Aufgaben in der Praxis dar.

Die meisten dieser Techniken haben durchaus ihren Wert, allerdings in genau festgelegten Grenzen, deren Nichtbeachtung Fehlinterpretationen unvermeidlich macht. So ist primär der Grundsatz zu beachten, daß Hilfshoroskope – denn um solche handelt es sich hier – niemals für sich allein stehen können, also keinerlei eigenständigen Wert besitzen: Es ist ein elementarer Grundsatz in der astrologischen Prognose, daß, gleichgültig, wie positiv oder kritisch aktuelle Auslösungen sein mögen, kein Ereignis eintreten kann, das nicht bereits im Radix angelegt ist. Grob vereinfachend bedeutet dies, daß Aspektstrukturen, die auf grundsätzliche materielle Härten hindeuten, auch durch die glücklichsten Jupitertransite nicht aufgehoben werden können. Die wirtschaftlichen Schwierigkeiten werden sich in diesem Zeitraum bestenfalls in Grenzen halten*.

Der gleiche Grundsatz gilt natürlich auch für die Partnerschaftsastrologie: Die besten Vergleichsaspekte nützen wenig, wenn das Radix massive Belastungen im Begegnungsbereich aufweist. Umgekehrt wird eine begegnungsfähige Persönlichkeit auch schwierige Vergleichsaspekte eher als kreative Herausforderung erleben können.

Der wichtigste und zugleich auch der problematischste Ge-

* Es handelt sich hier, wie bereits betont, um eine grobe Vereinfachung: In der Realität gibt es keine Konstellation, die unüberwindlicher materieller Not entspricht.

sichtspunkt ist jedoch, daß kein Radix Auskunft über das Entwicklungsniveau des einzelnen geben kann. Da jede schwierige Konstellation auch die Möglichkeit zum Wachstum, zu ihrer Überwindung in sich trägt, können die gleichen Aspekte beim einen auf ein vertieftes Begegnungspotential hinweisen, während sie bei einem anderen den neurotischen Komponenten einer Verbindung entsprechen. Diese Tatsache stellt hohe Anforderungen an die Fähigkeit zur Selbstkritik des Astrologen, damit er sie nicht zur Rechtfertigung offensichtlicher Fehleinschätzungen benützt. Dies gilt um so mehr, als sich die Meinung eingebürgert hat, daß der astrologische Einfluß einer unter vielen sei, etwa nach dem falsch verstandenen Motto: »Die Sterne zwingen nicht, sie machen nur geneigt.« So leicht es diese Einschätzung dem praktizierenden Astrologen macht, so falsch ist sie auch. Ist erst einmal das aktuelle Entwicklungsniveau eines Nativen festgestellt (was mittels der Überprüfung früherer Auslösungen kaum Schwierigkeiten bereitet), so sind präzise Aussagen möglich, die in aller Regel lediglich die Alternativen der Verwirklichung auf der nächsthöheren bzw. auf der nächstniedrigeren Oktave lassen.*

Gerade in den letzten Jahren bürgert sich jedoch zunehmend die Unsitte ein, insbesondere Composites und Combines als eigenständige Horoskope aufzufassen, die unabhängig vom Grundhoroskop interpretiert werden können. Daß ein derartiges Vorgehen nicht sinnvoll ist, läßt sich, auch über die bereits genannten Gesichtspunkte hinausgehend, unschwer beweisen, dies wird in den entsprechenden Abschnitten geschehen.

Ein grundsätzliches Problem, das im Partnerschaftsvergleich noch um ein Vielfaches verstärkt zutage tritt, ist die potentiell nahezu unbegrenzte Anzahl von Deutungsfaktoren, die in aller Regel ohne klare Kriterien für ihre Gewichtung neben-

* Zwar besteht die Möglichkeit, einzelne Oktaven zu überspringen, diese Verwirklichungsform besitzt jedoch extremen Ausnahmecharakter, sie kann deshalb in der Praxis unberücksichtigt bleiben.

einanderstehen. Dies bedeutet, daß sich der Astrologe gleichsam nach Belieben aussuchen kann, welche Aspekte er für die Interpretation heranziehen möchte. Fehlprognosen lassen sich so unschwer im nachhinein korrigieren, da sich mit Sicherheit für jedes Ereignis rückwirkend bestätigende Aspekte finden lassen.

Bedauerlicherweise ist dem Klienten damit herzlich wenig gedient, da er den Astrologen ja aufsucht, um in der Situation vernünftigen Rat und Entscheidungshilfe zu erhalten.

Die immensen Schwierigkeiten, die sich insbesondere mit der Partnerschaftsastrologie verbinden – will man nicht auf sinnfreie Gemeinplätze ausweichen –, sollen dabei keineswegs geleugnet werden, sie sind jedoch bei einer systematischen und folgerichtigen Vorgehensweise durchaus zu meistern.

Im folgenden werden die häufigsten Methoden des Partnerschaftsvergleichs, ihre praktische Anwendung und die jeweiligen Grenzen ihrer Gültigkeit beschrieben.

1. Synastrie

Dies ist immer noch die verbreitetste Form des Horoskopvergleichs. Hierbei untersucht man, ob und welche Aspekte zwischen den Planetenständen der Partner bestehen. Systematische Deutungsregeln gibt es nicht, dafür jedoch einige (allgemein akzeptierte) Einzeltheorien, die als herausragende »Ehekonstellationen« interpretiert werden:

X a) Aspekte zwischen der Sonne des einen und dem Mond des anderen (insbesondere die Konjunktion).

X b) Der Mond in Konjunktion mit dem As oder Ds des Partners.

X c) Die Sonne in Konjunktion mit dem As oder Ds des Partners.

d) Die As/Ds- und Mc/Ic-Achsen beider Partner vertauscht. Beispiel: Aszendent Widder, Mc Steinbock, der Partner Aszendent Steinbock, Mc Waage.

e) Aspekte der inneren Planeten des einen (Sonne, Mond, Merkur, Venus) zu den äußeren Planeten des anderen (Mars, Jupiter, Saturn, Uranus, Neptun, Pluto).

f) Schließlich spricht man noch den Aspekten zwischen Venus und Mars eine besondere Aussagekraft über die erotische und sexuelle Harmonie zu.

Diese Deutungskriterien entsprechen großenteils einer langen Tradition. Ihre grundsätzliche Richtigkeit ist kaum zu bezweifeln. Sie dürfen jedoch, wie bereits mehrfach betont, nicht isoliert betrachtet werden. Hierzu ein Beispiel aus der Praxis: Die Sonnenposition einer Klientin wies eine bogenminutengenaue Konjunktion zum Mond ihres damaligen Freundes auf, eine in dieser Exaktheit seltene Konstellation, die zudem von einer Vielzahl klassischer Astrologen als der günstigste Partnerschaftsaspekt überhaupt interpretiert wird. Die Frage, ob die Beziehung Bestand haben und glücklich werden würde, wäre deshalb wohl in den meisten Fällen eindeutig bejaht worden.
Mit zu den wichtigsten Ansprüchen der Klientin an eine Beziehung gehörte die Erwartung, daß der Partner nicht alkoholabhängig oder sonstwie süchtig ist, sowie Zuverlässigkeit und Glaubwürdigkeit. Tatsächlich war ihr Partner psychisch ausgesprochen labil, von verschiedenen Drogen abhängig, mit denen er auch handelte. Er war ein zwanghafter Lügner, der sie permanent auf plumpe Weise hinterging und seinen Lebensunterhalt zu einem wesentlichen Teil durch Diebstähle finanzierte. Die Beziehung wurde schließlich durch eine längere Haftstrafe, die der Native antreten mußte, beendet.
Offensichtlich war die Verbindung in der Realität alles andere als glücklich, verkörperte der Partner doch sämtliche Eigen-

schaften, die die Native ablehnte. Die isolierte Betrachtung der Sonne/Mond-Konjunktion kann deshalb lediglich als Hinweis auf eine ausgesprochen starke gegenseitige Anziehung aufgefaßt werden, Aussagen über die reale Qualität einer Verbindung erlaubt sie auch nicht ansatzweise. Soviel zu der inhaltlichen Bewertung synastrischer Aspekte, im nächsten Abschnitt soll kurz auf einige formale Kriterien eingegangen werden.

Ohne das im Kapitel »Raum- und Zeitspezifität« Gesagte wiederholen zu wollen, sei auf folgende Überlegungen verwiesen: Die Wahrscheinlichkeit, daß irgendwelche (durchaus überzeugende) Partnerschaftskonstellationen zwischen zwei Horoskopen rein zufällig bestehen, ist sehr hoch. Man mache nur die Probe aufs Exempel und vergleiche zwei willkürlich ausgewählte Horoskope miteinander. Rechnerisch stellt sich dies so dar: Die Wahrscheinlichkeit einer (auf ein Grad) exakten Sonne/Mond-Konjunktion beträgt 2:360, nimmt man die Opposition und die zwei möglichen Trigone hinzu, so ergibt sich ein Wert von 8:360. Diese Wahrscheinlichkeit muß verdoppelt werden, da ja in beiden Horoskopen Sonne und Mond vorhanden sind, jeder Aspekt also zweimal vorkommen kann, d. h. die Wahrscheinlichkeit, daß ein exakter Partnerschaftsaspekt zwischen Sonne und Mond rein zufällig vorliegt, beträgt 2:45. Nimmt man den üblichen engen Orbis von 3°, so erhöht sich die Wahrscheinlichkeit auf 2:15, bei einem Orbis von 5° bereits auf 2:9. D. h., bei neun Horoskopvergleichen würde sich zweimal ein (positiver) Partnerschaftsaspekt von Sonne und Mond rein zufällig ergeben!

Ich möchte den geneigten Leser nicht mit weiteren statistischen Überlegungen langweilen, aber ich denke, daß dieser Hinweis genügt, um deutlich zu machen, daß sich nahezu bei jedem Horoskopvergleich irgendwelche Partnerschaftskonstellationen nachweisen lassen.

In der Praxis geht man häufig jedoch sehr viel weiter. Man interpretiert die eigenen Planetenstellungen in den Häusern des Partners und berücksichtigt sämtliche wechselseitigen

Aspekte, womöglich noch unter Zuhilfenahme eines großen Orbis und kleiner Winkel. Auf diese Weise kann man gewiß sein, wieder über ein unbegrenztes Maß an Deutungsfaktoren zu verfügen, mit denen man sich alles so hinbiegen kann, wie es den eigenen Bedürfnissen entspricht.
So wurden dem Verfasser in letzter Zeit immer wieder Quadrate zwischen Saturnpositionen als »Erklärung« für das Scheitern einer Beziehung vorgebracht. Vergessen wird hierbei, daß sich Saturnquadrate etwa alle sieben Jahre bilden, ein durchaus häufiger Altersabstand von Partnern. Da nahezu sämtliche Paare, die einen Astrologen um Rat ersuchen, Schwierigkeiten miteinander haben (sonst würden sie schließlich nicht kommen), ergeben sich hier Scheinzusammenhänge, die ungefähr genauso sinnvoll sind, wie wenn ich Venus/Jupiter-Trigonen die Aussage zuschreibe, daß sie den Weltuntergang verhindern: Da bis jetzt der Weltuntergang noch nicht stattgefunden hat, ist jedes Ve/Ju-Trigon ein »Beweis« meiner Hypothese.
Lesern, die mit Synastrie arbeiten, wird empfohlen, besonderes Augenmerk auf die wechselseitigen Aspekte der Herrscher von sieben zu legen.

2. *Composites*

Composites sind bereits seit einigen Jahrzehnten in Gebrauch, wobei sie im deutschsprachigen Raum zuerst unter dem Namen »Schnittpunktvergleichshoroskope« vorgestellt wurden, jedoch nur wenig Beachtung fanden. Inzwischen wurden sie durch Robert Hand erneut bekannt und erfreuen sich zunehmender Beliebtheit, woran astrologische Computerprogramme, die diese Option nahezu immer anbieten, mit Sicherheit großen Anteil haben.
Prinzipiell konstruiert man ein Composite, indem man die Halbsummen der jeweiligen Radixfaktoren beider Partner bildet. D.h. die Halbsumme beider Marspositionen wird zum Composite-Mars, die Halbsumme beider Sonnenstellungen zur Composite-Sonne etc.

Zur Konstruktion der Häuser gibt es verschiedene Verfahren. In einem werden die Häuserspitzen ebenfalls über die Halbsummen gebildet (dieses Verfahren wird in Deutschland z. B. von der Kosmobiosophischen Gesellschaft verwandt), im anderen, bekannteren nimmt man die Halbsumme der Mcs und berechnet hierzu die Häuseraufteilung des Breitengrades, wo sich die Partner kennengelernt haben bzw. auf welchem sie leben. Die zweite Variante ist die von Robert Hand propagierte. Nahezu sämtliche Computerprogramme berechnen ausschließlich diese Version.

Composites sollen Auskunft geben über die Art der Beziehung, die gemeinsamen Chancen und Schwierigkeiten sowie die Entwicklungsaufgaben, welche die Partner miteinander zu bewältigen haben. Hierbei wird in aller Regel das Composite als eigenständiges Partnerschaftshoroskop aufgefaßt, das ältere Verfahren wie z. B. die Synastrie ersetzen kann. Dabei wird von der Annahme ausgegangen, daß die Mitten zweier Planetenpositionen gleichsam Brennpunkte darstellen, in denen sich das beiden Partnern Gemeinsame offenbart. Diese Vorstellung mag ihre Berechtigung haben. Dennoch ist der Anspruch, Composites als eigenständige Horoskopform zu betrachten, vollständig überzogen. Dies ergibt sich bereits aus der Methode:

Die Mitte zweier Planeten läßt sich über zwei Schnittpunkte darstellen, welche sich genau gegenüberliegen (sogenannte Achse).

Das Problem wird bei der Compositekonstruktion umgangen, indem man die kleinere Halbsumme wählt. Es gibt jedoch nicht folgerichtig zu lösende Grenzfälle. Diese entstehen zum einen dann, wenn zwei Planeten zueinander in exakter Opposition stehen; denn wenn man Unterschiede von wenigen Bogenminuten oder gar Bogensekunden heranziehen muß, wird die Unterscheidung von näherer und weiterer Halbsumme recht fragwürdig. Zumindest theoretisch gibt es Fälle, in denen eine sinnvolle Differenzierung überhaupt nicht mehr möglich ist.

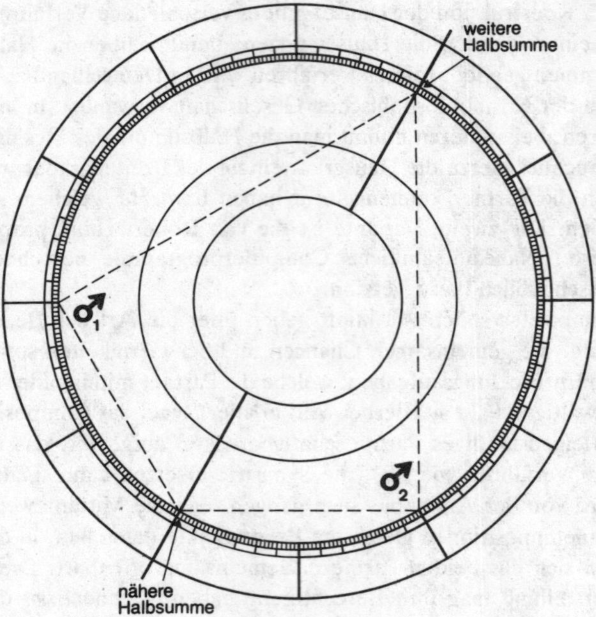

Verschärft wird diese Schwierigkeit durch den Umstand, daß sich Venus und Merkur aufgrund der astronomischen Gegebenheiten niemals weiter als 28° bzw. 48° von der Sonne entfernen, während im Composite sogar Sonne/Merkur- und Sonne/Venus-Oppositionen möglich sind. Somit entsteht ein Kunstprodukt, das den natürlichen Verhältnissen am Himmel nicht gerecht wird. Robert Hand empfiehlt, in solchen Fällen lieber die weitere Halbsumme zu wählen, so daß die relative Sonnennähe von Merkur und Venus gewährleistet ist. Dies ist recht willkürlich, genausogut könnte man die weitere Halbsumme der Sonne wählen.

Praktisch bedeutet dies, daß Composites bereits auf der formalen, methodischen Ebene keine eindeutige Zuordnung der Planeten erlauben, neben der gewählten Halbsumme muß

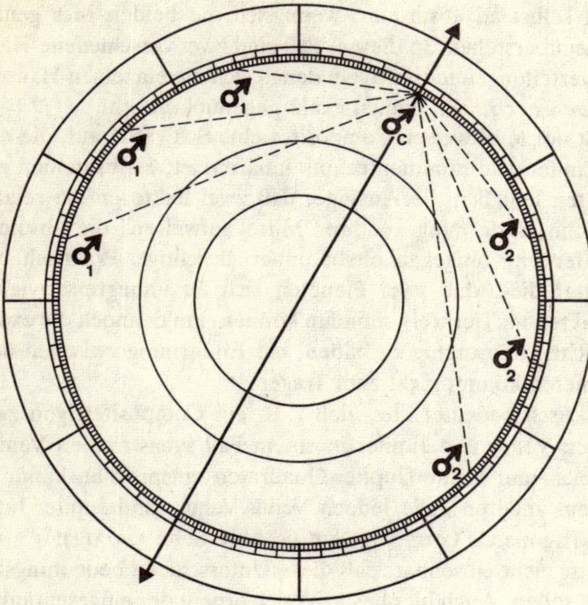

immer auch deren Oppositionsstelle mit berücksichtigt werden. Das heißt, daß u. a. die elementare Interpretation der Hauspositionen entfallen muß: Ein Compositeplanet im ersten Haus wäre genausogut dem siebten Haus zuzuweisen und umgekehrt. Da das gleiche für die Häuserspitzen gilt, entspricht das Composit einer Planetendarstellung in einem 180°-Kreis, die eine weitere Differenzierung ausschließt. Bereits diese Überlegung verbietet es zwingend, das Composite vergleichbar einem Radix zu interpretieren.
Hinzu kommt, daß über die Konstruktion der Häuser keinerlei Einigkeit besteht. Die von Robert Hand verwandte Methode verquickt auf inhomogene und meines Erachtens inhaltlich nicht nachvollziehbare Weise die Halbsummentechnik mit einer natürlichen Häuserverteilung. Auch diese Technik führt

sich selbst ad absurdum, wenn sich die beiden Mcs genau gegenüberstehen. In diesem Fall sind zwei verschiedene Häuserverteilungen möglich, bei denen sich die einzelnen Häuserspitzen noch nicht einmal exakt gegenüberliegen!

Last not least weisen Composites eine Schwäche auf, die der gesamten Halbsummentechnik inhärent ist: Halbsummen gestatten lediglich die Aussage, daß zwei Faktoren die relativ gleiche Entfernung zu ihrer Mitte aufweisen, die absolute Entfernung hingegen bleibt unberücksichtigt. Praktisch bedeutet dies, daß zwei Planeten sich an unbegrenzt vielen Punkten im Tierkreis befinden können, um dennoch die exakt gleiche Halbsumme zu bilden, die Entfernung zwischen den Planeten kommt nicht zum Tragen.

Praktisch bedeutet dies, daß z. B. ein Compositetrigon zwischen Venus und Jupiter in einem Fall synastrischen Venus/Venus- und Jupiter/Jupiter-Quadraten entsprechen kann, in einem anderen Falle jedoch Venus/Venus- und Jupiter/Jupiter-Trigone als Grundlage hat (s. Abb. Seite 313/314)!

Es ist nicht einsehbar, daß diese Unterschiede bedeutungslos sein sollen. Auch hier bestätigt sich erneut der eingeschränkte Aussagewert von Composites.

Combines

Während man bei Composites die Halbsummen der Planeten wählt, verwendet man bei Combines das arithmetische Mittel der Geburtszeitpunkte. Genauso wird mit den Längen und Breiten der Geburtsorte verfahren, so daß sich auf diese Weise die notwendigen Daten für eine neue Horoskopberechnung ergeben.

Combines gehen also von einem ähnlichen Grundgedanken wie die Composites aus: Die Mitte zweier Daten soll so etwas wie den gemeinsamen Nenner darstellen.

Trotz der Ähnlichkeit, die sich auch häufig in den errechneten Daten ergibt, besitzen Combines den großen Vorteil, daß sie nicht die methodischen Mängel der Composites aufweisen. Es

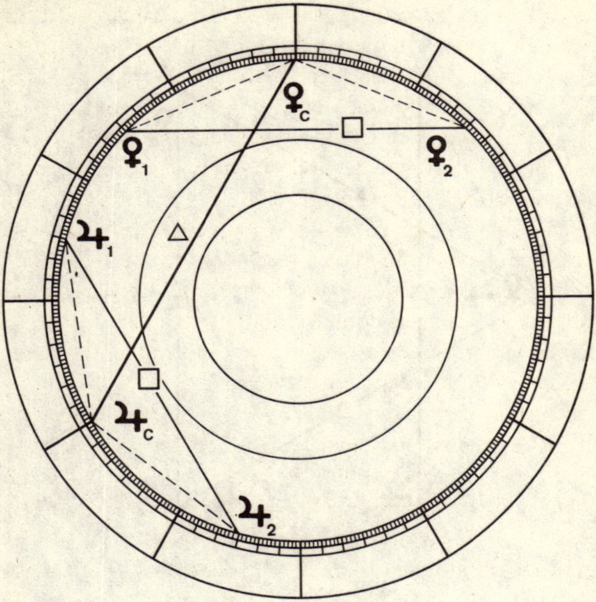

handelt sich um nach den astronomischen Verhältnissen berechnete Horoskope. Beiden Vergehensweisen gemeinsam ist jedoch der massive Verlust von Ausgangsdaten. Die Zeitmitte besagt lediglich, daß zwei Geburten gleich weit von ihr entfernt liegen, über die Größe der Entfernung wird nichts ausgesagt. Auch hier gilt deshalb, daß auf die Zuhilfenahme weiterer Verfahren, welche die realen Radixpositionen berücksichtigen, nicht verzichtet werden kann.

Begegnungshoroskope

Diese sind unter den bisher aufgeführten Verfahren das theoretisch am besten fundierte: Der Augenblick der ersten Begegnung stellt quasi den Geburtsaugenblick einer Beziehung

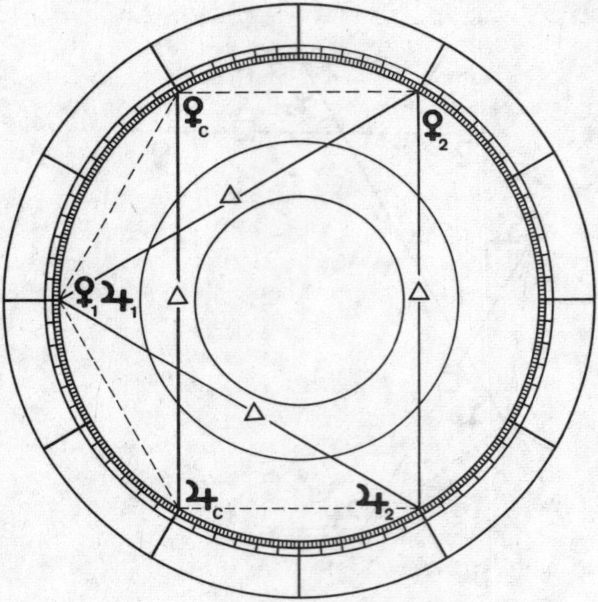

dar und kann in diesem begrenzten Sinne als eigenständiges Horoskop aufgefaßt werden.

Praktische Probleme ergeben sich insofern, als der Augenblick der ersten Begegnung nur selten exakt bekannt ist. Außerdem müßte dem Zeitpunkt, in dem die Beziehung verbindlich wird, wohl noch größere, überlagerndere Bedeutung zugesprochen werden. Dieser läßt sich jedoch naturgemäß noch wesentlich schlechter eingrenzen als der erste Kontakt. Trotz dieser Verfahrensschwierigkeiten liefern Begegnungshoroskope nach meiner Erfahrung in der Partnerschaftsastrologie immer noch die besten Resultate. Zudem erlauben sie Differenzierungen der persönlichen Einstellung zu der betreffenden Beziehung, indem man die einzelnen Radix-Horoskope mit dem Begegnungshoroskop synastrisch vergleicht*. Da das Begegnungshoroskop ja gleichzeitig den aktuellen Transiten entspricht, kann die für die Partner jeweils unterschiedliche Bedeutung dieser Beziehung unschwer festgestellt werden.

Halbsummenvergleich u. ä.

Die methodischen Fallgruben sind die gleichen wie in der Synastrie, nur treten sie hier in noch stärkerem Maße hervor. Die Wahrscheinlichkeit für ein bestimmtes Planetenbild (bei 1° Orbis) beträgt 2:360, da jedoch Oppositionsstellen und Quadrate als indirekte Halbsummen meist mit berücksichtigt werden, vergrößert sich die Wahrscheinlichkeit bereits auf 8:360, bei Verwendung von Halb- und Anderthalbquadraten sogar auf 16:360. Da die Konstellationen wechselseitig gelten (die Halbsumme kann in jedem der beiden Horoskope ausgelöst werden), ergibt sich eine Wahrscheinlichkeit von 32:360. Hinzu kommt, daß sich nach allgemeiner Auffassung die Faktoren vertauschen lassen, ohne daß sich die Bedeutung ändert. Das heißt z. B. As/So = Ve, ist gleichbedeutend mit As/Ve = So und So/Ve = As**.
Somit wäre die Wahrscheinlichkeit für ein bestimmtes Planetenbild (wohlgemerkt bei einem Orbis von nur einem Grad!) bereits auf 96:360 angewachsen, also rund ¼. Dies heißt nichts anderes, als daß in jedem vierten Horoskopvergleich ein ganz bestimmtes Planetenbild auftaucht. Bedenkt man die Unzahl von partnerschaftsbezüglichen Halbsummen, so wird deutlich, daß sich bei jedem Horoskopvergleich wechselseitige Konstel-

* Dies ist ein weiteres Argument, das gegen die praktische Bedeutung von Composites und Combines spricht: Partnerschaftsprobleme entstehen ja gerade durch unterschiedliche Einstellungen und Erwartungen an die Beziehung, ein Kriterium, das in diesen Hilfshoroskopen völlig unter den Tisch fällt, da die Beziehung ja nur als eine nicht zu differenzierende Einheit untersucht werden kann.
** So wird z. B. in der Neufassung des Regelwerkes der Hamburger Schule ausdrücklich nicht mehr zwischen den verschiedenen Permutationen eines Planetenbildes unterschieden.

lationen finden werden. Dies spricht natürlich nicht grundsätzlich gegen die Arbeit mit Planetenbildern – im Gegenteil, es gibt Aufgabenstellungen, die sich ohne die Verwendung der Halbsummen kaum lösen ließen –, sie erfordert jedoch große Selbstdisziplin und ein strukturiertes Vorgehen.

Sonnengleichungen

Bei Sonnengleichungen wählt man das arithmetische Mittel der Sonnen zweier oder mehrerer Partner als Achse, um die in sie fallenden Halbsummen zu untersuchen. Ähnlich läßt sich mit den Mondpositionen, den Aszendenten, Mcs etc. verfahren. Auch hier besteht die Gefahr, aufgrund der Unzahl von Deutungsfaktoren den Wald vor lauter Bäumen nicht mehr zu sehen.
Es soll nicht bestritten werden, daß derartige Techniken für bestimmte detailspezifische Untersuchungen geeignet sein mögen. Für einen grundsätzlichen Horoskopvergleich sind sie jedoch – nicht zuletzt weil der Bezug zu den Häusern hier weitgehend unberücksichtigt bleiben muß – nach meinem Dafürhalten ungeeignet.

Sensitive Punkte

Unter sensitiven Punkten versteht man Ekliptikpositionen, die nach der Formel $a + b - c = d$ konstruiert wurden. Sie wurden ursprünglich aus der arabischen Astrologie übernommen und wurden dann nach dem Ersten Weltkrieg von Alfred Witte wiederentdeckt und weiterentwickelt. Der bekannteste sensitive Punkt ist das sogenannte »Glücksrad« (Pars fortuna).
Sensitive Punkte lassen sich unschwer in Halbsummen umwandeln, von denen sie genaugenommen eine Sonderform darstellen: $a + b - c = d$ entspricht $a + b = c + d$ oder $a:b = c:d$. D. h., der sensitive Punkt (d) ist jene Ekliptikstelle, die ergänzt werden muß, damit ein Planet (c) eine Halbsumme

bildet, die sich mit einer bestimmten, bereits bestehenden (a:b) deckt.
Sensitive Punkte sind beim grundsätzlichen Partnerschaftsvergleich ebenfalls von nur untergeordneter Bedeutung, sie stellen jedoch ein geeignetes Verfahren dar, die unsichere Geburtszeit am (zuverlässigen) Horoskop des Partners zu korrigieren.
Folgende sensitiven Punkte sind erfahrungsgemäß in »echten« (d. h. emotional verbindlichen, schicksalhaften) Beziehungen nachzuweisen:

Im Horoskop einer Frau:
Mc + Ve − So = Mc oder As des Partners (gegebenenfalls auch So und Mo).
As + Ve − So = Mc oder As des Partners
Mc + (Herrscher von sieben) − So = Mc oder As des Partners
As + (Herrscher von sieben) − So = Mc oder As des Partners
Im Horoskop eines Mannes ist der Faktor Sonne jeweils durch Mond zu ersetzen. Die Ergebnisse in der Praxis sind hier allerdings weniger überzeugend.

Sämtliche Techniken des Horoskopvergleichs erhalten eine immense Steigerung ihrer individuellen Bedeutsamkeit, wenn als Berechnungsgrundlage nicht ein ekliptikbezogener Aufriß, sondern mundane (also häuserorientierte) Darstellungsformen gewählt werden.

Horoskopvergleich – die aktuelle Partnerschaftsproblematik

Die Methode, ein Horoskop auf Mars- und Venuskonstellationen zu untersuchen, um so zu einem differenzierten Bild über die individuelle Begegnungsfähigkeit zu gelangen, läßt sich auch auf den direkten Partnerschaftsvergleich anwenden. Die Vorgehensweise ist hierbei grundsätzlich die gleiche wie bei der Radixuntersuchung: Man listet sämtliche relevanten Konstellationen beider Partner auf und sucht diese zu gewichten.

Folgende Kriterien sind beim Vergleich zu berücksichtigen Übereinstimmungen weisen folgerichtig auf gemeinsame Problemfelder im Sinne einer »Seelenverwandtschaft« hin. Die Beteiligten sind sich in den der Konstellation analogen Persönlichkeitsbereichen ähnlich, sie weisen Vergleichbarkeit in den Kindheitserfahrungen, im Elternbezug und damit auch in Bereichen der allgemeinen Persönlichkeitsstruktur auf. Die Gefahr grundsätzlicher Mißverständnisse, die nur allzu häufig die Ursache für das Scheitern von Beziehungen sind, ergibt sich hier nicht.

Entsprechend der Theorie der Transpersonalen Astrologie scheinen gehäufte Konstellationsparallelen zweier Partner auf eine besondere Entwicklungsorientierung und -fähigkeit der Beziehung hinzudeuten. Die gestellten Aufgaben sind ähnlich, »man sitzt in einem Boot«. Gesteigert wird dies noch, wenn auch der Intensitätsgrad der jeweiligen Konstellationen ähnlich gelagert ist.

Der bisherige Untersuchungsstand zeigt, daß sich ausgeprägte Konstellationsparallelen nur selten in frühen Beziehungen ergeben, was wohl auf ihren recht geringen »Reizwert« zurückzuführen ist: Das eigene Wunschdenken, die instinktive Anziehung richtet sich ja eher auf Partner, die eine direkte Befriedigung eigener Bedürfnisse, d. h. nichts anderes als eine Kompensation eigener Unzulänglichkeiten zu gewährleisten scheinen, als auf solche, in denen man »nur sich selbst begegnet«. Hohen Reizwert, im Sinne polarer Anziehung, besitzen Verbindungen, in denen eigene Marskonstellationen beim Partner in Form analoger Venusverbindungen auftauchen (Beispiel: Mars/Pluto und Venus/Pluto). Die entsprechenden Persönlichkeitsinhalte haben immensen Ergänzungscharakter, sie passen zusammen wie Schlüssel und Schloß. Hierin kann die Gefahr der Symbiose liegen: Problematische Persönlichkeitsbereiche werden zu tragenden Elementen der Partnerschaft, ihre Weiterentwicklung gefährdet somit den Bestand der Beziehung. Auch hier ergeben sich deutliche gemeinsame Evolutionsmöglichkeiten, die Herausforderung ist jedoch wesentlich größer. Da man vom Partner in seinen Schwächen permanent bestärkt, wegen ihnen geliebt wird, kann nur wenig Motivation aus der Beziehung zur Entwicklung erwachsen. Wesentlich häufiger kommt es zum Versuch, den Ist-Zustand zu zementieren. Man blockiert und begrenzt den anderen, nötigt ihm implizit oder explizit das Versprechen ab, »so zu bleiben, wie er ist«, um das labile Gleichgewicht nicht zu gefährden. In einer derartigen Entwicklung ist der Bruch natürlich schon vorgezeichnet, der von den Partnern (bei allem Trennungsschmerz) letztlich als Befreiung erlebt wird.

Am schwierigsten jedoch sind dominante Konstellationen, die im Radix des Partners keinerlei Entsprechung aufweisen. Hier bleiben elementare Persönlichkeitsbereiche gleichsam ohne Resonanz. Man ist unverstanden, und es ist kaum möglich, die entsprechenden elementaren Bedürfnisse zu befriedigen noch die mit ihnen verbundenen Problemfelder gemeinsam mit dem Partner zu bewältigen. In dem jeweiligen Analogiebereich besteht eine grundsätzliche Fremdheit zum Partner, die eklatante Mißverständnisse und vielfach destruktive Ersatzhandlungen unvermeidbar macht.

Elementare Begegnungspotentiale, die in der Beziehung nicht ausgelebt werden können, suchen sich ihre Befriedigung ent-

weder außerhalb der Partnerschaft, z. B. in Form von Seitensprüngen, oder sie deformieren, um sich, quasi durch die »Hintertür«, doch noch durchsetzen zu können.
Häufig problematisch ist insbesondere ihre die Intensität und Verbindlichkeit der Beziehung steigernde Wirkung. Je weniger der andere bereit oder in der Lage ist, mich zu verstehen und zufriedenzustellen, um so mehr kämpfe ich darum, die erhoffte Zuwendung doch noch zu erhalten. Je mehr Energie ich jedoch in die Partnerschaft investiert habe, um so bessere Argumente brauche ich, dies zu rechtfertigen.
Auf diese Weise werden fruchtlose Verbindungen zur großen Liebe hochstilisiert, nach dem Motto: »Wenn es dieses kleine Problem nicht gäbe, dann wäre die Partnerschaft perfekt.« In Wirklichkeit ist das scheinbar kleine Problem der konkrete Ausdruck völliger Unvereinbarkeit, die Aussichtslosigkeit seiner Überwindung für den aufmerksamen Betrachter offensichtlich.
Dies soll nicht bedeuten, daß jede Partnerschaft, in denen Konstellationen ohne Resonanz bleiben, von vornherein zum Scheitern verurteilt sind. Zum einen wird es nur selten eine Entsprechung für sämtliche Konstellationen geben, zum andern ist der Stellenwert, der dem betreffenden Aspekt zukommt, von entscheidender Bedeutung. Der Extremfall wäre hier die dominante, mehrfach betonte Konstellation, die beim Partner weder eine Wiederholung noch eine Ergänzung aufweist*.

* In einer differenzierteren Untersuchung dieses Themenbereichs können die im Kapitel »Venus und Mars im kybernetischen Modell« dargestellten Gesichtspunkte mit einbezogen werden: Sonne und Mond repräsentieren die grundsätzlicheren Prinzipien von Mars und Venus, so daß analoge Konstellationen auch in Fällen, in denen sich keine direkten Parallelen oder Ergänzungen ergeben, einen gewissen Ausgleich schaffen können. Ähnliches gilt für Jupiter- und Saturnaspekte. Die Berücksichtigung derartiger Kriterien setzt jedoch eine äußerst subtile Vorgehensweise voraus. In aller Regel können sie durch Venus- und Marskonstellationen aufgezeigte Problematiken nicht ohne weiteres abfangen. Sie sind deshalb eher für die Partnerschaftsberatung von Bedeutung, wenn es darum geht, für Schwierigkeiten einen konstruktiven Ausweg zu finden.

Auch hier ist die Situation nicht aussichtslos. Es ergibt sich jedoch die immense Schwierigkeit, die neurotischen Ersatzhandlungen, die in der Partnerschaft mehr und mehr Raum gewonnen haben, zu überwinden. Dies gilt um so mehr, als beide ahnen, daß nichts Bindendes mehr übrigbleibt, wenn man ihnen die »mühsam gezüchtete« Krankheit wegnimmt. Offensichtlich wird dies, wenn der Therapiewunsch des einen beim anderen massive Ängste auslöst (»wenn er gesund wird, braucht er mich nicht mehr«). In der Tat gibt es in solchen Fällen kaum eine andere Möglichkeit, als die destruktive Energie unbefriedigter Sehnsüchte erst einmal vom Partner abzuziehen und in konstruktivere Bahnen zu lenken. Wenn man gelernt hat, den fruchtlosen Kampf um die Befriedigung bestimmter Wünsche als »Fehlinvestition« aufzugeben, besteht ansatzweise wieder die Chance emotional freier Entscheidung. Zwar ist durchaus richtig, daß nach Überwindung der Angstschwelle die Partnerschaft meist endgültig beendet ist, dies muß jedoch durchaus nicht immer so sein. Es gibt viele Fälle, in denen auf beiden Seiten die Wachstumsfähigkeit groß genug ist, um eine tragfähige Basis zu finden. Es wird eine von beiden akzeptierte Form entwickelt, in der Partnerschaft unerfüllbare Bedürfnisse auf andere Weise zu befriedigen, ohne die Bereiche, in denen Gemeinsames möglich ist, aufzugeben.

Im weiteren sollte man schließlich die synastrischen Aspekte berücksichtigen, die zusätzliche Aussagen über die Art der Beziehung erlauben. Hierbei sollten folgende Überlegungen berücksichtigt werden: In der Beziehung beider Partner können nur Konstellationen sinnvoll zum Tragen kommen, die bei beiden im Radix angelegt sind. Sie entsprechen quasi den Kommunikationskanälen oder den Funkfrequenzen, auf denen eine Verständigung möglich ist*.

Dominante synastrische Konstellationen, die in den Radix-

* Um im Bild zu bleiben: Die beste Funkverbindung nützt nichts, wenn niemand an den Geräten sitzt oder beide verschiedene Sprachen sprechen.

Horoskopen keinerlei Entsprechung finden, sind deshalb ein deutlicher Hinweis auf das Scheitern der Beziehung. Man bleibt sich trotz gegenseitiger Faszination fremd, oder die äußeren Umstände lassen eine Verbindung nicht zu. In aller Regel erkalten die gegenseitigen Gefühle rasch, man kann nichts miteinander anfangen.

Wenn neben bestätigenden Aspekten synastrische Konstellationen existieren, die sich in keinem der Radixhoroskope nachweisen lassen, so gewinnen diese die Bedeutung von »Kriechströmen«, d. h. von Schwierigkeiten und Problemen in der Partnerschaft, deren Ursache beiden »schleierhaft« ist. Da in solchen Fällen die Konflikte eher auf einen mangelnden Verständniszugang beider Partner als auf elementare Unvereinbarkeit zurückzuführen sind, ist ihre Bewältigung mit Hilfe Dritter (z. B. im Rahmen einer Partnerschaftsberatung) oft nur eine Kleinigkeit.

Wenn die synastrischen Aspekte in hohem Maße mit einem Radix korrespondieren, während sich zum anderen nur wenig oder keine Bezüge ergeben, so ist dies natürlich ein Hinweis auf die Einseitigkeit von Gefühlen.

Als letzten Fall schließlich können sich gleichzeitige, aber unterschiedliche Resonanzen zu beiden Radices ergeben. Dies ist dann gegeben, wenn manche synastrischen Aspekte mit einem Radix korrespondieren, ohne besondere Übereinstimmungen zum anderen Horoskop aufzuweisen und umgekehrt. Im positiven Falle entspricht dies Partnerschaften, in denen beide von ihrer Umwelt als vollständig unterschiedlich und nicht im geringsten zueinander passend erlebt werden, die aber dennoch, entgegen dem Dafürhalten des gesunden Menschenverstandes, hervorragend funktionieren. In diesem Falle sind die Motive, die beide aneinander binden, sehr unterschiedlich, was jedoch, solange das gegenseitige Interesse vergleichbar intensiv ist (d. h. die Korrelation der jeweiligen Radixkonstellationen zu den synastrischen Aspekten sich nicht zu sehr unterscheidet), der Tragfähigkeit der Partnerschaft keinerlei Abbruch tut.

Das zum Partnerschaftsvergleich Gesagte läßt sich auch sinngemäß auf aktuelle Auslösungen, etwa durch Transite oder Direktionen, anwenden. So wird z. B. eine transitär ausgelöste Ve/Sa-Konstellation (Beispiel: Saturn laufend, Opposition Venus im Radix), die kein Äquivalent im Grundhoroskop aufweist, zumindest für den Partnerschaftsbereich völlig bedeutungslos bleiben.
In der Praxis sollte man sich schließlich durch die immense Anzahl von Wechselwirkungen, die sich bei der Anwendung der hier aufgeführten Hypothesen ergeben, nicht entmutigen lassen. Es gibt nun einmal kaum etwas Komplizierteres als die menschliche Psyche; dies gilt erst recht für zwischenmenschliche Beziehungen. So erfordern komplexe Sachverhalte auch komplexe Untersuchungsmethoden – eine Schwierigkeit, die bei strukturierter und systematischer Vorgehensweise jedoch relativ leicht zu meistern ist.

WEIBL. NATIVITÄT

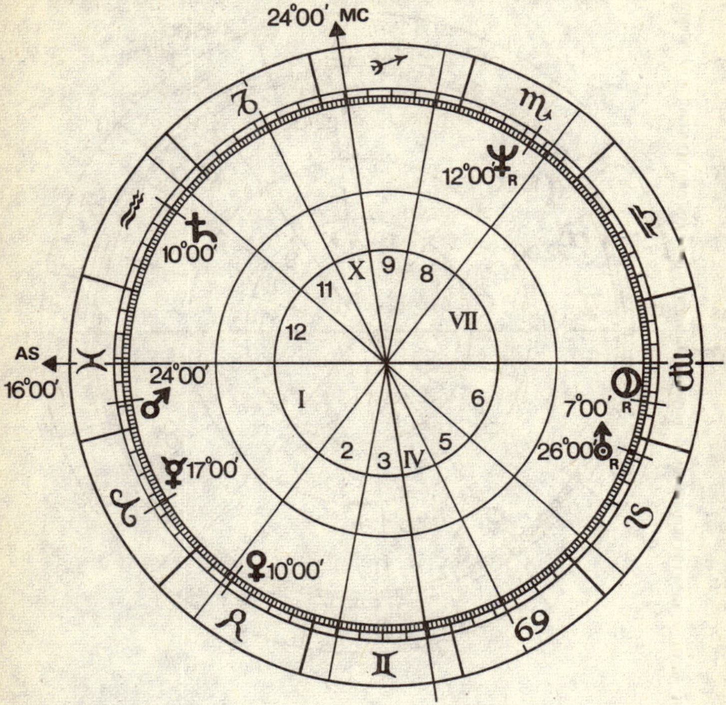

Planeten

☿	17°00′	♈	
♀	10°00′	♉	
♂	24°00′	♓	
♄	10°00′	♒	
♆	12°00′	♏	R
⦶	07°00′	♍	R

Häuser

AS = 16°00′ ♓
MC = 24°00′ ♐
(Beschreibung siehe Seite 327–329)

MÄNNL. NATIVITÄT

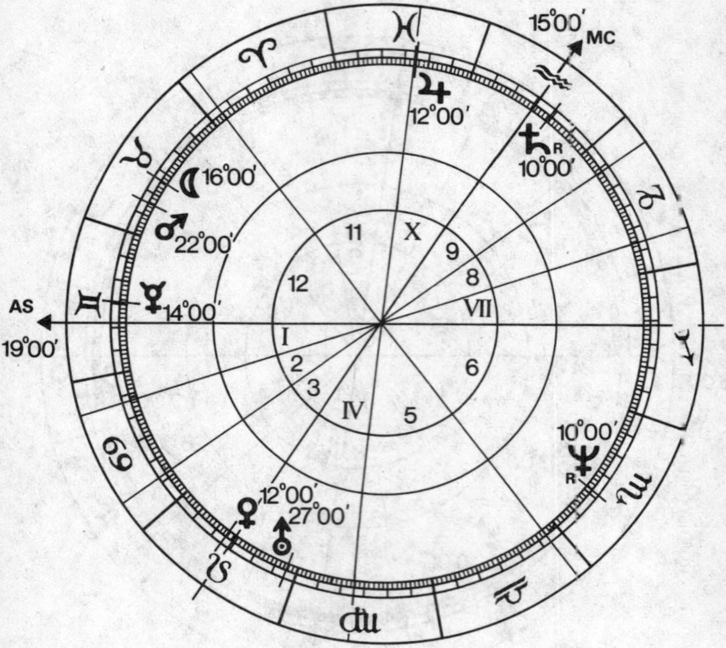

Planeten

☾	16°00'	♉
☿	14°00'	♊
♀	12°00'	♌
♂	22°00'	♉
♃	12°00'	♓
♄	10°00'	♒ R
♅	27°00'	♌
♆	10°00'	♏ R

Häuser

AS	=	19°00'	♊
MC	=	15°00'	♒

Beispielhoroskop: Partnerschaftsanalyse

Im weiblichen Horoskop finden wir folgende Konstellationen:

Venuskonstellationen
Venus/Mars (Merkur als Herrscher von 7 in 1)
Venus/Saturn (Venus/Saturn-Quadrat)
Venus/Saturn (Mc = Ve/Sa)
Venus/Neptun (Venus/Neptun-Opposition)

Marskonstellationen
Mars/Pluto (Neptun als Herrscher von 1 in 8)
Mars/Pluto (As = Ma/Pl)

Im Horoskop des Partners sind folgende Konstellationen nachweisbar:

Venuskonstellationen
Venus/Uranus (Jupiter als Herrscher von 7 in 11)
Venus/Neptun (Mond als Herrscher von 2 in 12)
Venus/Neptun (Venus/Neptun-Quadrat)
Venus/Saturn (Venus/Saturn-Opposition)

Marskonstellationen
Mars/Neptun (Merkur als Herrscher von 1 noch in 12)
Mars/Neptun (Mars in 12)
Mars/Saturn (Mars/Saturn-Spiegelpunkt)
Mars/Uranus (peripheres Mars/Uranus-Quadrat)

Synastrische Aspekte

Weibl. Nativität	Männl. Nativität	
Venus-Spiegelpunkt	Mars	(Ve/Ma)
Venus-Quadrat	Saturn	(Ve/Sa)
Venus-Opposition	Neptun	(Ve/Ne)

Männl. Nativität	Weibl. Nativität	
Venus-Opposition	Saturn	(Ve/Sa)
Venus-Quadrat	Neptun	(Ve/Ne)

Beiden Partnern gemeinsam ist die Dominanz von Ve/Sa- und Ve/Ne-Konstellationen: Beide kommen aus zerstörten Familienverhältnissen (Ve/Sa, Ve/Ne) und erlebten sich über weite Strecken ihrer Kindheit und Jugend als »Ausgestoßene« (Ve/Sa). Bei beiden war die Mutter unfähig, sich selbst als Frau zu akzeptieren und dem Kind ausreichend Nestwärme und Aufmerksamkeit zu geben (Ve/Ne). Beide kommen aus gescheiterten Ehen (Ve/Ne, Ve/Sa).

Da die Dominanz dieser Konstellationen durch den Aspektvergleich bestätigt wird, findet sich hier eindeutig die psychologische Grundlage der Beziehung: Das Abgrenzen gegen eine als feindlich erlebte Umwelt, das gemeinsame Ankämpfen gegen äußere Widerstände als Liebesbeweis. So wurde die Beziehung gegen den Willen der (Schwieger-)Eltern durchgesetzt (Ve/Sa). Da beide kein regelmäßiges Einkommen hatten, mußten große materielle Härten überwunden werden (Ve/Sa).

Tragendes Element war die Illusion der »vollkommenen Liebe« (Ve/Ne), die sich auch durch offensichtliche Unvereinbarkeit im Zusammenleben kaum erschüttern ließ. Trotz mittlerweile permanenter, destruktiver Auseinandersetzungen ist keiner zu einer Trennung imstande (Ve/Sa).

So große Übereinstimmungen im Begegnungsbereich vorhanden sind, so groß sind die Unterschiede in der Selbstdurchsetzung: Es gibt keinerlei gemeinsame Marsentsprechungen, auch in der Synastrie finden sich keine Marsaspekte.

In der Tat ergeben sich in der Verfolgung persönlicher Interessen eklatante Unterschiede. Während die Frau konzentriert und bestimmt ihre Zielvorstellungen durchsetzt (Ma/Pl), ist ihr Partner haltlos und labil, seit Jahren Alkoholiker und drogensüchtig (Ma/Ne). Er leidet unter immensen Konzentra-

tionsschwächen und hat Schwierigkeiten, seine eigentlichen Interessen wahrzunehmen und zu verfolgen (Ma/Ur, Ma/Ne). Da die Partnerin keine Konstellation aufweist, welche die Alkoholabhängigkeit (Ma/Ne) »abdecken« könnte (die Ve/Ne-Opposition allein ist hier nicht ausreichend), besteht diese weiterhin.
Die durch ihren Bezug zu Haus 7 dominante Ve/Ur-Konstellation bleibt ebenfalls isoliert. Symptomatisch zeigte sich dies darin, daß der Native bereits kurze Zeit nach dem Eheschluß fremdging.
Die unverbundene Ma/Pl-Konstellation der Partnerin, die »vorstellungsbezogene Selbstdurchsetzung«, äußerte sich darin, daß sie versuchte, sich der Drogenszene ihres Freundes anzupassen, indem sie »ihm zuliebe« zeitweise selbst heroinabhängig wurde.
Die unvereinbaren Ma/Ne- und Ma/Pl-Konstellationen machen es unmöglich, den Selbstausdruck des jeweils anderen zu begreifen, während die mangelnde Befriedigung elementarer Bedürfnisse Aggressionen provoziert, die zu unkontrollierten körperlichen Auseinandersetzungen führen.

Anhang A

In der Transpersonalen Astrologie verwandte Methoden und Begriffe

Aspekte: Konjunktion (0°), Opposition (180°), Quadrat (90°), Trigon (120°), Halbquadrat (45°), Anderthalbquadrat (135°), Sextil (60°), Bilin (75°), in Sonderfällen auch Quinkunx (150°) und Quintil (72°).
Halbsummen im 45°-Kreis (s. a. Anhang B).
Hauptherrscher: Die Hauptherrscher der Tierkreiszeichen sind: Widder = Mars, Stier = Venus, Zwillinge = Merkur, Krebs = Mond, Löwe = Sonne, Jungfrau = Merkur, Waage = Venus, Skorpion = Pluto, Schütze = Jupiter, Steinbock = Saturn, Wassermann = Uranus, Fische = Neptun.
Häuseraspekte: Aspekte, die sich ergeben, wenn man die Häuser gleich groß und die Ekliptik verzerrt darstellt und die Ekliptikgrade der Planeten in Häusergrade umwandelt. So bilden z. B. Planeten, von denen der eine sich in der Mitte des ersten, der andere sich in der Mitte des vierten befindet, ein Häuserquadrat, unabhängig von ihrer Stellung im Tierkreis.
Häuserherrscher: Der Planet, der das Tierkreiszeichen beherrscht, in dem sich eine bestimmte Hausspitze befindet. Befindet sich die Spitze des zweiten Hauses z. B. im Zwilling, so ist Merkur der Herrscher von zwei.
Häusersystem: In der Transpersonalen Astrologie werden ausschließlich die Placidus-Häuser verwandt.
Kritische Grade: In der Regel der Bereich von Zeichenübergängen (29,5°–0,5°) und Zeichenmitten (14,5°–15,5°). In der Praxis haben sich noch eine Vielzahl anderer kritischer Grade nachweisen lassen, die in ihren Wirkungen konkreten Planetenverbindungen entsprechen. Bedeutung und Herleitung der kritischen Grade, die in der beschriebenen Form ausschließ-

lich auf Forschungen des Autors zurückgehen, werden ausführlich in dem Buch »Der Mond«, M. Roscher, Hugendubel, 1986 beschrieben.

Kybernetisches Modell: Ein in der Transpersonalen Astrologie angewandtes Verfahren, um die Dynamik zwischen einzelnen Planetenenergien darzustellen. Ausführliche Beschreibung im o. g. Buch.

Mitherrscher: Mitherrscher gibt es, wenn ein Tierkreiszeichen vollständig von einem Haus eingeschlossen ist, wenn also z. B. der Aszendent in den Fischen liegt und die Spitze des zweiten Hauses im Stier beginnt. Mitherrscher des Aszendenten wäre in diesem Fall Mars, da der Widder eingeschlossen ist. Der Mitherrscher ist in nahezu allen Fällen dem Nebenherrscher (in diesem Fall Pluto) übergeordnet.

Mundanaspekte: Winkelverhältnisse von Planeten, die nicht auf der Ekliptik gemessen werden, sondern sich aus den aktuellen Tages- und Nachtbögen der Planeten ergeben. Sie sind von außerordentlicher Bedeutung und Tragweite; eine vereinfachte Variante stellen die Häuseraspekte dar.

Nebenherrscher: Die Nebenherrscher der Tierkreiszeichen sind: Widder = Pluto, Skorpion = Mars, Schütze = Neptun, Steinbock = Uranus, Wassermann = Saturn, Fische = Jupiter. Die Tierkreiszeichen Stier, Zwillinge, Krebs, Löwe, Jungfrau, Waage besitzen keine Nebenherrscher.

Potenzierte Konstellationen: Ein Fachbegriff der Transpersonalen Astrologie. Gemeint sind primär Hauspositionen von Planeten, die neben ihren herkömmlichen Entsprechungen noch andere Aspekte repräsentieren. So entspricht z. B. Herrscher von 1 in 8 einer höheren Schwingungsebene von Mars/Pluto: Das erste Haus entspricht Mars, das achte Pluto. Bedeutung und Herleitung der potenzierten Konstellationen wird ausführlich im Kapitel »Praktische Horoskopdeutung« erklärt.

Spiegelpunkte (s. Anhang B).

Anhang B

Verzeichnis astrologischer Fachausdrücke

Applikation: Wenn ein schnellerer Planet sich einem langsameren Planeten (oder einem Aspekt zu ihm) nähert, so befindet er sich in Applikation. Gegenteil: Separation.
Äquinoktium: Tagundnachtgleiche im Frühjahr und Herbst. Schnittpunkt von Äquator und Ekliptik.
Aspekt: Von aspektare = sich anblicken – bestimmte, auf der Ekliptik gemessene Winkel zwischen Planeten.
Aszendent: Von ascendere = aufsteigen – der am Osthorizont aufsteigende Punkt der Ekliptik (= Spitze des ersten Hauses). Er teilt das Horoskop in eine südliche (obere) und eine nördliche (untere) Hälfte.
Bewegliche Zeichen: Zwillinge, Jungfrau, Schütze und Fische.
Deszendent: Von descendere = absteigen – der am westlichen Horizont absteigende Punkt der Ekliptik (= die Spitze des siebten Hauses).
Ekliptik: Die Erdbahn bzw. die scheinbare Sonnenbahn. Auf ihr werden normalerweise die Planetenpositionen gemessen. Durch die Unterteilung in zwölf gleich große Abschnitte ergibt sich der Tierkreis.
Fixe Zeichen: Stier, Löwe, Skorpion und Wassermann.
Frühlingspunkt: Der Schnittpunkt von Ekliptik und Himmelsäquator, der mit 0° Widder zusammenfällt. Der gegenüberliegende Punkt (0° Waage) heißt Herbstpunkt.
Geozentrisch: Auf den Erdmittelpunkt bezogen.
Häuser: Die Drittelung der durch die Achsen As/Ds und Mc/Ic gebildeten Quadranten nach astronomisch-astrologischen Gesichtspunkten. Für die Transpersonale Astrologie sind ausschließlich Häuserberechnungen nach der Art des Placidus de Titis maßgeblich.

Halbsumme: Die Mitte von zwei Planeten und/oder Häuserspitzen. Befindet sich z. B. ein Planet auf 10° Stier, ein anderer auf 20° Zwillinge, so liegt die Halbsumme bei 0° Zwillinge. Schreibweise: A/B = C, also z. B. Ma/Pl = Sa (Lies: Saturn steht in der Halbsumme von Mars und Pluto). Ausführliche Erklärungen zur Berechnung und Auswertung von Halbsummen geben die Bücher von Reinhold Ebertin (Ebertin Verlag, Freiburg i. Br.).
Heliozentrisch: Auf die Mitte der Sonne bezogen.
Horoskop: Von Horoskopus, der Stundenschauer – die Aufzeichnung von auf einen bestimmten Ort und auf einen fixierten Zeitpunkt bezogenen Planeten- und Hauspositionen.
Indirekte Halbsumme: Halbsumme zu der ein oder mehrere Planeten im Aspekt (Quadrat, Halbquadrat, Anderthalbquadrat) stehen.
Kardinale Zeichen: Widder, Krebs, Waage, Steinbock.
Konstellation: Wörtlich: Zusammengestirnung – Stand von Planeten in einem gegebenen Augenblick.
Elevation: Die Höhe eines Gestirnes über dem Horizont. Der Planet, welcher den geringsten Abstand zum Mc aufweist, wird als in Elevation befindlich bezeichnet.
Kulmination: Gipfelpunkt. Ein Planet kulminiert, wenn er das Mc durchläuft; d. h., er erreicht in diesem Augenblick seine höchste Position über dem Horizont.
Kulminierender Punkt (K.P.): Das Medium coeli.
Hausspitze: Der Anfang eines Hauses (Zählrichtung gegen den Uhrzeigersinn).
Medium coeli (Mc): Die Himmelsmitte; der Ekliptikpunkt, der in seinem Tageslauf den höchsten Punkt über dem Horizont erreicht hat. Der Schnittpunkt zwischen Meridian und Ekliptik. Das Mc ist identisch mit der Spitze des zehnten Hauses.
Meridian: Geographischer Längengrad, Halbkreis zwischen Nord- und Südpol.
Metagnose: Astrologische Untersuchung zurückliegender Ereignisse.

Native: Der Horoskopeigner.
Nativität: Das Horoskop.
Orbis: Umkreis, in dem ein Aspekt noch Gültigkeit hat. Der Orbis ist sowohl von der Art des Aspektes als auch von den beteiligten Planeten abhängig. Vereinfachend kann man für Aspekte einen Orbis von 6°–8° zugrunde legen, bei Halbsummen beträgt dieser maximal 2,5°.
Plaktischer Aspekt: Ungenauer Aspekt.
Prognose: Vorhersage zukünftiger Entwicklungen.
Radix: Die Wurzel – das Grund- oder Geburtshoroskop.
Retrograd (R.): Scheinbare Rückläufigkeit eines Planeten.
Sensitiver Punkt: Aus dem Arabischen kommende Berechnungsmethode. Schema: A + B − C = D, wobei D dem sensitiven Punkt entspricht. Da A + B − C = D sich in A + B = C + D umformen läßt, bedeutet dies nichts anderes, als daß die Distanz zwischen A und B gleich der Distanz zwischen C und dem gesuchten sensitiven Punkt D ist. Der bekannteste sensitive Punkt ist das sogenannte »pars fortuna«, das Glücksrad oder der Glückspunkt: As + So − Mo.
Separation: Siehe Applikation.
Siderischer Tag: Sternentag – die Zeit, welche die Erde für eine exakte Drehung um sich selbst benötigt.
Spiegelpunkt: Auch Gegenantiszie genannt – die gleiche Länge zweier Planeten in bezug auf ein Äquinoktium. Rechnerisch ergibt sich dies, wenn zwei Planeten gleich weit in entgegengesetzter Richtung von der Widder/Waage-Achse entfernt sind. Beispiel: Ein Planet auf 12° Widder läßt sich auf 18° Fische spiegeln. Theoretisch dürfte nur die direkte Besetzung eines Spiegelpunktes von Bedeutung sein, in der Praxis hat sich jedoch auch das Quadrat als wirksam erwiesen. Neben der Gegenantiszie gibt es auch die Antiszie, bei der über die Krebs/Steinbock-Achse gespiegelt wird. Es ist jedoch nicht notwendig, beide Verfahren gleichzeitig anzuwenden, da sich beide Spiegelpunkte grundsätzlich gegenüberliegen!
T-Quadrat: Opposition zwischen zwei Planeten, die beide zu

einem dritten ein Quadrat bilden (Beispiel: Mars auf 15° Stier in Opposition zu Saturn auf 15° Skorpion bildet ein T-Quadrat mit Venus auf 15° Wassermann).
Zodiak(us): Tierkreis.